JN417693

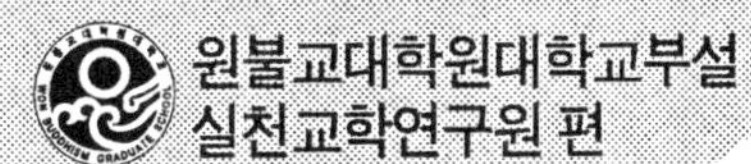

현장교화론

고덕선 · 김도영 · 박덕희 · 박법일 · 이인광 · 이종화 · 주혜은 · 한덕천

발 간 사

성 도 종 ▒ 실천교학연구원장

교무라면 누구나 현장교화에 대한 꿈을 안고 살아간다. 교화, 교육, 자선 어느 분야건 교화의 장이 아닌 곳이 없지만 교당을 중심으로 펼치는 현장교화야 말로 교무로서 기쁨과 보람을 느낄 수 있는 최적의 교화지이다.

원불교 교화가 "파란고해의 일체생령을 낙원으로 인도" 하는 개교목적임을 생각해볼 때 현장교화는 낙원세계 건설의 축제장이다. 그러나 그 축제의 장에는 항상 기쁨만 있는 것은 아니다. 고민과 좌절이 있고, 그것을 딛고 일어서는 새로운 희망과 용기가 있다. 더욱 더 중요한 것은 거기엔 교화자로서의 사명이 있고, 보람이 있다. 그래서 수많은 교무님들이 교화현장에서 교역의 삶을 살아간다.

'현장교화' 라는 단어에서 우리는 교화의 직접성과 역동성을 느끼게 된다. 교화자인 교무는 현장에서 오감을 통해 교화를 직접 느끼고 체험한다. 거기에는 힘차게 꿈틀거리는 교화의 역동성이 있다. 교화현장은 이렇게 교화가 직접 행해지는 곳이다. 현장교화를 중요하게 생각하는 이유가 여기에 있다.

원불교 교화역사는 소태산 대종사의 깨달음에서 시작되어 지금에 이르기까지 교단의 역사가 바로 교화의 역사였다고 해도 과언이 아니다. 그리고 지금 우리에겐 희망찬 교화의 역사를 써내려가야 하는 시대적 사명을 안고 있다.

그 시대적 사명 가운에 「현장교화론」의 정립은 교화의 새로운 도약의 발판이 될 수 있다. 몇 년 전부터 본 대학원에 「현상교화론」에 대한 정리의 요청이 있어 왔다. 그 요청의 주된 내용은 현장교화의 이론 정립이었다. 그것은 교화의 원칙으로 교화자라면 누구나 알아야 하고, 실행할 수 있는 것으로서의 「현장교화론」이다. 이러한 과제수행이 대학원에 맡겨졌고, 일원문화연구재단의 지원으로 「현장교화론」을 정리하게 된 것이다.

이 책에는 '교무론', '의식과 집례', '교당의 운영과 관리', '설교', '교도관리 · 교화상담 · 교화순교', '교도훈련', '교화마케팅성장', '미디어교화' 등 여덟 가지 주제를 다루고 있다. 전체적으로는 현장교화의 개론적 성격으로 서술되었다. 처음 의도는 너무 학술적이어서도 안 되고, 너무 실행지침서이어서도 안 된다는 입장이었다. 처음의 요청과 의도와는 달리 과제수행에 미흡한 점이 많이 나타났다. 교화현장 전반을 다룬다는 부담으로 인해 세밀함이 부족한 부분도 있고, 현상교화와 동떨어진 부분도 있다. 또한 꼭 들어가야 할 분야가 빠진 부분도 있다. 아쉬움은 아쉬움으로 남을 수밖에 없다. 그 아쉬움은 우리에게 새로운 과제를 요청하게 된다.

이 책은「현장교화론」의 완성이 아니라 시작에 불과하다. 뒤이어 교육현장과 교화현장에서 이를 가다듬는 노력이 있어야 할 것이다. 그 시작을 함께 해 준 고덕선, 김도영, 박덕희, 박법일, 이인광, 이종화, 주혜은, 한덕천 교무님에게 격려와 감사의 말을 전한다.

교단 100주년 성업(聖業)을 위해 재가 · 출가 모든 교도들이 한 마음, 한 뜻으로 교화대불공에 매진하고 있다. 의식이 변하면 행동은 변하게 마련이다. "뜻이 있는 곳에 길이 있다."고 했다. 새로운 정신으로 교화의 새바람을 일으켜야할 때이다.

이 책이 교화대불공을 열어가는 데 자그마한 주춧돌이 되길 기원한다.

차 례

현장교화총론

제1부 교무론

제2부 의식(儀式)과 집례(執禮)

제3부 교당의 운영과 관리

제4부 설 교

제5부 교도관리, 교화상담, 교화순교

제6부 교도훈련

제7부 교화마케팅성장

제8부 - 미디어 교화

현장교화총론*

김일상 ▒ 원불교 부산교구장

1

원불교 교화는 소태산 대종사의 깨달음과 함께 출발한다. 소태산 대종사는 깨달음을 이룸과 동시에 제자들을 모았고, 이어 '교화단'이란 조직으로 묶었다. 그리고 자신의 깨달음을 교육 · 훈련을 통해 교화로 승화시켜 행동으로 나서게 했다. 특히 불법의 시대화 · 생활화 · 대중화라는 교화의 기본을 밝혀 교화가 나아가야 할 바를 제시했다.

이러한 소태산 대종사의 교화는 비전과 활력이 넘쳤고, 따라서 교화를 받는 사람으로 하여금 새로운 희망과 함께 인생에 대한 의미 발견과 보람을 한껏 느끼게 했다.

소태산 대종사의 이와 같은 교화는 일정 시간이 흐른 뒤 교법의 제정을 이뤘고 교단이 나아가야 할 방향은 교화 · 교육 · 자선으로 제시되었으며, 열반 후 30여 년이 흐를 때까지 교화가 역동성을 잃지 않고 한국사회에 희망으로 자리했었다.

그러나 소태산 대종사가 열반에 든 지 60여 년이 지난 지금의 원불교 교화는 현장교화를 두고 우리 스스로 정체상태라고 표현하기까지 한다. 일각에서는 현장교화의 정체라는 말에 대해 교세 전반적으로 보면 교화가 성장되어 있음에도 불구하고 교화가 정체되었다고 운운한다 하여 교화의 폭을 좁게 설정하는 문제를 제기하기도 한다.

그렇지만 많은 출가 교역자와 오랜 세월 교단을 애정으로 접근해 온 재가 교역자들은 교도가 양적으로 성장하지 못하고 있음을 교단의 각종 언론을 통해 문제로 제기하고 있는 실정이다. 뿐만 아니라 이는 심정적 차원을 넘어 체감으로 변하고 있으며, 젊은 세대에서는 교단의 비전의 유무까지 거론하는 등 확대 해석하는 경우가 나타나고 있다.

2

소태산 대종사의 깨달음과 함께 파죽지세를 방불케 하던 원불교 교화가 어찌하여 우리들 스스로의 입을 통해 정체라는 말을 만들게 되는 현상에까지 이르게 된 것일까?

*본 자료는 2005년 실천교학정기연구세미나에서 당시 원불교 교정원 교화훈련부장이셨던 김일상 교무님의 기조발표 내용입니다.

교화는 교화하는 교단이 교화대상인 사회를 향도하는 능력에 따라 성장하기도 하고 정체하기도 한다. 또는 퇴보하기도 한다. 그리고 향도의 내용은 교법이지만 교법을 운용하는 것은 사람인만큼 교화의 정체는 교단의 구성원(출가 · 재가)들과 결코 무관하지 않다.

그렇다면 구성원들로 하여금 피교화 대상인 사회를 향도할 능력을 갖추게 하는 것은 무엇일까? 그것은 교법, 즉 소태산 대종사의 깨달음을 피교화자가 있는 현장에 베푸는 이론과 방법이 교화라는 것으로 재구성된 현장교화 이론서이다.

이런 면에서 원불교 교화의 현주소를 살필 때 교화는 있어도 교화의 이론과 방법이 정립되어 있지 않았음을 지적할 수 있으며, 이는 교화를 담당하고 있는 현장교화자의 교화에 대한 관점과 교화방법을 통해 나타난다.

현재 원불교 현장교화를 담당하는 교역자들의 교화는 교화의 관점과 교화방법면에서 좌표가 분명치 않은 면이 엿보인다. 그것은 교화가 개개인의 주관과 성향을 따라 다르게 나타나는 것으로 판단할 수 있고, 이는 다시 교화에 일관성이 없는 것으로 증명된다. 그리고 이의 결과는 바로 교화의 정체와 퇴보로 현상화 되고 있는 것이다. 때문에 현장교화의 관점과 방법의 틀이 갖춰진 '현장교화론'이 있어 교화자들의 교화기본의식을 형성하게 해야 하는 것이다.

3

그렇다면 교화자가 하나같이 교화에 대한 기본의식으로 공유해야할 현장교화론의 핵심 주제는 무엇이어야 하는가? 그것은 교법 · 교무 · 교도 · 교당 등으로 네 가지 사항이어야 하며, 이는 교화의 4대 요소라고 명할 수 있다. 요소는 어떤 사물의 성립이나 효력 따위에 없어서는 안 될 근본적인 조건을 말하는 만큼 교화의 4대 요소로 표현한 교법 · 교무 · 교도 · 교당에 대한 기본적 인식이 없이 교화자로 나선다면 교화의 성장은 기대하기 어렵게 된다.

교법이 4대 요소의 하나로 앞서는 이유는 교화의 내용이 바로 교법이기 때문이다. 원불교 교화자가 피교화자를 상대로 교법을 전달함이 없다면 이는 일반적인 인간관계와 차별화가 되지 않아 원불교 교화라고 명명할 수 없게 된다.

교법은 교법 스스로 어떤 역할을 할 수 없다. 역할자가 있어야 교법이 생명력을 얻게 되는데 교법에 생명력을 불어넣는 사람, 즉 교법을 전달하는 사람이 바로 교화자이다. 우리는 일반적으로 교화자를 교무로 명하고 있다. 따라서 교무가 빠진 교화는 교화 자체가 성립되지 않게 된다.

교법이 어떤 역할자에 의해 생명력을 얻는다는 것은 교법이 누군가에 의해 다시 누군가에게 전달되어지는 것을 의미한다. 전달자가 피교화자라면 전달 받는 사람은 피교화자이다. 우리는 이를 일반적으로 교도라고 명하고 있다. 따라서 교도가 빠진 교화는 교화 자체가 성립되지 않는다.

교무와 교도는 만나져야 한다. 어떤 형태로든 만나야 교법이 거래되고 생명력을 얻게 된다. 교무와 교도가 만나는 일정 공간 그것이 법신불이 모셔진 법당이든 야외이든 또는 사이버 공간이든 그것을 우리는 넓은 의미의 교당이라고 명하고 있다. 따라서 교당이 빠진 교화는 교화 자체가 성립되지 않는다.

4

현장교화론의 내용은 어떻게 되어야 하는가?

현장교화론의 내용은 교화의 4대 요소 가운데 하나인 교법 즉 일원의 진리인 불생불멸과 인과보응에 바탕하여 교무 · 교도 · 교당의 내용이 정립되고 구체화되어야 한다.

예컨대 교무는 교무의 의미와 자세, 임무와 역할 등이 상세하게 그려져 교무의 상과 함께 지도자상이 제시되어야 하고, 교도는 교도의 의미와 자세, 임무와 역할 등이 상세하게 그려져 교도의 상이 제시되어야 하며, 교당은 교당의 의미, 구성, 위치 등이 상세하게 제시되어 역할이 뚜렷해져야 한다.

그리하여 다양한 교화방법이 교화의 4대 요소 속에서 용해되어져 중생제도라는 실적으로 나타나야 한다. 그리고 이를 실현한 교화자가 다시 '현장교화론'을 구성하여 제시되는 과정이 다양하게 반복되어져야 한다.

5

필자는 교화성장의 유무가 원만한 교법과 자질을 갖춘 교화자에 있다는 주장을 피력한다.

원불교의 교법은 자타가 인정하듯이 원만한 교법으로 자리매김 되어있다. 그렇다면 원불교 교화의 성장은 교화자들의 의식과 역할 여하에 따라 그 양상을 달리하게 된다는 것을 예정할 수 있다. 의식과 역할은 수종의 면에서 볼 때 의식은 주가 되고 역할은 종이 된다. 따라서 교화자가 얼마만큼 진리에 의식화되었느냐에 따라 그 역할의 정도가 나타나게 될 것이며 교화성장은 이와 비례하게 될 것이다.

앞에서도 언급했듯이 우리는 우리 스스로 오늘의 교화를 정체라고 한다. 우리가 이 정체상태에서 벗어나는 길은 바로 교화에 대한 이론서가 있어 이에 바탕한 철저한 교육 · 훈련으로 의식화하여 무장하는 길이라 여긴다.

그런 면에서 '현장교화론'은 어떤 형태로든 시급히 만들어져야 한다.

제1부 교무론

제 1장 교무의 정의

'교무'는 원불교 성직자 호칭중의 하나로 가르칠 교(敎), 힘쓸 무(務)의 한자가 의미하듯, '가르침에 힘쓰는 사람' 이다. 일원의 진리인 불생불멸과 인과보응의 이치를 대중에게 가르쳐 깨닫게 하여 지혜와 복이 한량없는 낙원의 세계로 인도해 주는 역할을 하는 사람이 교무이다.

교무에 대한 정의는 크게 법제적 정의와 교화적 정의로 나눌 수 있다. 법제적 정의에 의하면, "전무출신으로서 교무자격 검정에 합격하여 종법사가 수여하는 소정의 자격을 받은 자로 교역에 종사하는 자"를 말한다. 교화적 정의에 의하면, "안으로는 교헌과 교규의 정한 바 법규를 잘 지키고 수도에 정진하며 본교 창립정신에 입각하여 정신과 육신을 이 회상 이 공도에 오롯이 바쳐 힘쓰고 밖으로는 교화 · 교육 · 자선의 삼대사업을 통해서 세상을 건지고 중생구제 사업에 헌신하여 일하는 자"를 말한다.

교무라는 명칭은 원기 61년(1976)에 수위단회를 통해 원불교 성직자의 공식 명칭으로 확정되었는데, '교역자', '전무출신'이라는 명칭과 함께 혼용되고 있다. 교역자는 출가 · 재가의 남녀 교역자를 모두 포함하며, 교화와 사업을 담당하고 있는 사람들을 말한다. 단어의 의미를 정확히 하자면 교무는 출가교역자인 것이다. 전무출신이란 '출가교도로서 교규의 정한 바에 따라 교단에 공헌하는 이'를 말한다. 즉, '출가교도로서 정신과 육신을 오롯이 교단에 공헌하는 자'를 전무출신이라 한다. 이러한 전무출신은 교무뿐만이 아니라 '교육, 행정, 자선, 연구, 기술, 의료 등 전문분야에서 전무하는 자'인 도무(道務)와 '근로와 기능 등의 분야에서 전무하는 자'인 덕무(德務)의 3개 품과가 있다. 이상의 용어들을 종합해 보면, 교무는 전무출신이면서 교화를 주요 직무로 삼고 있는 출가 교역자를 가리킨다.

제 2장　교무의 역할

교화현장에서 교무는 성직자로서 공통적인 역할과 직책에 따른 역할을 함으로써 성직의 기쁨과 보람을 얻을 수 있다.

1. 공통의 역할

1) 교화자이다

교무는 교화를 이끌고 발전시키는 교화의 주체자이다. 교화발전을 위해서는 많은 요소들이 조화를 이뤄야 한다. 교화를 좋은 방향으로, 또는 좋지 못한 방향으로 결정하는 가장 큰 요소는 다름 아닌 교무이다. 어느 학자는 단체의 발전이 조직(system)에 있다고 한다. 그러나 그 조직 또한 사람에 의해서 변화되고 만들어진다. 교화 또한 결국 사람에 의해 그 발전이 결정된다고 할 수 있다.

교무는 교화의 주체자로서 깊은 사명감을 가져야 한다. 소태산 대종사는 「인과품」 16장에서 "모든 사람에게 천만가지 경전을 다 가르쳐 주고 천만 가지 선(善)을 다 장려하는 것이 급한 일이 아니라, 먼저 생멸없는 진리와 인과보응의 진리를 믿고 깨닫게 하여 주는 것이 가장 급한 일이 되나니라."고 하셨다. 교무는 한 사람, 한 사람에게 일원상의 진리를 전달하여 그 사람의 삶이 바뀌고 영생이 열리도록 해야 한다. 즉, 불생불멸과 인과보응의 이치를 대중에게 깨닫게 해주는 대자비의 주체자, 역할 이행자, 불보살의 염원을 실현하는 교화자이다. "파란고해의 일체생령을 광대무량한 낙원으로 인도"하는 교화사명이야 말로 교무의 역할 중 가장 중요한 역할이라 할 수 있겠다.

교화자의 사명감은 교화의지와 연결되어 교화의 성과로 나타난다. 사명감은 어떠한 어려운 여건도 극복할 수 있다. 그러나 사명감이 없으면 좋은 여건도 나태와 안일에 빠져 교화정체와 교화침체를 가져오게 된다.

교화현장에서 교무는 개인이 아니라 공인(公人)으로서의 사명감을 가져야 한다. 개인적인 성향이나 욕구의 문제도 교화자라는 의식으로 무장되어야 한다. 하지만 그 사명감은 무거운 짐이 아니라 서원으로 선택한 기쁨의 사명감이다. 교무는 자신 스스로 성직(聖職)인 교무의 길을 선택한 기쁨으로 충만해야 한다. 일원상의 진리를 만천하에 전하는 전법사도로서의 기쁨이 함께 동반되는 삶을 사는 사람이 교무이다. 이러한 기쁨과 사명이 함께 할 때 개인의 삶도 행복하고 교화의 발전도 이끌어 낼 수 있다.

2) 수행자이다

교무는 자신의 인격을 닦아가야 하며 궁극에는 성불을 이룰 수 있도록 해야 한다. 이것이 바로 수행자적인 면모로써의 교무이다.

이종진은 "수신은 모든 공부중에서 가장 근본되는 중요한 공부로 만일 교무가 안으로 수신을 등한시 하여 계문 범과를 가볍게 생각하고 도량상규나 일체법규 지키기를 소홀히 하여 그 생활이 법망을 탈선한다면 이는 수도인의 본분을 크게 망각함이 될 것이다. 그러므로 교무는 다른 사람을 교화하기에 앞서 먼저 자신이 수도자임을 명심하고 제반규칙과 계문생활에 엄격하여 수도인다운 품위를 지켜야한다" 고 하였다.

사람 몸 받고 불법을 만났을 때 불생불멸과 인과보응의 진리를 반드시 깨치고자 하는 불타는 열정으로 이 생에 기필코 성불하겠다는 서원을 세우고 정진해 가야한다. 정진(精進)속에 수도인다운 풍모를 느끼게 된다.

교역생활을 해 감에 있어 많은 일들에 개인의 수행이 뒤로 밀리는 경우도 있다. 그러나 교무에게 수행은 개인의 일이 아니라 교화에 상당한 영향을 미치는 요소이다. 가령, 교무가 수행자의 모습이 부족할 때, 교무의 중요한 사명인 교화는 제대로 행해질 수 없다. 수행을 게을리 하는 교무의 말을 교도는 신뢰하지 않을 것이며, 인격적으로도 존경하지 않을 것이다. 교도들의 공부심을 진작시키는 설득력은 수행에 기초한 교무의 감화력이다.

3) 교당 경영자이다

교무는 교당경영자로서 교당의 전반적인 운영을 책임지게 된다. 그 내용은 교화를 포함한 도량관리, 재무관리, 문서관리, 공양문제, 인적구성원 관리와 같은 일체의 업무를 말한다.

경영자로서 교무는 교화를 위한 선제적인 그림과 계획을 수립하고, 교화발전을 위한 교화활동을 전개해야 한다. 교당이 속해 있는 지역사회의 환경을 분석하고 교당이 가지고 있는 인적 · 물적 자원을 파악하여 지역의 문제를 함께 해결해나가는 교당이 되도록 해야 한다. 교당 조직인 일반, 청년, 학생, 어린이 교화단과 그 외 각종 모임단체들에 대한 지도를 한다. 뿐만 아니라 교당에 상주하는 구성원들과 서로서로 교화의 협력자로서 도와주고 의사소통이 원활히 될 수 있도록 해야 한다. 도량은 개인집이 아닌 공가이며, 교도들의 신앙 · 수행의 장소이기 때문에 모든 시설물을 석법하게 관리하며 항상 청결하게 유지해야 한다. 보통 교당 재무는 보은금 · 유지비 · 의식수입 · 불전헌공 · 기타 수입 등으로 운영하게 되는데, 교무는 모든 재무회계를 투명하고 공정하게 운영하고 집행해야 한다.

『교당운영론』에서는 "교당의 자금관리는 금융기관을 통하여 하고, 개인에게 대여를 하거나 주식 등 투기성 투자를 해서는 안 되며 부동산은 법인 명의로 등기를 하여야 한다."고 밝히고 있다. 문서관리는 정해진 법규에 맞게 갖추어야 하며, 빠지는 문서가 발생하지 않도록 관리하고, 훼손되거나 분실되지 않도록 보관에 정성을 다해야 한다.

4) 사회 지도자이다

자칫 교무는 교도들만의 지도자라고 생각하기 쉽다. 그러나 교무는, 교도는 물론 사회의 지도자이어야 한다. 교당과 사회는 뗄 수 없는 연관을 가지고 있다. 사회의 문제를 곧 교당의 문제, 교무의 문제로 인식하여 그 해결에 정성을 다하여야 한다. 그렇게 될 때 교무는 교당교무로서만이 아닌 사회지도자로서 그 위치를 갖게 된다. 교무가 사회의 문제를 등한시 하고 교당 내에서만 머무르게 될 때 지역은 교당의 존재를 잊고 교무는 사회의 외면을 당하게 된다. 따라서 교무는 세계, 국가, 사회의 흐름을 읽고 이 사회의 문제가 무엇인지, 무엇을 필요로 하는지 알아야 한다. 그리고 그 해결방안을 명쾌하게 제시하고, 그 해결에 함께 동참해야 한다.

사회지도자로서의 교무의 역할은 종교적이어야 한다. 교법정신에 기초한 교무의 인격은 물론이고, 일반사람들에게 올바른 품성과 가치관을 심어줄 수 있는 프로그램을 함께 전개해야 한다. 해방 후 '전재동포구호사업'을 전개할 때 구호사업에만 머무르지 않고 교육과 계몽운동을 전개했던 교단의 역사를 보아도 알 수 있다.

무엇보다도 지도자로서 항상 명심할 것은 소태산 대종사가 〈최초법어〉에서 밝힌 「지도인으로서 준비할 요법」을 잘 준수하는 것이다. 지도받는 사람 이상의 지식을 가져야 하고, 지도받는 사람에게 신용을 잃지 말아야 하며, 사리(私利)를 취하지 말고, 일을 당할 때마다 지행을 대조하는 자세를 갖추어야 한다.

2. 직책상 역할

현장교화에서 교무는 직무상 부교무, 보좌교무, 주임교무, 교감교무로 구분되어 그 직책을 수행한다. 직책에 따른 조화로운 역할 수행은 교무간 화합은 물론 교화성장에 밑거름이 된다는 점에서 매우 중요하다.

1) 부교무

부교무는 5급 교무 자격검정에 합격한 자로 그 기간은 첫 사령을 받고 4년 동안이다. 부교무의 역할은 교당 교화상황에 따라 차이가 있을 수 있다. 가령 교역자 두 명이 생활하는 교당에서는 어린이, 학생, 청년을 담당하고 일반교화를 보조한다. 또한 공양과 관련된 일, 문서정리, 교당에서 행해지는 각종 의식집례시 교무님을 보조하는 역할을 한다.

2) 보좌교무

보좌교무는 4급 이상 교무로 주임교무나 교감교무를 보좌하여 맡은바 교화에 노력하는 자이다. 세 명이 함께 교화하는 교당의 경우 보좌교무는 부교무와 교감교무 사이에서 상봉과 하솔을 하게 된다. 그러나 두 명이 함께 교화하는 교당에서는 부교무의 역할을 보좌교무가 전적으로 이행하게 된다.

3) 주임교무

주임교무는 3급 이상 교무로 교화에 자력이 확립된 사람(전무출신 인사임면규정)이다. 이 때 부터는 단독으로 교당을 책임 맡아 운영할 수 있는 자격이 주어진다. 단독일 경우는 일반뿐만 아니라 어린이, 학생을 포함한 모든 법회를 주관하게 된다. 그러나 교역자가 여럿일 경우 주임교무는 교당의 교화책임자로서 보좌교무와 부교무를 하솔하며 전반적인 책임자로서 그 역할을 해야 한다.

4) 교감교무

교감교무는 지구교당 교무를 말한다. 따라서 지구교당 교무는 상주하는 교당을 책임짐과 동시에 그 지구에 관할된 모든 교당들에 대하여 지도와 관심을 가지고 살펴야 한다. 또한 지구의 교화의 책임자로서 각 교당별 화합을 이끌어내며 지구에서 이루어지는 각종 행사를 총책하게 된다.

제 3장 교무의 임무

교화현장에서 교무는 실제직으로 의례집례, 설교, 상담과 순교, 교도훈련, 교당관리, 사회활동 등으로 그 임무를 다하게 된다.

1. 의식집례

의식집례란 일반적으로 의례(儀禮)를 갖추어 베푸는 법요행사로 교당에서 행해지는 모든 의식을 집례 하는 것을 말한다. 이는 단순한 행사진행이 아닌 종교적 의례이기 때문에 교무는 그 의식이 각각의 목적을 달성하고, 그 진행이 원활하게 될 수 있도록 모든 준비에 소홀함이 없어야 한다.

의식은 의식의 고유목적을 달성하는 데 그치지 않고 교화의 방편이 되기도 한다. 교당을 다니지 않던 사람도 원불교 의식에 참여함으로써 감동을 받고 입교를 하는 경우가 있다. 기존의 교도들 또한 의식에 참여함으로써 신앙심이 더욱 깊어지기도 한다. 따라서 집례자는 의식에 참석한 모든 사람들의 믿음이 증진될 수 있도록 정성을 다해야 한다.

2. 설교

설교는 소태산 대종사의 깨달음인 일원상 진리를 말씀으로 전하여, 대중으로 하여금 스스로 깨달음을 얻을 수 있도록 자극하고 인도하여 주는 것을 말한다. 설교는 교무의 교화임무 중에서 으뜸으로 여겨지고 있다.

설교는 교무가 전법사도로서의 역할을 온전히 수행할 수 있는 소중한 시간이다. 교도들로 하여금 불생불멸과 인과보응의 이치를 깨달아 알게 하고 실생활에 실천하여 무궁한 복과 한량없는 지혜를 갖추게 하는 것이야말로 설교자인 교무의 임무이다. 따라서 교무는 설교의 중요성만큼 설교에 투자하는 시간을 최대한 확보하고, 법회의 꽃이라 할 수 있는 설교연마에 공을 들여야 한다.

3. 상담, 순교

상담은 삶의 문제를 가지고 있는 사람과 교화 상담자인 교무가 법신불 사은의 은혜 속에서 문제를 해결하기 위해 함께 노력하는 것을 말한다. 교무는 교도들의 어려운 사정을 들어주고 함께 공감하는 가운데 일원상의 진리에 바탕 한 문제해결의 길로 안내해야 한다. 그래서 경계를 당해서 신심이 물러나지 않고 오히려 굳건해 질 수 있도록 상담을 통해 신앙으로 이끌어야 한다.

순교는 교도들의 신앙 · 수행을 이끌어주고, 교도 가정의 애경사가 있는지 살펴서, 교도들과 함께 기쁨과 슬픔을 나누며, 교도들로 하여금 용기 · 위로 · 희망을 갖게 하는 것이다. 교무는 순교를 통해 교도의 세세곡절의 진정을 알아 그에 맞는 방법으로 다가가야 한다. 그러한 가운데 정이 건네고 법이 건네어 제생의세의 서원을 실현해 가는 길잡이로서의 역할을 수행하게 된다.

4. 교도훈련

교도훈련은 교도들로 하여금 불생불멸과 인과보응의 진리를 깨닫고 불보살의 인격을 갖추도록 정기훈련과 상시훈련을 통해 이루어지는 법의 단련을 말한다. 훈련은 교도들의 근기에 따라 단계적으로 정기훈련과 상시훈련으로 진행한다. 훈련을 통해 삼대력을 두루 갖춘 원만한 인격의 소유자가 되게 하며, 진리에 대한 믿음이 뿌리를 내리고 수행하려는 분발심과 보은하는 마음이 일어나게 하여야 한다.

교도훈련은 ①법의 훈련을 통해 교리가 생활 속에서 실천되도록 지도 ②기질변화와 심성변화를 통해 진급의 길로 들어설 수 있도록 훈련 ③더 나아가 성불제중의 서원이 싹트도록 까지 지도하는 것이라 할 때, 그 중요성은 아무리 강조해도 지나치지 않다. 일반적으로 교당에서 행해지고 있는 교도훈련은 법위단계별 훈련을 비롯하여 회장단 훈련, 단장 · 중앙 훈련, 신입교도 훈련, 법사 · 법호인 훈련 등이 있다.

5. 교당관리

교당관리는 교무가 교당의 관리자로서 도량관리, 재무관리, 문서관리, 공양문제를 비롯한 교당 내 구성원들과 관계된 일체의 업무를 관리하는 것을 말한다. 교당관리는 극히 사소한 것에서부터 관리하지 않으면 후일 큰 문제를 일으킬 소지가 있는 일들까지 두루 세심하게 살펴야 한다.

교당관리는 교당의 상황이나 규모에 따라 교당교의회나 분과에서 담당하기도 한다. 교당관리를 교도가 책임진다는 것은 교도들의 교당에 대한 주인의식을 고양시킬 수 있으며, 교무 본연의 업무인 설교연마, 순교, 기도, 상담 등에 더 많은 시간을 투자할 수 있는 것이기도 하다. 그러나 교당관리의 실제적인 일은 분과에서 담당한다 하더라도 전반적인 교당관리와 운영의 책임은 교무에게 있다. 교무는 교당관리 업무가 원활히 이루어질 수 있도록 노력해야 하며, 이를 통해 교화활동이 장애받지 않고 활성화되어야 한다.

6. 사회활동

사회활동은 지역사회에서 도움을 필요로 하는 사람이나 단체에 정신 · 육신 · 물질로 사회의 발전을 위해 활동하는 것을 말한다. 교무가 사회의 아픔과 지역의 문제를 도외시할 때 지역사회 교화는 멀어질 수밖에 없다. 지역민과 함께 지역공동체를 살리고 발전시켜가는 일에 교무가 앞장설 때 교무는 지역의 리더로, 지역공동체를 살리는 살림(生)의 존재, 종교지도자로 자리매김할 수 있다. 이렇게 되면 지역사회에서 교당과 원불교의 위상은 높아지고 더 나아가 교화발전을 이끌어낼 수 있다. 사회활동을 함에 있어 교무는 사회의 흐름과 요청이 무엇인지 정확히 파악하는 시야를 가져야 한다.

제 4장 교무의 자질과 능력

연령과 상황에 관계없이 교무라면 누구나 '이러한 사람이다.' 라고 요구받는 공통분모가 있다. 자질이나 능력 이전에 교무는 서원 · 신심 · 공심 · 공부심으로 일관된 삶을 살아야 한다. 왜냐하면 교무의 서원 · 신심 · 공심 · 공부심은 그 모든 것의 바탕이 되고 동력이 되기 때문이다. 이 네 가지는 그 어떤 능력의 잣대가 아닌 '기본 정신'으로 끊임없이 되새기고 세워나가고 가꿔가야 될 정신적 이념이며 자세이다. 광대무량한 낙원세계 건설과 제생의세의 서원이 없고서, 진리와 법과 스승과 회상에 대한 신심이 없고서, 대의에 물과 같이 합하고 공익을 위하는 마음이 없고서, 끊임없이 자신을 채찍질하며 공부심을 챙기는 마음이 없고서는 교무로서의 삶 또한 존재할 수 없다.

1. 교무의 자질

1) 자비

자비는 대자(大慈)와 대비(大悲)의 준말이다. '대자'란 인의대도(仁義大道)를 직접 실행하는 사람을 보고 크게 기뻐하고 사랑하여 더욱 선도로 이끌어주는 것이고, '대비'란 그릇된 길을 가고 있는 사람에 대해 측은하고 가엾은 생각이 나서 더욱 보호해주고 인도해주는 마음 상태라 할 수 있다. 소태산 대종사는 "큰 산에 많은 나무와 짐승들이 의지하고 깊은 물에 많은 고기들이 의지하며 살 듯, 지도자로서 교무도 수많은 중생들이 그에 의지하여 안락함을 느끼며 살 수 있도록 큰 덕과 자비심을 가져야 한다."고 가르치고 있다.

교화현장에서 교도들이 한결같이 바라는 교당은 편안한 교당이다. 편안한 교당은 시설의 편리함이 아닌 심리적인 편안함을 말한다. 그 편안함의 중심엔 교무의 자비심이 함께하고 있다. 자비 속에서 교도들은 위로받고 지친 심신을 쉬어갈 수 있다.

2) 정의(正義)

정의는 '사람으로서 지켜야할 바른 도리'로, 옳음을 주장하는 올곧은 마음이다. 교화현장에서 교무는 여러 가지 상황에서 정의로운 판단을 요청받는다. 공인이며 교화자로서 교무는 어떠한 위기상황에 처하여도 불의와 타협하거나 굴하지 않는 의로운 자세가 필요하다.

「삼학(三學)」 중 작업취사에서는 "정의는 취하고 불의는 버리라."고 하였고, 「솔성요론(率性要論)」에서는 "정당한 일이거든 아무리 하기 싫어도 죽기로써 할 것이요."라고 가르치고 있다. 교무는 대중의 정신을 이끌어가는 사람이다. 따라서 정의를 실현하는 모습을 보이지 않을 경우, 대중의 존경과 신뢰를 얻기 어렵다.

교화현장에서는 정의로운 판단을 어렵게 하는 수많은 변수가 존재한다. 중요한 것은 눈앞의 상황에 얽매이게 되면 정의를 잃을 가능성이 많다는 것이다. 모든 일에 정의를 원칙으로 세우고, 그 정의를 실현하는 모습을 보여야 한다. 그렇게 되면 교도들은 올곧은 교무로 인식하게 되고, 그 올곧음은 교무에 대한 신뢰로 이어진다.

3) 정열

정열은 이루고자 하는 목표가 있을 때 머뭇거리지 않는 강인한 추진력과 에너지 넘치는 모습을 말한다. 『정전』 「진행사조(進行四條)」 중 분(忿)에 해당된다. 분(忿)은 "용장한 전진심으로 만사를 이루려 할 때에 권면하고 촉진하는 원동력이다." 소태산 대종사는 판탕한 시국을 당하였으나 사업을 주저하지 아니한 열정이 있었다. 이러한 열정은 오늘날의 교단을 형성하는 데 밑바탕이 되었다. 어려운 여건 속에서도 포기하거나 머뭇거림이 없이 교화의 사명을 다하는 교화의 열정이 있을 때 교화의 여건은 개선되고 상황도 반전될 수 있다.

이러한 정열은 교화에 대한 깊은 사명감을 자각하는 데에서 나온다. 그러나 무계획과 막무가내식의 무모한 정열이어서는 안 된다. 희망을 발견할 수 있는 정열이 되어야 한다. 올바른 정열, 정의에 입각한 정열이 되어야 대중의 호응이 가능하다. 교무 한 사람의 정열로 그치지 않고 그 정열이 대중의 정열로 확산되어 교화의 발전이 이루어진다.

4) 정성

정성은 이루고자 하는 일이 잘 이루어지지 않는다고 쉽게 포기하거나 좌절하지 않고 그 일이 달성되도록 까지 꾸준히 성의를 다하는 자세이다. 『정전』 「진행사조(進行四條)」에서는 성(誠)을 "간단없는 마음으로 만사를 이루려할 때에 그 목적을 달성하게 하는 원동력"이라 하였다.

정성은 일에 있어서는 일의 성취를 가져오게 하고, 사람에 있어서는 감화력으로 나타난다. 시작과 끝을 한결같이 이루어 나가는 모습, 교화 대상자에게 한결같은 마음으로 챙겨서 결국엔 귀의하게 만드는 것 또한 정성의 힘이다. 교무는 일원의 진리를 신앙하고 깨우쳐 가는 수행적공의 정성스런 모습도 함께 있어야 한다.

5) 자기관리

자기관리란 자기 자신과 관계되는 모든 것을 스스로 잘 관리해 나가는 것을 말한다. 교무에게 있어 자기관리란 어떤 것을 말할 수 있는가. 〈교당운영론〉에서는 교리공부와 시대에 필요한 학습관리, 적당한 운동, 종합진단, 의료 서비스, 적절한 식생활의 건강관리, 문화생활, 독서, 등산, 여행, 취미의 정서생활, 시간관리, 정갈하고 검박한 의식주의 생활관리, 경제관리, 계행청정으로 밝히고 있다.

교무는 개인이전에 대중과 함께하는 공인이다. 공인으로서 교무는 자신을 변혁시켜가는 노력과 자신을 온전하게 지켜가는 노력을 해야 한다. 만약, 자신을 온전히 관리하는 능력이 부족할 경우 교무의 임무 또한 원활히 수행할 수 없다.

6) 언행일치

언행일치란 주장하는 말과 행동이 하나가 되는 것이다. 사람과 사람 사이의 신뢰는 언행일치에서 온다. 아무리 말을 잘 하는 사람이라 할지라도 그 행하는 것이 말과 일치하지 못한다면 그 말은 힘을 잃게 된다. 소태산 대종사는 어린 아이와의 약속을 지키기 위해 가던 걸음을 멈추고 다시 돌아와 그 약속을 이행하였다.

「지도인으로서 준비할 요법」에서는 "일을 당할 때마다 지행을 대조하라."고 하였다. 대중을 지도하는 교무는 자신의 행동이 말을 앞서게는 할지언정 말이 앞서는 일은 없어야 한다. '말만 잘하는 교무'가 아니라 말과 행동이 일치하고, 앎과 행동이 하나가 되는 교화자의 모습을 가꾸어야 한다.

7) 화합(화동)

화합은 사람이나 주변의 상황과 대립하거나 어긋남이 없이 크게 한 마음으로 화목하게 어울리는 것을 말한다. 소태산 대종사는 "이 회상을 창립하는데 길이 많으나 그 중 무슨 방면으로든지 동지의 마음을 즐겁게 하여 공부와 사업에 전진이 있게 하는 것"이 무엇보다 중요하다고 하였다.

교무는 모든 교도와 두루 융화하고 크게 화합하는 마음을 가져야 한다. 특정한 몇몇 교도와는 잘 지내고 다른 교도들과는 그렇지 못한다면 교도 전체의 기운을 한 곳으로 집중시킬 수는 없다. 교당의 발전은 두루 화합하는 데 있다. 정산종사는 "먼저 자기의 기운을 화하게 한 후에 사람을 널리 교화하는 것이 공부인의 심법이요 지도자의 덕이니 능히 천하 창생을 심화(心和), 기화(氣和)로써 두루 교화하여야 한다."고 하였다. 특히, 교도와의 화합뿐만 아니라 교당에서 공동체 생활을 하는 출가교역자간의 화합은 더욱 더 중히 여겨야 한다.

2. 교무의 능력

능력은 어떤 일을 감당해 내는 힘, 또는 어떤 일에 대하여 필요하다고 인정되는 자격, 행위 능력 따위를 말한다. 따라서 '능력이 있다. 능력이 없다.'는 것은 어떤 일을 해낼 수 있는 힘, 또는 그 힘의 정도 즉 역량을 두고 하는 말이다.

급변하는 시대 상황 속에서 교무의 능력은 그 직분을 성공적으로 완수하기 위한 매우 중요한 과제이다. 교단에서는 조직 구성원(교무)의 역량을 도출하고 이를 통해 조직의 발전과 성과를 달성할 수 있는 역량 있는 인재를 육성하고자 원불교 인재육성 계획수립에 대한 프로젝트 보고서(원기 90년 7월)가 제출되었다.

본 장에서는 이 프로젝트 보고서에서 밝히고 있는 역량개발 교육체계도에 바탕하여 각각의 능력에 대한 개념을 서술하고 주요행동특성을 정리하였다. 교무가 갖추어져야 할 역량은 공통역량, 리더십 역량, 직무역량으로 구분된다.

1) 공통역량

교무의 급수가 리더급(1-2급 교무, 교구장, 지구장), 중진급(3급 교무, 주임교무급), 실무급(4-5급 교무, 보좌/부교무급)이냐에 상관없이 교무라면 공통적으로 갖추어야 될 역량은 창의력, 변화수용력, 후진지도 및 육성의 능력이다.

(1) 창의력

창의력은 기존의 사실과 정보로부터 다양한 지식과 남다른 관찰력을 바탕으로 참신한 아이디어를 생각해 내는 능력이다. 교화현장에서의 창의력은 늘 해오던 훈련, 매번 똑같은 법회의 형식이 아닌 새롭고 흥미를 끌게 만드는 교화가 되도록 하는 원동력이 된다. 창의력이 있으면 기존의 교화 프로그램을 통해 새로운 프로그램을 창출할 수 있다.

□ 주요 행동특성

- 다양한 분야에 대한 지적 호기심이 높다.
- 문제가 발생하면 다른 사람들 보다 많은 양의 아이디어를 내 놓는다.
- 타인의 행동이나 성공한 교화방법을 모방하여 내 것으로 만드는 재주가 있다.

(2) 변화수용력

새로운 도전이나 다양한 요구, 모호하고 급변하는 환경을 당황하지 않으며 수용하고 의견이 다른 경우에도 옳다면 수용하는 융통성을 보이는 능력이나. 오늘날은 과거에 비해 더 많은 위기와 외압 속에 노출되어 있다. 그래서 사람과 조직은 끊임없이 변화해가고 변화소차 일상이 되어가고 있다. 종교가라고 하여 이런 영향권에서 언제까지나 벗어날 수만은 없다. 변화에 대한 두려움을 놓고 변화를 수용하고 수용의 차원을 넘어 선도해나가는 능력이 교무들에게는 필요하다.

□ 주요 행동특성

- 기존의 생활이나 문화, 업무처리 방식이 많이 다른 사람(신세대)을 만나더라도 거부감이 없다.
- 교화환경의 변화를 외면하지 않고 수용하여 새로운 교화패턴을 끊임없이 만들어 나긴다.

(3) 후진지도 및 육성

후진의 개인적 장단점을 정확히 파악하여 각자의 역량과 적성에 적합한 업무를 부여하고, 다양한 교육기회를 제공하여 개인적인 성장을 지원하는 능력이다. 사람을 찾아내고 함께 일할 사람을 육성한다. 그 사람의 특징과 기질과 장단점을 파악하여 리더의 자격을 온전히 갖춘 교무가 되도록 지도하고 육성해야 한다. 한 분야에서의 전문가가 한 사람만 있다고 한다면 그 사람의 부재시 공백을 메울 수 없다. 두터운 인적구성이 될 수 있도록 후진들을 지도하고 육성해야 한다.

□ 주요 행동특성

- 후진들의 역량개발과 관련된 주기적인 면담을 실시하고 있다.
- 후진이 학습한 내용을 확인하고 그 내용을 현장에서 적용할 수 있도록 도와준다.
- 업무에 있어 후진에게 내가 가지고 있는 지식과 경험, 노하우를 전수하는 일을 즐겨한다.

2) 리더십 역량

아래 제시된 7가지 역량은 교무가 리더로서의 임무를 수행하기 위해 필요한 역량들이다. 물론 교무의 현재 위치(직급에 따라)에 따라 더 절실히 요구되는 역량이 있을 것이다. 가령 교무의 위치가 교구장이나 지구장과 같은 위치에 있다면 커뮤니케이션이나 비전공유 및 제시의 능력이 더 필요하고, 주임교무의 위치에 있다면 조직 내 관계형성 · 추진능력 · 기획능력이 더 요구되고, 보좌교무나 부교무급이라면 책임감과 대인관계 능력이 더 필요할 것이다.

(1) 커뮤니케이션

자신의 견해를 사실에 근거한 논리를 가지고 의사전달에 오해가 없도록 명확하게 전달하는 능력이다. 이러한 의사소통은 교당 내 함께 거주하는 교역자간, 교무와 교도간에 일상의 대화뿐만이 아니라 자기의 뜻, 하고자 하는 것에 대해 정확하고 확실하고 쉽게 말해줄 수 있어야 한다. 커뮤니케이션은 일에 있어서 뿐만 아니라 공동체 구성원간의 감정의 소통도 함께 이루어져야 한다. 감정의 커뮤니케이션이 이루어질 때 갈등해결은 실마리를 찾고 교역자간 화합은 이루어진다.

□ 주요 행동특성

- 정확한 의사소통을 위해 지시한 내용 및 수명(受命)사항에 대하여 상호간 이해정도를 반드시 확인한다.
- 상대방의 말을 경청하고 적극 수용한다.
- 의견을 제시하기 전에 내 의견이 논리적인지를 점검해 본다.

(2) 비전공유 및 제시

교무와 교도 전체가 제시된 비전과 목표를 공유하고, 이를 명확히 이해하고 있는지를 확인하는 능력이다. 리더로서 교무는 비전의 사람, 꿈을 꿀 줄 아는 사람이어야 한다. 비전 없이 일은 일어나지 않고 성취되지 않기 때문이다. 이 비전은 교무의 일방적 하달식이 아닌 교무와 교도가 함께 공감하는 것이 될 때 교화의 청사진은 그려지고 교화발전이 이룩된다.

□ 주요 행동특성

- 교당교화를 위한 방침과 정책을 문서로 만들어 교무와 교도들이 항상 볼 수 있게 게시하고 있다. (교당 홈페이지나 법회보 등을 통해)
- 우리의 존재 이유(Mission)를 타인에게 간단하게 말할 수 있게 준비되어 있다.
- 비전과 목표를 잊지 않도록 하기 위하여 주기적으로 점검한다.

(3) 조직 내 관계형성

자신이나 자신이 속한 조직에 있어 필요한 사람과 중요한 사람을 정확히 파악하고 관계를 유지하여, 유관부서로부터 협조를 쉽게 얻어 업무효율성에 기여할 수 있는 능력을 말한다. 이러한 능력은 구성원과 해당 조직의 특성, 장단점을 정확히 파악하고 있을 때 가능한 일이다. 특히 대중교화를 위해서는 유능한 재가교도를 발굴하고 활용하는 능력이 반드시 필요하다.

□ 주요 행동특성

- 교단 내 여러 계층, 교구, 부서의 사람들과 폭넓은 관계를 맺고 있다.
- 일과 관련하여 유관부서의 협조가 필요한 상황에서 쉽게 해결한다.
- 여러 사람들 중에서 핵심적인 인물을 금방 찾아내곤 한다.
- 유능한 재가 교도를 교화보조로 적극 활용한다.

(4) 추진능력

필요한 인적 · 물적 자원을 확보, 배분하여 업무수행 과정에서 나타나는 장애요소와 적극적인 저항을 극복하여 일을 진행시키는 능력이다. 정해진 교화목표를 달성함에 있어 걸림돌이 있더라도 그 걸림돌을 제거하여 목표 달성을 할 수 있는 능력이다. 추진 능력이 있어야 공연히 시일만 보내지 않고 일의 결과와 성취의 보람을 누릴 수 있다.

□ 주요 행동특성

- 어떠한 난관이 닥쳐도 그것을 기회와 도전으로 간주하고 일의 진행을 멈추지 않는다.
- 예상치 못한 문제점 발생 시 목표달성을 위한 접근방식을 적절하게 수정하여 대처한다.
- 어렵고 곤란한 상황에서도 적절한 의사소통과 자원의 배분을 통해 기한 내에 일을 완수해 낸다.

(5) 기획능력

목표달성을 위하여 관련 정보를 최대한 활용하여 장단기 전략을 수립하고 실천 가능한 구체적인 계획을 수립하는 능력이다. 교화발전을 이룩할 수 있는 훈련, 프로그램이나 행사를 교도의 공부단계나 배경 변인에 따라 기획할 수 있는 능력이 있어야 한다. 아무리 좋은 프로그램에 대한 아이디어와 제안이 있더라도 교당사정이나 적절한 시기에 맞추어 기획할 수 있는 능력이 없으면 효과를 거두기 어렵다.

□ 주요 행동특성

- 수립한 계획이 우리 교당의 비전이나 목표에 어떠한 기여를 하는지 항상 확인한다.
- 교당발전을 위한 계획서에는 추진 세부과업을 단계별로 구분하고 언제까지 달성할 것인지 등에 대한 구체적 사항을 기록한다.
- 모든 계획을 수립할 때 실행에 따른 평가계획을 함께 마련한다.

(6) 책임감

주어진 역할과 임무를 끝까지 최선을 다하여 완수해 내는 능력을 말한다. 또한 일이 잘못되었을 때 잘못된 일에 대한 책임을 다른 사람에게 전가하지 않고 자신이 책임지고 잘못된 상황을 바로잡으려는 마음이다. 이러한 책임감은 함께 하는 사람들로 하여금 신뢰를 얻게 한다.

□ 주요 행동특성

- 일단 약속한 일은 밤을 새워서라도 기한을 지킨다.
- 휴가나 출장 등 업무 공백이 있을 경우 반드시 업무 인수인계를 철저하게 실시한다.
- 아랫사람의 실수에 대해서도 책임을 함께 지고 문제해결을 위해 노력한다.

(7) 대인관계 능력

인간에 대한 애정과 신뢰를 바탕으로 공동체 생활에서 우호적이고 원만한 관계를 유지하는 능력이다. 즉, 지도자는 사람들과의 관계에 있어서 모나지 않는 성격으로 좋은 관계를 유지하는 능력이 있어야 한다. 교당에서는 특히 교도를 편애하지 않는 심법으로 모든 교도들과의 관계를 유지해야 한다.

□ 주요 행동특성

- 웃는 얼굴로 모든 사람을 대한다.
- 내 의견을 지지하고 나의 입장을 배려해 주는 후원자를 갖고 있다.
- 상대방의 장점을 보려고 노력하며, 상하를 불문하고 칭찬의 말을 쉽게 한다.

3) 직무역량(교화직무)

교화직무에 있어서 요구되는 능력은 친화력(감화력), 전략기획력, 조직관리, 정보수집 및 분석 능력이다.

(1) 친화력(감화력)

성실함과 인격적 성숙을 바탕으로 열린 마음으로써 상대를 이해하여 서로의 친밀함을 유지하고 지속적인 우호 관계를 유지하는 능력이다. 낯선 사람과도 빨리 친밀감 형성을 잘 하는 것이다. 이러한 친밀감의 형성은 자칫 종교인이라는 데 대한 거부반응을 가지고 있는 사람들에게 조차 마음을 열게 만드는 요인으로 작용한다. 교무는 법회 전 · 후 교도들과 따뜻한 눈길을 주고받으며 간단하지만 정이 담긴 인사말을 나누어야 한다. 처음 온 교도들이 어색해하지 않도록 자연스럽게 맞이해야 한다. 더 나아가서는 친밀감이 교도 개개인을 감화시키는 데까지 접근해야 할 것이다.

□ 주요 행동특성

- 내 주위에는 사람들이 많이 모이고 그 중심에는 항상 내가 있다.
- 교도들이 나에게 다가오는 것을 주저하지 않는다.
- 한 번 알게 된 사람들과는 웬만해서는 관계가 단절되는 일이 없다.

(2) 전략기획력

교단의 방침과 장기 계획을 근간으로 교당 및 교구단위의 지역 환경을 분석하여 교화 활성화를 위한 구체적 실천 전략을 수립하는 능력이다. 바둑판 전체를 바라보고 바둑알을 놓는 것으로 목표 성취를 위해 지향해야 할 바를 명확하게 제시하는 조직의 미래 운영방침을 세우는 능력이다.

□ 주요 행동특성

- 교당의 환경분석을 통해 기회와 위협요인을 파악하고 우리 교당의 장단점을 누구에게나 쉽게 대답해 줄 수 있다.
- 교당 관할 구역에서 사람이 가장 많이 모이는 중요한 지역을 자주 방문하여 지역의 이슈를 분석한다.
- 교화전략을 수립할 때 교당의 교도와 함께 실천할 수 있는 계획을 수립한다.

(3) 조직 관리능력

교당의 활성화를 위해 시간과 자원을 적절히 운영하고 교화단을 효과적으로 관리하여 상호 도움을 주고받도록 하는 능력이다. 교당 교화단 조직뿐만이 아니라 교당 내 교도들간의 세대별 모임이나 소그룹 활동들을 원만하게 지도, 육성하는 능력이다. 조직 관리능력은 교당 내 소그룹 활동에 활력을 가져오고 대형교당으로 나아갈 수 있는 밑받침이 된다.

□ 주요 행동특성

- 필요한 경우 도움을 받고자 하는 사람들로부터 적절한 타이밍에 협조를 이끌어내는 능력이 있다.
- 교당 교도의 출석율(혹은 출석교도의 수)은 내가 부임하기 전보다 높아졌다.
- 교당 교화단은 친밀한 관계 속에서도 선의의 경쟁관계를 적절하게 유지시키고 있다.
- 교당내 소그룹 활동이 활발하다.

(4) 정보수집 및 분석력

업무수행을 위하여 필요한 각종 자료를 지속적으로 수집하고 유용한 정보로 처리하여 체계적으로 전달하고 활용하는 능력이다. 정보를 수집, 가공, 분석하는 작업은 정보의 질을 한 차원 높이는 결과가 된다. 교무의 이러한 능력은 정보의 홍수라고 불리는 시대에, 교화에 필요한 정보가 무엇인지 가려내고 정보의 정확도를 파악해 낼 수 있게 한다.

□ 주요 행동특성

- 지역에 타 종교현황을 명확히 파악하고 있으며 각각에 대한 정보를 가지고 있다.
- 지역사회 네트워크를 활용하여 다양한 정보를 입수한다.

- 교화를 위한 지역정보를 수집할 때 누구를 통해 정보를 얻는 것이 정확한지 알고 있다.

제 5장 교무의 윤리

윤리란 도덕적 의무와 이상적인 인간성에 대한 것으로 고유의 관례와 행위 규범을 가지고 있다. 교무는 교단 조직의 한 일원으로서 많은 관계를 형성하고 있다. 교단속의 개인이 되기도 하고, 동지 사이로, 선진과 후진으로, 교무와 교도와의 관계로 만남이 이루어진다. 수많은 만남 속에서 그에 맞는 마음자세와 행동은 교무 자신의 인격성장은 물론 공동체윤리를 형성하는 데 매우 중요하다.

1. 교단과 교무

교단이란 '같은 교의(教義)를 믿는 사람끼리 모여 만든 종교 단체'를 뜻한다. 교단을 형성하는 데에는 교조, 교리, 제도, 의식, 기구, 교역자, 교도 등, 여러 요소들이 결합되어 있는데, 교단은 조직 또는 단체의 의미가 강하다. 특히 '원불교 교단' 이라는 용어는 교무 개인이 아닌 전체의 입장을 띠며, '원불교 중앙총부'를 교단을 대표하는 행정조직으로 보기도 한다.

1) 교단과 교무를 하나로 보는 정신을 가져야 한다.

교무는 수많은 교역자중의 한 개인이기도 하지만, 교무 한 사람이 교단을 대표하기도 한다. 교무 한 사람의 잘 · 잘못이 교단 전체의 잘 · 잘못으로 평가될 수 있다. 잘함으로 인해 교단의 명예가 드러나고, 잘못으로 인해 교단의 명예가 오손되기도 한다.

교무는 각자가 '걸어 다니는 원불교' 라는 생각으로 살아야 한다. 전체속의 부분이 아니라 개인이 교단 전체가 되는 것이다. 따라서 교무는 내가 곧 교단임을 주체적으로 자각하는 마음과 우리의 몸이 대종사의 분신이요, 종법사의 대리임을 명심하여 교단의 명예에 오손됨이 없도록 하여야 한다.

2) 중앙을 잊지 아니하고 항상 받들고 협조하는 정신을 가져야 한다.

교무는 지방에 있어 종법사의 대리이다. 종법사는 중앙이요, 교단이라는 상징적 의미가 있다. 회룡고조(回龍顧祖)라는 말이 있듯이 교무는 중앙에 마음을 두고 모든 정신을 중앙을 향해야 한다. 교무는 신앙을 자기 개인에게 집중시키지 말며, 사업심이 지방에 국한되지 않게 하여야 한다. 만일 교무가 본부 연락에 힘쓰지 아니하고 편벽되게 신심을 집중하거나 지방의 사업에만 국한되게 한다면 통일적 교화가 되지 못할 뿐 아니라, 회상은 반드시 병들게 된다고(공도편 51장) 준엄하게 깨우치고 있다.

3) 교단의 규율을 생명같이 알아야 한다.

어느 단체나 규율이 있기 마련이다. 교단에서의 규율은 누구나 지켜야하는 공변된 규율이다. 그 규율이 무너지면 공동체의 존립이 흔들리게 된다. 교무는 공법인 교단법을 철저히 지켜야 하고 교단의 법도는 교무들에 의해서 세워져야 한다.

2. 교무와 교무

교무는 출가자로 공도(公道)에 헌신하면서 공동사업을 함께하는 법동지를 만나게 된다. 교무와 교무와의 만남은 법연으로 평생, 아니 영생을 함께하게 된다. 교단을 이끌어 가고 발전시켜 나가는 데 교단 구성의 핵심은 사람, 즉 교무이다. 교무간 윤리는 선·후진, 전·후임, 남·녀 간의 윤리로 세분화 된다.

교무와 교무사이의 윤리에서 그 기초는 '화합'을 들 수 있다. 소태산 대종사는 "사람마다 특성이 있음을 잘 이해하여야만 동지 서로 간에 널리 포섭하는 덕이 화하게 된다고 교시함으로써 동지 상호간의 화합과 단결을 중시하고 교무 상호간에는 서로의 특성을 이해해야"(교단품 4장) 한다고 하셨고, 정산종사는 "큰 공을 세우고 불화하는 것보다 한 가지 일을 할지라도 화합하는 속에서 일을 하여야 내 마음도 기쁘고 그 일도 잘 되리니, 큰 성공을 하려거든 먼저 화합부터 하라."(공도편 38장) 고 하셨다.

교무 상호간의 윤리에 대해서는 전무출신 규정에서 「친애의 도」를 통해 기본적으로 지켜야 할 윤리를 규정화하고, 출가교화단 수행일기 뒷장에 게재함으로써 일상 생활속에서 이 친애의 도를 실천할 것을 강조하고 있다.

무엇보다도 교무들간의 윤리는 법연 공동체, 신앙 공동체의 윤리를 형성하고 있다.

1) 선·후진의 윤리

교단의 역사가 흐름에 따라 구성원 간에는 자연히 선진과 후진이 있게 마련이다. 선진과 후진으로 나뉨은 계급적 관계나 종속적 관계가 아니라 선·후의 관계이며, 스승과 제자 사이로 형성된 관계이다. 교당의 직급에 따라 교감 교무, 주임교무, 보좌교무, 부교무의 직급은 분명히 나뉘어 있으나 이는 역할 분담의 의미가 강할 뿐, 선·후진간의 윤리는 '이끌어 주고 받드는 정신'이 가장 핵심이 된다.

소태산 대종사는 "후진은 교단 창립에 혈성을 다한 선진들에 대해 감사하고 공경하는 마음을 가져야 하고, 선진는 새회상을 이끌어갈 교단의 보배로 회상에 참여한 후진들을 반갑고 감사한 마음으로 대해야 한다."(교단품 2장 요약)고 하였다. 그래서 선진들을 다 업어서라도 받들고, 후진들을 다 업어서라도 영접하라고 교시하였다.

서경전은 선진의 윤리로 "①자비덕화로 후진을 감싸고 부모의 심정으로 사랑해주며, 부드러운 말씨와 따뜻한 충고로써 대하며 더욱이 공석에서 후진 험담을 하지 않는 등의 포용성을 가져야 한다. ②후진을 자기성장 방식과 자기 그릇에 맞추려말고 법맥을 연하여 주는 선진이어야 한다. ③교단관이나 교정관의 차이를 인정하는 등 후진과의 견해차를 인간불신의 선입관으로 가져서는 안 된다. ④선후진간에 가치관의 불일치를 이해 할 줄 알아야 한다."는 것을 피력하였다. 또한 후진으로서 윤리는 "①선진을 어버이 모시듯 할 수 있어야 한다. ②언제나 구도적 심경으로 살아야 한다. ③선진과 스승은 구별할 줄 알아야 한다. ④공부심으로 받들어야 한다. ⑤후진으로서의 도리를 다해야 한다. ⑥도(道)없이 받들 때는 아첨이다. ⑦아무리 꾸중을 들어도 진정한 의사소통을 하여야 한다. ⑧선진이 불행하면 후진도 불행하며 후진이 불행하면 교단도 불행해 진다."고 하였다.

이러한 선 · 후진의 윤리가 스승과 제자와의 관계에서는 스승에게 온통 바치는 신(信)의 형태로 나타난다. 이러한 믿음은 초창 당시에 정산 종사나 구인선진들이 대종사께 온통 신을 바쳤던 모습을 통해 그 모델을 찾을 수 있다. 제자는 스승에게 온통 믿음을 바치고 순종하며, 스승은 제자가 생각하는 그 이상의 마음으로 제자를 사랑하는 상호 은(恩)의 관계, 은적(恩的)윤리로 파악된다.

교화현장에서 선 · 후진의 윤리는 주임교무와 보좌교무 또는 부교무 간의 윤리문제로 나타난다. 교당에서 교무간의 윤리는 일방적인 상하관계가 아니라 서로 도움이 되어 성장, 발전시키는 관계여야 한다. 주임교무와 부교무와의 관계는 교화를 위한 협력자요, 교화 동반자이다.

2) 전 · 후임의 윤리

교단 인사 순환제에 따라 자연 전임과 후임이 있게 된다. 교당의 역사와 전통이 있고, 이를 지켜온 교도들이 있다고는 하나 교무의 바뀜은 많은 변화를 가져오게 된다. 따라서 전 · 후임간에 올바른 도를 지킴으로써 교무 사이에 믿음을 더욱 공고히 하게 되며, 이에 따라 교당의 발전도 지속시킬 수 있다.

전 · 후임간에는 서로 도움이 되고 교화발전으로 이어지게 해야 한다. 전 · 후임의 윤리는 「전 · 후임의 도」에 상세히 밝혀져 있는데, 그 핵심을 요약하면, ①전 · 후임 교역자간에 사무인계는 철저히 하여야 하고 사람까지도 인계하고 떠나야 한다. ②뒷일을 간섭하는 일은 없어야 하며 서로가 감사와 수고를 알고 인정해 주어야 한다.

3) 남 · 녀의 윤리

원불교 교단은 교단 초창기부터 남 · 녀가 동등한 자격으로 전무출신의 직을 수행하고 있다. 그런데 남 · 녀간에는 생물학적 또는 사회학적으로 차별이 아닌 차이가 존재한다. 전통적으로 유교사상의 영향을 받은 한국사회에서 남 · 녀간에는 지켜야 할 윤리가 강조되어 왔다. 특히 종교가에서 남 · 녀간에 윤리가 지켜지지 않을 경우 내부적 혼란은 물론 대사회적으로 지탄을 받을 수 밖에 없다.

소태산 대종사 당대에 몇 몇 종교가 재물과 여색의 문제로 사회적 물의를 일으킨 적이 있었다. 이에 소태산 대종사는 남녀가 부득이 하게 대화를 하게 될 때에는 연장자의 입회하에 이야기를 나누도록 하게 하는 등 제자들에게 남 · 녀 사이에 대한 윤리 문제를 매우 강조하였다. 남 · 녀간의 윤리는 「남녀교제 규정」에 잘 드러나 있는데 그 요지는 이성 관계를 소홀하게 취급함으로써 나타날 수 있는 문제를 사전에 예방하기 위하여 금지조항을 조목화 한 것이다.

교화현장에서 남 · 녀간에는 언제나 도반으로서 인간적 우의를 다지도록 하고, 예의를 구슬같이 분명히 하고 아무리 친한 도반일지라도 언어사용에 각별한 주의를 하여야 한다. 또한 남 · 녀간에는 서로의 특성을 이해하고 서로의 부족한 점을 보완하며 일처리를 해 나갈 때 일은 성공되고 남 · 녀 교무간의 도는 바로 세워진다.

3. 교무와 교도

교무에게 있어서 교도는 교화대상자며, 교도에게 있어 교무는 지도자다. 지도자인 교무가 교화대상자를 대할 때 어떠한 자세로 대해야 하는가는 교화성장과 직결되는 문제가 아닐 수 없다. 더구나 교무로 인하여 교도의 신심과 공부심, 사업심이 물러난다면 더 이상 교무는 교화성장을 이끌어내는 지도자가 아니라 오히려 교화성장을 저해하는 방해자가 될 수 있다. 따라서 교도들의 정신적 지도자인 교무는 교화대상자를 대할 때 바른 도로써 교도를 접응해야 한다.

이에 대한 교시로 소태산은 교단품 38장에서 교화선상에 나선 교무들에게 훈시하기를 "교도와 관련된 대체적인 내용으로는 물질에 청렴하고, 교도의 허물을 잘 덮어주고, 아만심을 없이하여 모든 교도와 두루 융화하되 예에 맞지 않는 과공도 없게 하며, 남녀사이에 더욱 조심하며, 교도의 신앙을 자기 개인에게 집중시키지 말라."는 당부를 하였다. 양도신은 교화현장에서 교무가 행할 20가지 조항을 제시하였는데 그 중 교무로서 일 개인에게 편당하지 말고 원만한 신념으로 모든 교도를 두루 다 포용하라 하였다.

〈참고문헌〉

김일상, 『마음공부 길잡이』, 대산문화사, 1998.
류성태, 『원불교인은 어떠한 사람들인가?』, 원불교출판사, 2002.
서경전, 『교화학』, 원광대학교 출판국, 2001.
______, 「소태산의 원불교 교단 창립정신」, 『소태산의 경륜과 사상』, 원광대학교 출판국, 2004.
성도종, 오도철, 『교당운영론』, 원불교 교화연구소, 1999.
손정윤, 『청풍월상시에 만상자연명이라』, 원불교 출판사, 1984.
이종진, 「원불교 교무론」, 『원불교 사상시론 1집』, 수위단회 사무처, 1982.
존 코터, 『기업이 원하는 변화의 리더』, 김영사, 1999.
원불교 교정원, (주)엑스퍼트컨설팅, 「원불교 인재육성 계획수립 프로젝트 보고서」, 2005.
장하열, 「원불교의 교무론 연구」, 원광대학교 대학원, 2002.
주윤희, 「원불교 교도들이 인식하는 교무상」, 원광대학교 동양학대학원, 2005.
최영돈, 「결복기 교운을 열어갈 교무상」, 『원불교 교무상의 다각적인 모색: 제22회 원불교 사상연구원 학술대회 자료집』, 원불교 사상연구원, 2003.
한종만, 「저축조합과 방언역사」, 『원불교 70년 정신사』, 원불교 출판사, 1989.
황의형, 『목사학』, 성광문화사, 1990.

제2부 의식(儀式)과 집례(執禮)

제 1장 의식의 정의, 기본정신, 기능

1. 의식(儀式)의 정의

의식이란 일반적으로 의례(儀禮)를 갖추어 베푸는 행사를 뜻한다. '의례'라는 단어가 의미하듯 의식은 예의 형식과 절차가 따르게 된다. 원불교에서의 의식은 종교의식으로 신앙성이 강조되는 신앙의식의 형태를 띤다. 신앙의 대상인 법신불 일원상을 중심으로 행해지는 각 의식마다 고유의 목적이 있는데, 축하 · 찬양 · 감사 · 참회 · 축원 · 발원 등이 그것이다.

원불교에서 행해지는 모든 의식은 『예전(禮典)』에 바탕하고 있다. 따라서 교화자는 『예전』에서 밝히고 있는 예의 형식과 정신을 바르게 이해해야하고, 형식과 정신이 모두 살아나도록 해야 한다. 즉 정신을 잘 담은 형식이 되게 해야 하고, 형식을 통해 정신이 보다 더 성스럽게 드러나도록 해야 한다. 구체적으로는 『예전집례집』을 표준해서 모든 의식을 진행해야한다.

2. 의식의 기본정신

예의 근본은 공경(恭敬), 겸양(謙讓), 무계교(無計較) 세 가지이다. 공경은 천만사물을 대할 때에 항상 공경 일념을 잃지 않는 것이다. 겸양은 천만사물을 대할 때에 항상 나를 낮추고 상대편을 높이는 정신을 잃지 않는 것이다. 무계교는 천만 예법을 행할 때에 항상 내가 실례됨이 없는가 살피고 상대편의 실례에 계교하지 않는 정신을 가지는 것이다. 이러한 예의 근본정신에 바탕하여 의식을 행할 때에 가져야 할 기본정신은 다음과 같다.

1) 진리에 근거하여 사실을 주로 한다.

궁극적으로는 모든 의식의 기본정신은 불생불멸의 이치와 인과보응의 이치에 근원해야한다. 구체적으로는 교법에 근거하고 합리적이어야 하며, 지나친 신비나 이적 · 미신이나 기복 등으로 흐르지 않도록 해야 하며, 사실적이어야 한다.

2) 사치와 허례를 줄이고 공익을 도모한다.

모든 의식은 형식이며 장엄이다. 다만 이 형식과 장엄이 구습에 얽매이거나 체면치레에 끌려 사치와 낭비로 흐른다던지, 허례허식이 되어서는 안 된다. 또한 반대로 인색으로만 흘러서 의식과 행사가 초라해서도 안 된다. 격에 맞게 하되 절약을 주로하고 널리 세상을 유익 주는 공익사업(교화 · 교육 · 자선)을 도모하여야 한다.

3) 정신을 주로하고 형식이 따르게 한다.

모든 의식은 형식을 통해 정신을 구현하는 행사이다. 그러므로 지나치게 형식을 강조하여 형식에 얽매이거나 형식에 떨어져 정신이 묻힌다든지 또는 반복되는 형식으로 말미암아 통과의례가 되어 그 정신을 놓칠 수도 있으므로 늘 정신을 주로하기에 유념해야한다.

4) 고금을 살피고 중도적으로 한다.

모든 의식은 원형과 기원이 있고 변천과정 있으며 현재의 의식이 있게 된다. 그러므로 고금을 살피고 중도적으로 할 때 형식과 정신면에서 독단을 면할 수 있으며 대중의 이해와 환영을 받을 수 있다.

5) 의식에 그치지 말고 실생활에 연결되게 한다.

모든 의식은 그 의식 자체만으로도 의미가 있지만 궁극적으로는 실생활에 연결되고 확산될 때 그 의미가 더욱 드러나고 은혜로울 것이다. 그러므로 의식에 그치지 않고 실생활에 연결되도록 유념하여야 한다.

6) 의식의 체와 용을 잘 알아 새롭게 한다.

의식의 체는 정신이요. 의식의 용은 형식이라 할 수 있다. 즉 형식의 용을 통해 의식의 체가 자연스럽게 드러나야 하는데 형식이 구태의연 한다든지 무미건조하면 대중과 멀어지므로 형식면에서 새롭게 하려는 연구가 있어야 한다. 다만 의식의 체인 정신이 더욱 살아나는 방향에서 새롭게 하여야한다.

3. 의식의 공통적 기능과 고유 기능

1) 공통적 기능

원불교의 모든 의식은 법신불을 중심으로 하는 신앙행사이다. 신앙행사로서 모든 의식은 각 의식마다 고유의 목적과 기능들이 있다. 그렇지만 각 의식의 고유 목적이나 기능들에 떨어져서 근본적인 목적이나 의식의 공통적 기능 등을 상실할 수 있다. 또한 법신불을 중심으로 하는 신앙행사와 멀어진 사회 일반행사로 전락될 수가 있다. 그런 면에서 의식의 공통적 기능이라 말할 수 있는 축제적 기능과 교육적 기능, 교화적 기능과 보은적 기능에 유의하여 의식을 준비하고 진행하고 마무리해야 한다.

(1) 축제적 기능

모든 종교의식은 궁극적으로 축제적 기능이 있다. 의식에 참여한 대중은 그 의식을 통해 종교적 체험 즉 깨달음이나 영감, 신성 등을 느끼기도 하고 혹은 안심입명의 기쁨, 교법적 확신, 신념 등 여러 형태의 법열 등을 체험하게 된다. 비록 상장례나 참회의식처럼 슬프기도 하고 회한에 가득 찬 의식이라 할지라도 궁극적으로는 희망을 열어가는 의식이며 거듭남의 축제적 의식으로 승화되도록 해야 한다.

(2) 교육적 기능

의식은 고유 기능뿐만이 아니라 그 의식으로 말미암아 부수적으로는 교육적인 기능을 한다. 의식을 준비하고 의식에 참여함으로써 교법적 교육이 이루어진다는 것이다. 의식은 교리정신의 현실적인 구현이며 실천이기 때문에 의식을 통한 교육이야말로 실질적인 교육이기도 하다. 의식에 있어서 특히 교육적 기능에 유의하여 모든 의식을 준비하고 진행하고 마무리하는데 유념할 필요가 있다. 즉 모든 의식이 교육적인 의식이 되도록 해야 한다.

(3) 교화적 기능

의식은 교화적 기능이 있다. 의식을 통해 교법과 교단에 대해 이해를 하고 입교를 하고 발심하는 등의 교화적 기능을 하게 된다. 대표적으로 상장례를 통한 교화이다. 그러나 여기에 그치지 않고 모든 의식을 교화의 기능으로 확대시켜야 한다. 좀 더 적극적으로 표현하면 모든 의식은 교화를 염두에 두고 준비하고 진행해서 교화적 기능이 살아나도록 해야 한다.

(4) 보은적 기능

원불교 의식은 법신불을 중심하는 의식으로서 보은적 기능을 하는 의식이어야 한다. 거룩한 법신불 전에 예를 올리고 축원하고 발원하는 의식은 정신적인 면과 함께 물질적인 헌공이 있어서 복혜의 씨앗을 심는 의식이어야 한다. 의식이 한 때의 의식으로 그치지 않고 보은헌공이나 기념사업 등으로 이어지는 보은적 기능을 해야 한다.

2) 고유 기능

의식에는 각각의 고유 기능들이 있다. 즉 의식을 통해 구현하고자 하는 근본정신이 있으며 구체적으로 각 의식마다 고유의 목적과 기능들이 있다. 원불교 의식은 가정행사로서 가례의식과 교중행사로서 교례의식이 있으며, 각각의 행사별로 고유 기능들이 있다. 대체적으로 그 내용면에서 그 기능들을 살펴보면 축하, 찬양, 감사, 참회, 발원, 축원 등의 기능들이 있다. 그러나 이러한 기능들은 서로 복합적으로 기능한다고 보아야 할 것이다. 즉 축하의식이면서도 감사와 축원의 의식일 수 있으며, 축원의식이면서도 참회와 발원의 의미들이 복합적으로 기능한다는 것이다.

제 2장 집례의 정의 및 집례자의 역할, 자세, 준비

1. 집례의 정의

집례(執禮)란 일반적으로 의식을 집행함을 말한다. 집행한다는 것은 그 의식이 본의대로 잘 실현되도록 이끌기도 하고, 안내하기도 하고, 대행하기도 하는 등의 역할을 수행하는 것을 말한다. 즉 주례와 사회 보조자 등의 역할 수행의 전체 업무를 뜻하기도 하고, 협의적으로는 주례자를 집례라고 지칭하기도 한다.

2. 집례자의 역할

1) 주도적 역할

집례자는 의식을 주도적으로 이끌어 가는 역할을 한다. 집례자는 그 의식을 성공적으로 이끌어갈 책임이 있다. 의식은 의식에 참여하는 각자의 역할분담을 통해 전체적으로 조화를 이루어야 한다. 집례자인 주례는 그 의식의 정신이나 형식 등을 완전히 이해하고 적절한 역할분담을 통해 그 정신과 형식 등이 잘 실현되도록 의식 전체를 주도적으로 이끌어 가야 한다.

2) 안내자 역할

집례자는 의식이 잘 진행되고 의식의 본의가 잘 실현되도록 안내자의 역할을 하기도 한다. 의미를 설명하기도 하고 형식을 알려주기도 하며 독경 등을 선창하는 것이 바로 안내자의 역할이다. 의식에서 상냥하고 친절한 안내는 오늘날 고객감동의 시대에 더욱 크게 요청되는 역할이다.

3) 대행자 역할

집례자는 대종사님의 법의 혜명(慧命)을 이어가는 전법사도로서 정복과 법복을 착용하고 모든 의식을 진행한다. 경우에 따라 법신불을 대행하기도 하고 대종사님과 종법사님을 대행하기도 한다. 어느 경우에는 참석대중을 대행하기도 하고 가족이나 유족 등을 대행하기도 한다. 따라서 집례자는 철저히 개인의 생각이나 개인의 몸이 아니라 공법을 수행하는 대행자임을 명심해야 한다.

3. 집례자의 자세

1) 신념이 있어야 한다.

신념은 확고한 믿음이다. 집례자는 법신불 사은에 대한 확고한 믿음이 뿌리해야 한다. 나아가 교법에 대한 확신은 물론 집례하는 의식에 대해서도 신념이 분명해야 한다. 신념에 가득 찬 의식진행은 집례자 자신은 물론 참여하는 모든 이들에게 믿음을 더욱 깊게 하고 은혜가 충만케 한다. 형식을 빌려 정신적인 내용을 추구하는 신앙의식에 있어서 집례자의 신념은 가장 중요한 요소이다.

2) 공경하고 겸양해야 한다.

공경하고 겸양하는 자세는 모든 예의 근본정신이다. 집례자부터 공경과 겸양의 자세가 흘러 넘쳐서 의식에 참여한 모든 대중이 공경과 겸양의 자세가 될 때 그 의식이야말로 성스러운 의식이 될 수 있다. 자칫 신념이 지나쳐 공경과 겸양의 자세를 잃고 거만한 자세가 나오지 않도록 주의해야 한다.

3) 계교심 없이 전일해야 한다.

대중의 많고 적음이나 대상자의 지위, 재산, 헌공 등 외적요인에 따라 사량계교하지 말고 오직 의식의 목적달성에 전일해야 한다. 자신의 부족함에 대한 사량도 다 놓고 오직 공법을 수행하는 집례자로서 최선을 다해야 한다. 사심잡념을 놓고 오직 청정한 마음으로 임하는 것이 가장 큰 정성이다.

4) 준비가 철저해야 한다.

각 의식에는 형식과 절차가 다양하고 분명하다. 그만큼 집례자는 많은 준비를 해야 하고 철저하게 준비해야 한다. 자신이 행하는 집례의 역할에 대해서 정확히 이해하고 충분히 그 의미를 부여해야 하며, 식순과 진행에 필요한 인적 · 물적 자원들을 시간과 쓰임새에 맞게 준비하는 것을 소홀히 해서는 안 된다.

4. 집례자의 준비

1) 심고와 기도로서 진리의 위력을 빌며 준비한다.

의식을 통해서 실현하고자 하는 모든 내역 등을 심고와 기도를 올리면서 준비한다. 법신불 사은의 호렴하심과 은혜와 위력이 가득한 신앙의식이 되기 위해서는 정성스러운 심고와 기도가 바탕이 된다.

2) 정성심으로 주밀하게 준비한다.

의식이 진행되기에 앞서 준비하는 과정에서 이미 의식은 시작되었다고 할 수 있다. 정성심으로 주밀하게 준비하여 모든 의식이 차질이 없도록 미리 준비해야 한다. 자칫 일상적이고 통과의례식이 되지 않도록 세심한 준비가 필요하다. 또한 대중의 많고 적음이나 대상자의 지위, 재산 등 외적요인에 따라 정성에 차등이 있어서는 안 된다.

3) 심신을 재계하고 도량을 청정히 한다.

의식을 앞두고 집례자는 심신재계를 통해 청정한 몸과 마음을 유지해야 한다. 또한 도량을 깨끗하게 하고 정리정돈으로 마음이 흐트러지지 않도록 유념해야 한다. 청정한 도량에 법력이 솟아나고 불은이 내린다 하였다. 심신재계, 교당의 청결, 정리정돈의 모습은 집례자의 마음을 안정시켜 줄 뿐만 아니라 대중에게도 심신간 안정을 주게 된다. 의식을 올리기 전 일정기간 동안 계문을 더욱 철저히 지키고 마음을 산란하게 하는 장소나 사람 등을 피해야 한다.

4) 참여자에게 사전 준비토록 안내를 한다.

의식은 대중과 함께하는 행사이다. 참여자로 하여금 의식에 대하여 잘 이해하고 준비해서 임하도록 사전에 안내하고 교육해야한다. 참여자가 의식의 목적과 진행과정에 대한 이해가 부족할 경우 의식에 참여하는 정성심과 집중도가 떨어지게 된다. 특히 처음 의식에 참여하는 사람에게는 특별한 관심과 안내로 의식에 자연스럽게 참여할 수 있도록 안내해야 한다.

제 3장 교구(敎具)에 대한 이해와 독경

1. 교구(敎具)의 의미

모든 종교가에서는 신앙심을 고취시키기 위해 의식을 행한다. 그 의식에는 의식도구인 교구가 사용된다. 종교의식에 사용되는 도구들은 기능적인 면을 넘어 신성한 도구로 탈바꿈 된다. 교구는 성(聖)과 속(俗)을 이어주며, 절대적 진리에 도달하는 매개체 역할을 하기 때문이다.

교화자는 불전도구, 법요도구, 장엄도구의 의미를 제대로 알고 실행하며 그 뜻을 전해줄 책임이 있다. 처음으로 교당과 인연이 된 교도들에게 보여지는 단정한 불단과 향내음, 좌종소리, 목탁소리 등은 누구에게나 새로운 경험을 느끼게 한다.

1) 불전도구

(1) 향로

향로는 향을 피우는 그릇으로 흔히 금속이나 도자기로 만들며 모양도 여러 가지이다. 향은 악취를 제거하는 실용적인 목적에서 시작되었으나 신성한 곳을 깨끗하게 하며, 마음을 깨끗이 한다는 종교적 의미로 승화되어 사용되고 있다. 향은 자신의 몸을 태워 향기를 만들어내고, 번뇌와 망상을 소멸시켜 준다는 의미에서 전통적으로 불가에서는 향공양을 중요시 하였다. 정성을 다해서 올리는 향은 신령스럽고 성스러워 허공법계(虛空法界)와 인간과의 감응을 유도하는 매개체가 된다.

향은 특별하게 자신의 모습을 고집하지 않고 연기는 곧 사라져 버리지만 주변의 모든 곳에 분별없이 스며들어 향기를 새겨주는 특성이 있다. 때문에 어둡고 구석진 모든 곳에 있는 이들을 분별없이 평등하게 보고 훈훈한 향기를 심어준다는 의미도 있다.

향로는 헌배를 위해 교당을 찾는 교도들에게 언제나 새로운 느낌이 들도록 청결과 청소에 유념해야한다.

(2) 촉대

촉대는 초를 세우고 불을 켜는 등구(燈具)이다. 불전에 촛불을 밝히는 것은 우리의 몸과 마음을 닦아 어둠을 밝히는 삶을 살겠다는 굳은 서원의 표현이다. 자신에게는 빛이 어둠을 밝히듯이 자기 자신의 지혜광명을 밝혀 부처님과 같은 큰 인격을 이루고자 하는 것이고, 타인에게는 그 지혜광명의 빛을 공양하는 공덕이 된다. 불단에 촛불을 밝히는 것은 어둠에 헤매는 모든 중생을 구원할 큰 서원이 바탕된 거룩한 공양이라 할 것이다.

우리의 몸과 마음을 닦는 마음으로 촉대의 청소에 늘 유념해야 한다.

(3) 금련화

금련화는 불전에 올리는 황금색으로 만든 연꽃으로 원기 50년대부터 사용하지 않는다.

(4) 헌공함

헌공함은 헌공금을 넣는 상자이다. 대부분의 원불교 의식에는 헌공의 식순이 들어있다. 헌공함은 불단과 법당 입구 쪽에 놓이게 되는데, 불단에 위치한 헌공함은 천도재 등의 의식 때 사용되며, 법당 입구 쪽의 헌공함은 유지비 등을 낼 때 사용된다. 헌공을 통해 절약과 공익정신의 참 뜻을 널리 실행하도록 해야 한다.

헌공함은 청결도 중요하지만 도난의 위험이 있음을 주의해야 한다.

2) 법요도구

법요도구는 원불교 교법을 널리 펴기 위해 거행하는 각종 의식행사(법회 · 천도재 · 기도식 · 기념재 · 대재 · 발인식 · 경축식 · 봉불식 · 봉고식 등)에 사용되는 도구이다. 의식에는 반드시 장엄한 절차가 따른다. 의식 절차를 밟아 가는데 있어 법요도구의 사용은 의식을 더욱 장엄하게 하는 역할을 한다. 의식장엄에 있어 형식이 지나치게 장엄될 경우 내용이 빈약하게 될 우려가 있음을 주의해야 한다.

(1) 경상

경문(經文)을 얹어놓는 조그마한 책상으로 의식행사를 진행할 때에 독경할 경문을 올려놓는다.

(2) 목탁

심고나 독경 때에 사용하는 의식도구이다. 때로는 식사시간이나 공사(公事) 때에 시간을 알리는 신호로 사용하기도 한다. 목탁은 나무를 큰 방울 모양으로 깎아 그 중앙을 반쯤 자르고, 소리가 잘 울리도록 다시 그 속을 파서 비게 하여 조그마한 나무 채로 두드리게 되어있다. 본래는 수행승에 대하여 교훈을 주려는 뜻에서 밤낮으로 눈을 감는 일이 없는 물고기를 본 따 물고기 모양으로 만들었다고 한다. 그와 같은 까닭으로 목어(木魚)라 부르기도 한다.

원불교에서는 불교에서 사용하는 목탁을 그대로 사용하고 있다. 목탁을 치는 데에는 구별이 있다. 먼저 작은 소리에서 점점 큰소리가 나게 치는 것을 올림 목탁이라 하며, 큰소리에서 점점 작아지도록 치는 것은 내림 목탁이라고 한다. 일정한 소리와 박자로 치면 일자 목탁이라 한다.

(3) 좌종

놋쇠로 큰 주발과 같이 만들어 독경을 할 때나 각종 의식행사 때에 쳐서 소리를 낸다. 특히 종은 명부세계의 중생을 소리로써 번뇌를 끊고 깨달음을 얻도록 일깨운다고 하여 49재 때 많이 사용한다.

새벽에 33번의 타종은 낮에 활동하는 33천 세계의 일체중생을 잠에서 깨워 제도하려는 간절한 서원이 깃들어 있다. 이는 성불제중을 서원하는 공부인들에게 부처님의 법음을 전하는 것이며, 일체중생이 깨달음의 법음에 의지하여 진급하고 복과 지혜가 쌓이도록 정진하라는 의미이다. 밤에 28번의 타종은 욕계, 색계, 무색계의 모든 중생이 열반락에 들어 편안히 잠들고 미혹에 빠지지 말라는 의미가 있다.

좌종은 갑자기 세게 울리면 깨질 우려가 있으므로 반드시 여음을 주어야 한다. 좌종 안쪽의 먼지 청소와 좌종채의 관리에도 소홀함이 없도록 해야 한다.

(4) 죽비

모든 의식을 집행할 때 시작과 끝을 알리기 위해 사용한다. 선원(禪院)에서는 좌선 수행을 할 때, 시작과 끝을 알리거나, 자세가 바르지 못한 경우에 주의를 줄 때 사용한다. 또한 선원에는 졸음이나 자세 등을 지도하는 약 2m 정도의 죽비가 있는데, 이를 장군 죽비라고 한다. 졸고 있는 수행자의 어깨부분을 쳐서 소리를 내어 경책(警責)한다.

의식을 진행하며 마이크를 사용할 경우 마이크에 죽비소리가 너무 크게 울리지 않도록 주의한다.

(5) 요령

천도재 때나 묘지에서의 입장식(入葬式)때 주로 사용한다. 중음을 떠나 새 몸을 받게 되는 영가(靈駕)가 착심을 끊고 청정일념을 갖도록 일깨워주기 위해서 사용한다.

소리를 내는 몸통과 손잡이 부분으로 구성되어 있는데, 염불 할 때 이것을 손으로 흔들어서 소리를 낸다. 작지만 고음을 내며, 몸통 부분에는 용 · 보살 · 사천왕 등의 무늬를 조각하기도 한다.

(6) 청수기

기도나 여러 의식 행사 때에 맑고 깨끗한 물을 담는 그릇이다. 이는 한국의 민간신앙에서 영향을 받은 것으로, 가장 좋은 청수는 새벽 동트기 전의 아침이슬을 모은 물이나 샘물이라고 한다. 청수를 준비하는 마음처럼 기도하는 사람의 마음도 맑고 깨끗하기를 바라고, 청정한 계행을 지키며 물이 모든 것을 씻어주듯이 우리들도 그런 마음으로 살기를 다짐하는 의미이다. 평소에도 불단의 청수기에 청수를 떠 놓는다.

3) 장엄도구

(1) 꽃

불전도구만 놓여있는 불단의 분위기를 살려내는 장엄도구로 꽃이나 화분을 사용한다. 향내음이 주변의 악취를 흡수하여 주위를 청정하게 한다면, 꽃은 그 청정한 곳에 향기를 머금게 하는 공덕이 있다.

꽃꽂이는 시각적으로나 정서적으로도 생동감을 살려내는 장점을 지니고 있으며, 의식을 준비하는 집례자의 정성이 들어가기도 한다. 의식의 성격에 맞는 적당한 양(양감)과 적절한 꽃(색감)으로 준비해야 한다. 의식의 성격이 애사인 경우와 경사인 경우 꽃 선택이 달라야 한다. 49재에는 같은 꽃을 쓰더라도 어린 영가에게는 못다 핀 꽃을, 나이 많은 영가에게는 활짝 핀 꽃을 골라 쓰는 것이 바람직하다.

꽃 하나로도 기쁨 또는 슬픔을 표현하는 마음이 대중과 연할 수 있다.

(2) 기타 - 조명등, 장식용 초, 공예품

과거와는 달리 현대에 오면서 분위기를 연출함에 있어서 필수 도구나 핵심 도구에만 머물지 않고 다양한 방법들이 시도되고 있다. 이런 현상은 자연스럽게 우리 교단에도 수용되고 있다고 보아야 할 것이다. 즉 신앙적인 분위기를 느끼게 하는 건물 구조나 인테리어, 구체적으로는 불단 장엄이나 분위기 연출을 위한 조명이나 장식용 초, 연등이나 공예품 등을 통해 장엄할 수 있을 것이다. 다만 기타 장엄이 지나치거나 산만해서는 안된다. 즉 신앙성이 풍부해야 하며 불단의 중심인 법신불을 더욱 드러내는데 중심을 두어야 한다.

불전도구만 놓여있는 불단의 분위기를 살려내는 장엄도구로 꽃이나 화분을 사용한다. 향내음이 주변의 악취를 흡수하여 주위를 청정하게 한다면, 꽃은 그 청정한 곳에 향기를 머금게 하는 공덕이 있다.

2. 독경

1) 독경의 의의

독경은 '경전을 소리 내어 읽는 것'을 말한다. 그러나 의식에 있어 독경은 적당한 운곡이 동반되며 의식장엄과 더불어 법공양의 의미를 갖는다. 독경을 할 때에는 부처님 또는 법신불 사은을 향한 경건한 마음과 정성으로 법문 한 구절 한 구절에 일심을 다해야 한다. 일심된 독경은 자연히 그 마음이 깨끗해지고 안정되며, 또한 지혜가 싹트게 되어 생활 속에서의 여러 가지 괴로운 일을 잘 해결해 나가는 힘을 기를 수 있다. 또한 일심으로 독경을 하게 되면 집중력이 개발되고, 큰 소리로 독경을 하면 단전호흡을 통해 전신의 혈액순환도 원활해져 건강한 몸과 마음을 유지할 수 있게 된다. 독경은 단지 소리로 끝나는 것은 아니다. 독경을 하는 사람도,

듣는 사람도 선심(禪心)으로 일심에 젖어 독경을 한다면 저절로 신앙심과 수행심이 일어나게 된다.

정산종사는 경을 읽을 때는 "반드시 그 뜻을 명심하여야 할 것이며, 뜻을 명심할 때에는 반드시 모든 경계에 반성과 실천이 있어야 할 것이니, 독경의 공덕이 그 실천을 지낸 후에야 비로소 완전한 효과를 보게 된다."고 하셨다.

2) 독경 운곡(韻曲)

독경시 운곡은 경의 소리에 일정한 노래의 곡조를 붙인 경의 곡조를 말한다. 염불할 때 '나무아미타불'을 곡조에 맞추어서 하는 것을 운곡에 맞춘다고 하는데, 의식에 사용되는 '일원상서원문', '반야심경' 등을 독경할 때는 반드시 운곡이 사용된다. 처음 소리를 내어 읽어오던 독경은 차츰 운곡의 일정한 형태를 만들게 되었다.

의식집례자의 독경소리는 의식 전체의 분위기를 이끌게 되므로 의식에 있어서 독경은 대중의 신앙심과 수행심을 더욱 고취시킬 수 있는 중요한 요소 중 하나이다.

아직까지 교단은 독경 운곡의 통일이 되지 않은 상황이다. 통일되지 못한 운곡은 의식의 정성스러운 분위기를 깨는 요인이 되기도 한다. 남 · 녀간 성량과 음색의 차이도 독경운곡에 영향을 주기 쉽다. 남자 집례자가 마이크를 들었을 경우와 여자 집례자가 마이크를 들었을 경우 대중과의 음을 서로 맞추기란 여간 어려운 일이 아니다.

원불교 의식의 경우, '성주' 3편과 '염불' 7편, '청정주' 등은 어느 정도 정형화가 되었지만 '일원상서원문', '반야심경', '참회문', '금강경' 등과 '천도법문'은 집례자마다 고유한 운곡을 가지고 있는 것이 특징이라고 할 수 있다.

의식 진행시, 마이크를 들고 독경을 하게 되는 경우에는 목탁소리에 맞춰 정확한 발음과 무리하지 않는 호흡으로 대중과의 일체감을 이끌어 가는데 주의해야 한다.

제 4장 의식집례의 실제

1. 의식의 준비

1) 식상장엄

(1) 법당

교당에서의 의식집례는 모두 법당에서 이루어지므로 불단을 포함한 법당 전체가 장엄의 대상이다. 교당에서는 늘 법당의 청결에 유의하고 각각의 의식마다 그 특성을 드러내는 장엄을 할 수 있다.

장엄은 주로 현수막, 꽃, 초, 조명 등으로 하게 되는데, 정산종사는 "절약도 정도의 문제니 현장에 적당히 쓸 것은 쓰고 허비나 과한 부문만 절약하라"고 하셨다. 정성스럽게 장엄을 하되 장엄의 주인공은 늘 법신불일원상이라는 사실을 염두에 두고 불단중심의 장엄을 하여야 한다.

(2) 음향시설의 점검 및 사용법 숙지

음향시설을 이용할 경우 마이크와 앰프 등은 식전에 그 사용법을 미리 숙지하고 또한 성능을 확인해 보아야 한다. 음향시설이 의식에서 차지하는 비중은 매우 크다. 스피커를 통해서 나오는 목소리의 조화가 맞지 않거나, 음량크기를 잘못 조절하여 불쾌한 소리가 날 경우 집례자의 집중력은 물론 대중의 의식에 대한 몰입도가 떨어지게 된다.

2) 준비와 점검

의식을 시작하기 전에 집례자는 교당 안팎의 청소상태, 불단의 정리정돈, 쓰임에 따른 교구(敎具)의 위치, 설명기도문(기원문) 점검, 예상인원에 따른 방석 준비, 음향시설의 점검, 행사유인물 준비, 초청법사(내빈)의 이름 확인, 상장(상품, 공로패, 법호증)의 오타 유무, 냉 · 난방기 점검, 집례자와 보조자 확인 등을 유념해야 한다. 또한 개식사와 폐식사를 포함한 식순 전체에 대하여 미리 연습해야 실수를 줄일 수 있다.

3) 의전

'의전'이란 의식을 위해서 모신 법사, 봉불식 등의 축하를 위해서 모시는 내빈들에 대하여 공적인 예를 갖추어 행하는 모든 예를 뜻한다. 대외적으로 격을 갖추는 예절이므로 모든 행사와 일정에 관하여 세심한 배려와 치밀한 준비가 뒤따라야 한다.

의전은 대체적으로 행사를 위해 오시는 내빈을 초대하고 영접하는 예부터 자리배치, 치사의 순서, 응접, 환송까지 이어지는데 최대한 주의하고 서운함이 없이 하여야 한다.

관례적으로 의전행사의 진행은 선례와 관행을 예우기준으로 한다. 그러나 실제 공식행사의 적용에 있어서는 그 행사의 성격, 경과보고, 기념사 등 행사의 역할과 해당 행사와의 관련 정도 등을 감안하여 결정하여야 한다.

4) 홍보

가례의 경우에는 일상적으로 예회보 등을 통해서 간략히 홍보를 하지만, 교례의 경우 그 규모에 따라 신문, 방송, 인터넷, 현수막, 예회보, 전화, 순교 등 다양한 방법으로 홍보하는 것이 바람직하다. 의식의 참석유무를 떠나서 의식을 알리는 그 자체가 교화의 한 방법이 되므로 적극적으로 홍보할 필요가 있다.

5) 대중공양

교당에서의 의식 중 4축 2재와 종재식, 법호수여식 등의 경우에는 거의 대중공양이 이루어진다. 교당이나 재주(齋主)는 정성스럽게 밥상을 차리기도 하고 또 다과나 기념품을 제작하기도 한다.

종재식 이후에 교당에서의 공양은 음식을 나누어 먹으면서 열반인의 생전 이야기 등을 나누고, 그 공덕을 기리기도 하며, 대중과의 인연으로 열반인에게 무형의 복이 되기도 한다. 또한 4축 2재의 의미를 법담으로 나누며 교당과의 인연을 짓고 교도 상호간에 더욱 화합하고 하나 된 기운을 통할 수 있는 시간이 될 수 있다.

과도한 소비로 음식을 차리거나 낭비하는 것 보다 적당한 대중공양을 하고, 해당 비용으로 교화 · 교육 · 자선사업에 쓰도록 방향을 제시하는 것이 바람직하다.

2. 의식의 진행

1) 가례(家禮)

사람의 입태(入胎)와 태교(胎敎)로부터 죽은 후 영혼천도에 이르기까지 가정에 관련된 모든 의례를 가례라고 한다. 이는 삼세(三世)를 일관할 수 있는 신앙적 태도를 함양시켜 주며 가정이 곧 사회와 국가의 근본이라는 점을 강조하고 있다.

가례를 포함한 모든 의식은 교화의 수단으로 매우 중요한 의미를 갖는다. 그러므로 가례 역시 그 형식과 내용이 사람의 마음 가운데 깊아 있는 신앙심을 불러일으킬 수 있도록 정성을 모은다.

◎ 명명식

1. 명명식의 정의

사람이 태어나면 7일 후 이름을 지어 교당이나 가정에서 명명식을 거행한다. 명명식은 아이의 이름을 세상에 알리고 법신불 사은전에 그의 장래 혜복을 발원하는 의식이다.

2. 명명식의 준비

법신불 사은의 공덕으로 태어난 새 생명에 대한 감사와 새 이름에 대한 감사의 마음으로 경건하게 준비한다. 또한 평생 불러질 이름을 세상에 알리는 것이니, 잘 자라고 훌륭한 인물이 되어 그 이름으로 보은할 것을 기원한다.

① 불단: 가정이나 교당의 법신불 및 불단의 청소상태 확인, 불단조명 점검, 꽃꽂이, 향 피우기, 촛불 켜기, 청수 준비, 법요도구의 위치 확인, 설명기도문·독경집·마이크 확인, 명첩준비.
② 법당: 법당공기의 환기, 방석 및 의자 준비, 실내온도에 따른 냉난방기 가동, 조명 상태 확인, 앰프 점검
③ 법당 외부: 소음 차단, 식수 준비, 교당 진입로 청결

3. 명명식의 진행
① 개식사: 새로운 생명의 탄생과 새 이름을 받게 되었고, 그 이름을 세상에 알리는 경사스러움을 축하의 의미로 전한다.
② 식전에 식순을 그 부모에게 미리 알리고 명첩봉헌 및 헌배 순에 당황하지 않도록 지도한다.
③ 폐식사: 법신불전에, 그리고 세상에 그 이름을 알렸으니 이제 하나의 인격체로 세상의 일원이 되었음을 축하하고, 건강하게 잘 자라도록 축원하는 의미의 폐식사를 한다.

4. 기대효과
① 유아의 탄생이 법신불 사은의 은혜임을 알게 한다.
② 새 이름으로 하나의 인격체를 이루었으니, 자력을 갖출 때까지 부모로서의 도리를 다 할 수 있도록 다짐하게 한다.
③ 법신불전에 유아의 장래 혜복을 기원했으므로 관계인의 마음에 안정을 준다.

◎ 성년식

1. 성년식의 정의

사람이 태어나고 자라나 만 20세가 되면 신체나 지능이 발달하여 완전한 성인이 되었다고 인정될 때 이를 축하하는 의식이다.

2. 성년식의 목적

대상자들에게 성인이 되었다는 자각과 긍지, 그리고 사회인으로서의 책임과 의무를 일깨워 주고, '어른'이 된 자부심과 용기를 심어주며, 인간사회의 모든

의무와 권리를 부여하고, 자력생활과 보은행을 격려하기 위한 것으로 성년식은 과거의 관례(冠禮)의식을 현대화 한 것이다.

3. 성년식의 준비

법신불 사은의 공덕으로 태어나고 자라나 성인이 되었음을 축하하는 마음으로 준비한다.

합동으로 성년식을 하게 될 경우 별도의 날을 지정하는 방법도 있으며, 예회시간에 매년 1회를 성년식법회로 행할 수 있다. 성년식 대상자 뿐 아니라, 대상자의 부모까지도 교당으로 인도할 수 있는 계기가 되므로 교화의 한 방법으로 활용할 수 있다.

① 교당의 청년회원이나 일반교도 자녀 중 성년 대상자를 파악한다. (양식1)

② 청년회원에게는 친구들과 함께 하도록 유도하고, 일반교도에게는 미리 공지하여 주변의 성년식 대상자가 있는 인연들을 교당으로 인도할 수 있게 한다.(교당홈페이지를 이용하거나 지역 소식지 등에 홍보하는 방법)

③ 성년식을 거행하기 전에 대상자와 부모를 미리 교당에 초대하여(혹은 전화로) 성년식의 의미와 식순에 대해 설명한다.

④ 불단: 법신불 및 불단의 청소상태 확인, 불단조명 점검, 꽃꽂이, 향 피우기, 촛불 켜기, 청수 준비, 법요도구의 위치 확인, 성년식기원문, 답사, 독경집, 마이크 확인, 성년식 현수막, 장식.

⑤ 법당: 방석 및 의자 준비(성년식 대상자는 대중과 다르게 자리배치), 실내온도에 따른 냉난방기 가동, 조명 상태 확인, 앰프 점검.

⑥ 법당 외부: 소음 차단, 식수 준비, 교당 진입로 청결.

⑦ 선물 및 대중공양 준비.

4. 성년식의 진행

개식 전에 촛불을 밝히고 향을 피운다.

① 개식사: 법신불 사은의 은혜 속에 태어나고 자라서 성년식 대상자가 된 감사와 축하의 의미로 개식사를 한다.

② 식전에 식순을 그 부모와 대상자에게 미리 알리고 부모전 헌배, 동지 상견례 등의 식순에 당황하지 않도록 지도한다.

③ 폐식사: 성인으로써의 의무와 책임에 대한 당부의 내용으로 폐식사를 준비한다.

5. 기대효과

① 성년식 대상자에게는 성인으로써의 의무와 책임을 알게 한다.

② 처음 교당과의 인연이 된 사람에게는 원불교가 생활속의 종교라는 사실을 인식하게 하고 부모로서의 도리를 다 할 수 있도록 다짐하게 한다.
③ 법신불전에 성년들의 장래 혜복을 기원했으므로 관계인의 마음에 안정을 준다.
④ 교화대상자가 자연스럽게 교당에 오게 된다.

(양식1)

<table>
<tr><th colspan="9">원기 00년 성년식 대상자 명단</th></tr>
<tr><th>번호</th><th>이름</th><th>생년월일</th><th>연락처</th><th>참석가족
(관계)</th><th>입교
여부</th><th>집전화</th><th>연원</th><th>비고</th></tr>
<tr><td rowspan="3">1</td><td rowspan="3">김일원</td><td rowspan="3">1985.4.20</td><td rowspan="3">010-3844-3844</td><td>김원만(부)</td><td>×</td><td rowspan="3">063-850-3333</td><td rowspan="3">김성각</td><td rowspan="3"></td></tr>
<tr><td>이은혜(모)</td><td>×</td></tr>
<tr><td>김대각(조부)</td><td>0</td></tr>
<tr><td rowspan="3"></td><td rowspan="3"></td><td rowspan="3"></td><td rowspan="3"></td><td></td><td></td><td rowspan="3"></td><td rowspan="3"></td><td rowspan="3"></td></tr>
<tr><td></td><td></td></tr>
<tr><td></td><td></td></tr>
</table>

◎ 결혼식

1. 결혼식의 정의

남녀가 서로 만나서 한 가정을 이루는 의식이다.

2. 결혼식의 준비

교당에서 결혼식을 하게 될 경우 당사자들에게는 법당에서의 결혼식이 일생에 큰 의미로 남게 될 것이다. 많은 교도와 비교도인 축하객들도 교당에 오게 되니 직·간접으로 교화에 큰 영향을 미칠 수 있다.

시대가 지날수록 더욱 상업화 되어가는 결혼식 문화 속에서 넓은 예식공간과 주차공간, 충분한 예식시간, 성스러운 분위기, 저렴한 예식비용 등의 장점으로 교당을 이용할 가능성이 많아진다.

① 결혼식 날짜에 교당의 행사가 겹치지 않도록 조정한다.
② 예식장, 폐백실, 대중공양장소, 신부대기실, 축하금 접수대 등을 미리 정리한다.
③ 불단: 청소상태 확인, 불단조명 점검, 결혼식용 꽃꽂이, 기타장식.
④ 주례단상: 점촉에 사용할 초, 성냥 준비, 결혼증서, 고유문.
⑤ 법당: 냉난방기 가동, 조명 상태 확인, 앰프 점검, 카페트, 축하장식.

⑥ 사회자: 신랑신부 이름 및 약력 파악, 식순, 설명기도문, 주례약력.
⑦ 법당 외부: 소음 차단, 식수 준비, 교당 진입로 청결.

3. 기대효과
① 결혼식 대상자에게는 법당에서의 결혼이 성스러운 의미를 갖게 한다.
② 고유문, 설법, 설명기도문, 결혼식 노래 등의 식순을 통해 원불교 결혼문화를 알린다.
③ 불특정한 많은 사람의 교당방문으로 인해 직 · 간접으로 교화에 도움을 준다.

◎ 열반식

1. 열반식의 정의

열반은 불교수행의 최고이상으로 수행에 의해 진리를 깨치고 도를 이루어 모든 괴로움과 번뇌를 끊고 일체의 속박에서 벗어나 해탈을 얻는 경지를 말하며 일반적으로는 사람의 죽음을 높여서 부르는 말이다.

열반식은 영가의 열반을 허공법계와 제불제성전에 고하는 식이다.

2. 열반식의 준비
① 열반인 주변의 환경을 정결하게 정리한다.
② 가족이나 관계인들이 소란하지 않도록 주의한다.
③ 열반식이 끝나기 전에는 곡성을 내지 않도록 한다.
④ 교무는 좌종, 목탁, 죽비, 교전, 독경집, 향, 초 등을 미리 준비한다.
⑤ 집례자와 사회자의 역할분담을 미리 정한다.
⑥ 비교도가 많은 호상소에서는 열반식의 의미와 진행에 대하여 간략히 설명하고 함께 참여하도록 유도한다.

3. 열반식의 진행
① 개식사: 죽음의 유형에 관계없이 새 열반인이 모든 착심을 놓고 참다운 열반에 들 수 있도록 의식에 정성을 다해 주시기 바란다는 의미의 개식사를 한다.
② 합장이나 일어서서 하는 의식, 경례 등에 대해서는 식순마다 자상하게 안내한다.
③ 독경집을 미리 준비하여 대중이 함께 하도록 한다.
④ 성주3편, 독경 등의 진행은 빠르거나 느리지 않도록 주의한다.
⑤ 염불의 문구인 나무아비타불은 대체로 누구나 알고 있으므로 조금 길게 해도 된다.

⑥ 폐식사: 영가의 열반을 허공법계와 제불제성전에 고하였으므로 영가께서는 모든 착심을 놓고 참 열반의 길을 가도록 기원하고, 관계인들은 이제 장례의 절차에 따라서 정성을 모아주시기 바란다는 폐식사를 한다.

4. 기대효과

① 영가가 스스로 열반에 들었음을 자각하여 이생에서의 착심을 놓고 오직 청정한 한마음으로 천도의 길을 걸을 수 있도록 한다.

② 영가가 이생에 대한 착심을 놓기 힘들듯이 관계인들도 영가에 대한 착심을 놓기 힘들 수 있으므로 열반식을 통하여 서로의 착심을 놓을 수 있도록 한다.

③ 자력이 없어서 스스로 천도의 길을 가기 힘든 영가에게는 진리부처님의 힘으로 천도발원을 하는 것이므로 영가나 관계인 모두에게 심리적인 안심을 준다.

④ 열반이라는 큰일을 겪으면서 무엇을 먼저 해야 할지 어려워하는 관계인들에게 죽음의 의미를 알려주고, 장례의 절차를 설명하며, 열반식을 진행하는 교무의 모습은 강한 믿음을 준다.

◎ 입관식

1. 입관식의 정의: 열반인을 관(棺)에 넣고 갖는 의식이다.

2. 입관식의 준비

① 지역과 집안의 다양한 종교 등에 의하여 상주 측에서 길시(吉時)를 잡아 입관을 계획할 때는 그 시간에 맞춰 입관식을 준비하되 이를 미신이라며 배척하지 않는다.

② 최근에는 집보다도 장례식장에서 장례를 치르는 경우가 많기 때문에 장례식장의 형편에 맞춰 입관의 시간을 정하는 경우가 많다.

③ 상주들은 입관이 끝난 후 입관식 전에 상복을 입어야 하므로 미리 상복을 준비하도록 한다.

④ 집례자와 사회자의 역할분담을 미리 정한다.

⑤ 독경집을 미리 준비하여 비교도가 많은 호상소에서 대중이 함께 참여하도록 한다.

3. 입관식의 진행

① 개식사: 열반인의 빠른 해탈천도를 기원하며 모든 착심을 놓고 참다운 열반에 들 수 있도록 의식에 정성을 다해 주시기 바란다는 의미의 개식사를 한다.

② 합장이나 일어서서 하는 의식, 경례 등에 대해서는 식순마다 자상하게 안내한다.
③ 독경집을 미리 준비하여 대중이 함께 하도록 한다.
④ 성주3편, 독경 등의 진행은 빠르거나 느리지 않도록 주의한다.
⑤ 염불의 문구인 나무아비타불은 대체로 누구나 알고 있으므로 조금 길게 해도 된다.
⑥ 폐식사: 영가의 입관과 동시에 상복을 입게 되므로 상주로서의 역할을 정성스럽게 하여 천도발원에 더욱 애써 주시고 영가께서도 열반의 고요함 속에 스스로 해탈의 길을 찾을 수 있기를 기원하는 폐식사를 한다.

4. 기대효과
① 영가가 스스로 열반에 들었음을 자각하여 마지막으로 남은 육신에 대한 착심도 놓고 오직 청정한 한마음으로 천도의 길을 걸을 수 있도록 한다.
② 염(殮)과 입관은 죽은 사람에게만 할 수 있는 일이므로 상주들도 영가에 대한 생의 미련을 버리고 오직 천도발원에 정성을 들이도록 한다.
③ 장례의 절차를 하나하나 밟아 나가는 그 중심에 교무의 역할은 큰 것이며 상주들의 나약해진 심신을 위로해주는 교무의 모습은 모두에게 좋은 인상으로 남을 것이다.

◎ 발인식

1. 발인식의 정의

영구(靈柩)가 집이나 병원을 떠나 화장장(火葬場)이나 장지(葬地)로 행할 때 하는 의식으로 열반인의 평생공덕을 추모하고 후생에는 더욱 진급하여 성불제중의 대업을 성취하기를 축원하는 의식이다.

2. 발인식의 준비
① 영가의 사진이나 위패를 대상으로 식을 진행하므로 먼저 주변의 환경을 정결하게 정리한다.
② 교무는 좌종, 목탁, 죽비, 교전, 독경집, 향, 초, 앰프 점검 등을 미리 해둔다.
③ 발인식에 상주 대표 고사가 있으므로 미리 고사를 준비하도록 한다.
④ 열반인의 약력을 미리 파악하여 정리하고 잘 보관한다(발인식, 종재식, 열반기념제, 축원문 등에 쓰이므로 분실되지 않도록 한다)
⑤ 집례자와 사회자의 역할분담을 미리 정한다.
⑥ 발인식 후 장지로 향하게 되므로 상주 측에서 챙겨야 할 것들이 많아지는데

식을 진행하는 시간에는 모두가 식에만 집중하도록 한다.

⑦ 교도들로 구성된 독경반 등이 함께하면 더욱 좋다.

⑧ 화장장이나 장지와의 시간약속에 있을 경우, 여유 있게 발인시간을 정하여 급하게 식을 진행하지 않도록 유의한다.

3. 발인식의 진행

① 개식사: 이제 영가께서 장지로 향하는 때를 맞이하여 영가가 생전에 지었던 모든 죄업을 참회하며 업력을 소멸시키고 완전한 해탈천도를 받으셔서 돌아오는 세상에 더욱 복혜족족 하시기를 바라는 내용으로 개식사를 한다.

② 합장이나 일어서서 하는 의식, 경례 등에 대해서는 식순마다 자상하게 안내한다.

③ 독경집을 미리 준비하여 대중이 함께 하도록 한다.

④ 약력보고(열반인의 출생, 생장, 결혼, 학력, 입교, 법계, 공부, 사업, 자녀, 성품, 열반 등)는 사실로 하고, 경우에 따라 생략할 수 있다.

⑤ 헌배시간에 열반인의 부모가 있을 경우에는 불전에 4배를 하게하고 부군(부인), 자녀, 손자녀, 형제, 조카, 일가친척 순으로 헌배하게 한다.

⑥ 축원문은 열반인의 성품과 공덕에 따라 가감할 수 있으나, 즉석에서 생각하지 말고 반드시 기재한 것을 바탕으로 읽을 수 있도록 한다.

⑦ 일반분향은 친구, 각종 모임의 동료 등을 순서를 정하여 진행하고 모두가 분향을 마쳤는지 확인한다.

⑧ 폐식 전에 장지에 대한 공지를 하고, 교당에서 천도재를 지낼 경우에는 그 시간과 장소를 공지한다.

⑨ 지역과 종교에 따라 영정사진 앞에 음식을 차려 놓은 상태에서 각종 의식을 진행하는 경우가 있을 수 있으나, 이를 미신이라 하여 배척하거나 음식을 내려놓지 않는다.

4. 기대효과

① 영가가 평소 살았던 집과 인연들을 뒤로하고 장지로 향하기 전에 갖는 의식이므로 영가에게는 미진한 착심을 놓고 온전히 해탈천도만을 위해서 청정일념을 모을 수 있도록 한다.

② 약력소개와 축원문 등을 통해서 드러나는 영가의 평생업적은 이를 지켜보는 자녀와 일반 사람들에게 공부와 사업에 대한 분발심을 일으키게 할 것이다.

③ 열반에서부터 발인에 이르기까지 장례의 절차를 하나하나 밟아 나가는 교무의 모습은 모두에게 든든함을 줄 것이다.

◎ 입장식

1. 입장식의 정의

묘지에서 열반인의 관(棺)을 묻은 직후에 거행하는 의식으로 화장(火葬)을 하는 경우에는 화장터에서 점화한 후에 하고, 땅에 매장할 경우에는 평토(平土)한 후에 거행한다.

2. 입장식의 준비

① 발인식 이후에 운구행렬을 따라 함께 이동하는 경우가 많으므로 집례자는 법요도구 외에 따로 준비할 것은 없다.
② 가족이나 관계인들이 과히 소란하지 않도록 주의한다.
③ 화장의 경우에는 점화한 후에, 그리고 매장의 경우에는 평토를 한 후에 진행하는데 의식 전체를 서서해야 하는 경우가 많으므로 이에 대비한다.
④ 집례자와 사회자의 역할분담을 미리 정한다.
⑤ 화장장에서는 일반적으로 열반인의 영정을 놓을 수 있는 경상을 준비해 두고 있으나, 매장의 경우에는 평토한 묘지의 뒤편에 잘 세워 모시고 식을 진행한다.

3. 입장식의 진행

① 개식사 : 이제 다시는 현재의 몸으로 열반인과 만날 수 없음을 상기시키고 완전한 해탈천도로 다음 생을 기약하는 내용의 개식사를 한다.
② 분향 헌배의 식순에 부군(부인), 자녀, 손자녀, 형제, 조카, 친척의 순으로 진행한다.
③ 독경집을 미리 준비하여 대중이 함께 하도록 한다.
④ 성주3편, 독경 등의 진행은 빠르거나 느리지 않도록 주의한다.
⑤ 영결사는 크고 또렷한 목소리로 낭독한다.
⑥ 폐식사 : 과거의 세간애착은 조금도 두지 말고 오직 생멸거래가 없고 번뇌망상이 끊어진 본래의 마음을 찾아서 성불제중의 큰 일을 성취하시기 바라는 폐식사를 한다.

4. 기대효과

① 영가가 가지고 있던 몸과 재산, 명예 등이 이제 이 세상과 영원한 이별을 하게 되었으니 착(着)을 가질 필요도 없고 가져서도 안 된다는 것을 알게 한다.
② 화장장에서 한줌의 재로 화하는 열반인의 모습을 보며, 그리고 빈 몸으로 매장되는 열반인의 모습을 보면서, 사람이 그 일생을 살아가며 진정으로 가질 수 있는 것이 무엇인가를 깨닫게 하여 더욱 이공부와 사업에 매진할 수 있게

한다.

③ 큰일을 겪으면서 어떻게 해야 할지 어려워하고 두려워하는 관계인들에게 죽음의 의미와 해탈천도의 방법을 알려주고 장지까지 동행해 주는 교무의 모습은 강한 믿음을 준다.

◎ 영위봉안식 (안치식)

1. 영위봉안식의 정의: 장지에서 장례를 치른 후에 영가의 사진이나 위패를 정결한 실내에 49일 동안 보관하고 상주과 그 관계인들이 독경 등으로 천도축원을 올리는데 이때영가의 사진이나 위패를 모시는 식을 말한다. 봉안식은 가정 또는 교당에서 한다.

2. 영위봉안식의 준비

① 실내를 정결하게 정돈한다.

② 개식 전에 초와 향을 피우고, 불단의 상단에 영정을 모신다.

③ 가정에서 할 경우에는 좌종, 목탁, 죽비 등의 법요도구를 준비한다.

④ 집례자와 사회자의 역할분담을 미리 정한다.

3. 영위봉안식의 진행

① 개식사: 영위를 모시는 식이므로 영가가 청정일념을 챙기도록 하고 착심과 원진을 버리도록 기원하는 내용으로 개식사를 한다.

② 상주측이 장례일정으로 인하여 피곤한 상황이니 되도록 간편하게 진행한다.

③ 독경집을 미리 준비하여 대중이 함께 하도록 한다.

④ 독경은 일원상서원문만 한다.

⑤ 폐식사: 영가의 육신은 장지에 있지만 그 영혼은 법당에 머무시면서 모든 착심을 놓고 참 열반의 길을 가도록 기원하자는 폐식사를 한다.

⑥ 폐식 이후 상주들이 모두 집으로 돌아갈 때까지 영정을 내려놓지 않는다.

⑦ 상주들의 요청에 따라서 영정을 집으로 모셔 갔다가 재를 지낼 때마다 가져오게 할 수도 있다.

4. 기대효과

① 영가의 육신은 미련을 가질 수 없게 되었고, 그 영혼이 쉴 수 있는 교당이나 집안에 모신 것이니, 영가에게도 스스로 이생에서의 착심을 놓고 오직 청정한 한마음으로 천도의 길을 걸을 수 있도록 한다.

② 상주들 역시 영가가 고혼이 되어 허공을 떠돌까 걱정할 수도 있는데, 교당이나 집에 영혼을 모시는 식을 함으로써 안심을 갖게 한다.

③ 자력이 없어서 스스로 천도의 길을 가기 힘든 영가에게는 그 영정을 교당에 모심으로써 진리부처님의 힘으로 천도발원을 기원하게 되는 것이니 모두에게 심리적인 안정을 준다.

◎ 초재에서 육재

1. 재의 정의: 재(齋)는 열반인의 천도를 위하여 베푸는 법요 행사이다. 초재로부터 종재에 이르기까지 7 · 7 헌재를 계속하게 하는 것은, 열반인의 영식이 대개 약 7 · 7일 동안 중음에 있다가 각기 업연을 따라 몸을 받게 되므로, 그 동안에 자주 독경 축원 등으로 청정한 일념을 챙기게 하고 남은 착심을 녹이게 하며, 선도 수생의 인연을 깊게 하는 동시에 헌공 등으로써 영가의 명복을 증진하게 하자는 것이다. 또는 모든 관계인들로 하여금 이 각 기간으로써 추도 거상(居喪)의 예를 지키도록 하자는 데 목적이 있다. 그러므로 재를 행하는 사람은 이 두 가지 의의(意義)에 유의하여 어느 하나에도 결함됨이 없도록 모든 성의를 다 하여야 한다.

2. 재식의 준비

① 영가가 열반에 들면 재주와 상의하여 열반식, 입관식, 발인식, 입장식, 영위봉안식, 초재의 날짜를 정하고, 종재를 마친 후에는 열반기념제의 날짜를 미리 알아둔다. 열반일로부터 7일이 되면 영위 봉안소 또는 교당에서 초재를 거행하고, 7일마다 7재를 거행한다.
② 주례법사, 집례자, 사회자의 역할분담을 미리 정하고, 심신재계 한다.
③ 재주(齋主)가 오기 전에 불단의 정리를 마치고 기다린다.
④ 불단: 법신불 및 불단의 청소상태 확인, 불단조명, 꽃꽂이, 향 피우기, 촛불켜기, 청수 준비, 법요도구의 위치 확인, 독경집, 마이크 확인.
⑤ 법당: 방석 및 의자 준비, 독경집, 냉난방기 가동, 조명 상태 확인, 앰프 점검
⑥ 법당 외부: 소음 차단, 교당 진입로 청결.
⑦ 비교도인 경우, 식순 및 재의 의미와 주문, 독경의 위력 등에 대한 안내를 하고 독경, 성가 등에 함께 참여하도록 한다.
⑧ 대중공양이 있을 경우, 미리 준비는 하되 재식에 방해가 될 정도로 소란해서는 안 된다.

3. 재식의 진행

① 개식사: 영가는 정신을 차려 부처님의 법문을 잘 듣고, 관계인은 정성으로 축원해서 참다운 천도의 길을 가도록 축원하는 의미의 개식사를 한다.
② 재주헌배: 대례로 2배하고 영가가 자식일 경우에는 불전에 4배하게 한다.

③ 식순에 따라 일어남과 앉음, 합장(合掌)의 안내를 한다.
④ 성주3편, 염불 등은 너무 느리거나 빠르지 않게 진행한다.
⑤ 3 · 7재에는 반기복인 탈복을 한다.
⑥ 폐식사: 영가나 재주 모두 마음을 안정하고 법신불 사은의 위력으로 바른 천도의 길을 축원하는 내용의 폐식사를 준비한다.

4. 기대효과
① 영가에게는 바른 천도의 길을 가도록 한다. 천도는 악한 이를 착한 이로 돌리고 낮은 데에서 높은 데로 이끌어 제도하여 주는 것이며 영가로 하여금 이고득락(離苦得樂)케 하며, 지악수선(止惡修善)케 하며, 전미개오(轉迷開悟)케 하는 것을 알게 한다.
② 재주에게는 마음을 안정하게 하고 천도재라는 것이 죽은 자만을 위한 것이 아니라 생과 사를 초월하여 적용되는 생사해탈의 도임을 이해시켜 재주로서의 의무와 책임을 이행하도록 한다.
③ 영가와 관련된 많은 사람들이 힘든 과정으로 교당에 오게 되므로 따뜻하고 자신 있는 모습으로 천도발원을 하면 교화에 큰 영향을 주게 된다.
④ 자연사가 아닌 사고나 천재지변에 의해 갑자기 열반한 영가에 대하여는 특별한 관심과 지도가 필요하다. 무조건 개인의 과거 잘못이나 업장으로만 해석해 주는 것은 바람직하지 못하다. 불행이 초래하게 되었던 주변여건이나 사회구조 및 제도와도 관련시켜 그 문제를 분석하고, 아쉬워하면서 재주의 고통과 아픔을 함께 나누는 것이 중요하다. 또한 다시는 그러한 불행한 일들이 일어나지 않도록 각성과 다짐의 기회를 제공해 주는 역할을 해야 한다.

◎ 열반기념제

1. 열반기념제의 정의

선조 · 부모 · 사장(師長) 등의 열반일에 거행하는 기념 제사로 이는 장손이나 제자 된 도리로서 열반인을 추모하는 정성을 바치는 동시에 열반인의 영원한 명복을 축원하기 위한 것이다. 부모나 사장의 기념제는 해당 일자에 봉행하고, 선조의 기념제는 해당 일자가 아니더라도 적당한 날짜에 합동 기념제를 거행할 수도 있다.

2. 열반기념제의 준비
① 어느 날 저녁에 갑자기 제사를 지내기 위해 영정을 들고서 교당에 찾아오는 교도가 있다. 다행히 교무가 교당에 있다면 괜찮겠지만 부재중일 때는 난감한 일이다. 교무는 교당에서 열반기념제를 지내는 교도들을 미리 파악해 두

어야 한다. 인사이동시에 혹 인수하지 못한 명단이 발생할 수도 있으므로 제사대장을 만들어 관리하는 것이 좋다.(양식 2)

② 주례법사, 집례자, 사회자의 역할분담을 미리 정하고, 심신재계 한다.

③ 재주(齋主)가 오기 전에 불단의 정리를 마치고 교당에 영정이 있을 경우에는 영가의 이름과 사진을 확인하여 미리 불단에 올려둔다. 영정이 없을 때에는 위패를 준비한다.

④ 불단: 법신불 및 불단의 청소상태 확인, 불단조명, 꽃꽂이, 향 피우기, 촛불 켜기, 청수 준비, 법요도구의 위치 확인, 독경집, 마이크 확인.

⑤ 법당: 방석 및 의자 준비, 독경집, 냉난방기 가동, 조명 상태 확인, 앰프 점검

⑥ 법당 외부: 소음 차단, 교당 진입로 청결.

⑦ 비교도인 경우, 식순 및 열반기념제의 의미와 주문, 독경의 위력 등에 대한 안내를 하고 독경, 성가 등에 함께 참여하도록 한다.

3. 열반기념제의 진행

① 개식사: 열반기념제를 해마다 지내는 의미를 설명하고, 정성을 함께 모으자는 내용으로 개식사를 한다.

② 약력보고: 영가의 약력을 미리 파악하고 기록하여 소홀함이 없게 한다.

③ 재주헌배: 대례로 2배하고 영가가 자식일 경우에는 불전에 4배하게 한다.

④ 기념문: 형편에 따라 기념문이 없을 수도 있겠으나 가급적이면 편지의 형식으로 영가에게 하고 싶은 말을 전하게 하고, 부모나 조상일 경우에는 예전의 기념문을 토대로 집안의 애경사 등을 추가하여 받들게 한다.

⑤ 식순에 따라 일어남과 앉음, 합장(合掌)의 안내를 한다.

⑥ 성주3편, 염불 등은 너무 느리거나 빠르지 않게 진행한다.

⑦ 폐식사: 재주의 추모하는 마음을 격려해주고 제사의 위력으로 어느 곳에서나 부처님의 가호하심이 있을 것이니 안심하도록 하는 내용으로 폐식사를 준비한다.

4. 기대효과

① 영가에게는 세세생생 바른 천도의 길을 가도록 한다. 천도는 청정한 마음으로 불전에 발원하여 숙세의 업장을 녹이고, 도문에 인연을 깊게 하며, 헌공금으로 공도 사업에 활용하여 그 미래의 명복을 증진하는 것임을 알게 한다.

② 재주에게는 열반인의 재세 당시에 끼친바 공덕을 추모하며 자손대대에 그 근본을 찾게 하여 후생의 보본 사상을 권장하는 것임을 알게 한다.

③ 잠자는 교도, 혹은 천도재의 인연으로 입교는 하였으나 법회출석을 하지 않는 교도를 교당과 가까이 하는데 도움을 준다.

(양식2)

○○교당 제사대장								
번호	영가이름(한자)	열반년월일(음,양)	재주(관계)	재주연락처	입교여부	관계인	영정번호	비고
1	김일원(金一圓)	2002. 4. 20(음)	김원만(자) 김구족(자) 김지공(손)	02-555-3844 011-678-3844 02-551-3844	0 × 0	김대각의 숙부	5번	
약력		열반인의 생장, 학력, 경력, 입교, 법계, 사업, 자녀 등에 관한 사항과 열반 및 장의 경과의 개요를 상세히 보고할 수 있도록 작성.						

2) 교례

원불교 교단을 중심으로 행해지는 의례로 종교적 의례의 중요한 핵심이라 할 수 있다.

◎ 법회

1. 법회의 정의

법회는 법을 강론하며 법을 훈련하며 기타 신앙을 중심으로 하여 행하는 법의 모임을 통칭한다.

2. 법회의 목적

세간의 모든 번잡한 일을 쉬고 오직 신성한 생각과 청정한 마음으로 참예하여 모든 절차에 법의 감명을 받으며, 법의 실력을 얻으며, 법으로써 행사하도록 인도한다.

3. 법회의 종류

정례법회(월례법회-예회,야회. 연례법회-동선,하선,특별강습회) 수시법회

4. 법회의 준비

의식에 있어서 식장의 경건함과 엄숙함은 중요한 역할을 한다. 교화의 핵심은 법회로, 법회를 통해 신앙심과 수행심을 반조하는 시간을 갖게 된다.

① 불단: 법신불 및 불단의 청소상태 확인, 불단조명 점검, 꽃꽂이, 향 피우기, 촛불 켜기, 청수 준비, 법요도구의 위치 확인, 설명기도문 · 독경집 · 마이크 확인.

② 법당: 법당공기의 환기, 방석 및 의자 준비, 실내온도에 따른 냉난방기 가동, 조명 상태 확인, 앰프 점검.
③ 법당 외부: 법회안내자, 소음 차단, 식수 준비, 교당 진입로 청결.

5. 법회의 진행

법회는 식순 못지않게 진행에 유의한다.

① 장엄하게 진행한다.
이는 법회의 진행에 무게가 있어야 하는 것으로, 준비 부족으로 단상에 괜히 오르내린다던지, 법요도구의 사용이 미숙하던지 하여 법회의 분위기를 가볍게 하지 말아야 한다. 또한 교도들의 휴대전화 상태를 확인하게 하는 것도 중요하다.
② 끊임이 없어야 한다.
교무는 교도가 법회시간에 집중하도록 유도해야 한다. 법회에 집중하려면 의식의 흐름이 끊어져서는 안 된다. 흐름이 끊기는 경우는 진행자가 독경을 틀리게 하거나, 성가를 틀리게 부르거나 할 때 일어나며, 앰프의 고장 등에도 주의한다.
③ 함께하는 법회이어야 한다.
법회는 사회자와 설교자에 의해서만 진행되는 것이 아니다. 독경, 성가, 법어봉독, 설교까지도 대중과 함께하는 법회가 되어야 한다.
④ 법열이 있도록 한다.
설명기도, 성가, 설교를 통해 진리를 향하는 간절한 마음이 챙겨지도록 한다.

6. 기대효과

① 법회를 통해 지닌 한 주일을 참회반성하고 마음의 안성을 얻어 새로운 마음을 다짐하도록 한다.
② 교무와 교도, 교도와 교도와의 만남을 통해 서로 문답 · 감정 · 해오가 되어 깨쳐가는 시간이 되게 한다.
③ 계 · 정 · 혜 삼대력을 얻어 그 힘으로 일주일을 공부하게 한다.

◎ 입교식

1. 입교식의 정의

원불교 교도가 된 것을 법신불 전에 고하고, 특별한 신심과 발원으로 공부와 사업에 정진하기로 서약하는 의식이다. 교당이나 자택에서 적당한 날에 거행하게 된다.

2. 입교식의 목적

입교식이라는 형식을 통해서 종교문에 처음으로 입문하여 인생을 새롭게 출발하는 의미에서 서원을 세우고, 동지와 스승으로부터 축복을 받아 기쁨으로 신앙인이 되게 하는 것이다.

3. 입교 의식의 필요성

종교를 처음 갖는 초입 교도들에게 종교의식의 성스러운 분위기를 보여주는 것이 필요하다. 입교를 통해 받게 되는 법명은 입교원서만 제출하면 누구나 쉽게 받는 것이 아니라는 것을 일깨워 줘야한다. 거듭 새로 태어남을 강조하여 새로운 마음과 생활로 전환하도록 유도해야 한다.

4. 입교식의 준비

과거의 나로부터 벗어나 새로운 마음으로 새 출발하는 의미가 포함되어 있으므로 성대하게 진행되어야 한다. 사람도 새로 태어나야만 이름을 주듯이 정신적으로 새로 태어남을 강조하고 최소한의 기초훈련을 받은 사람이 본인의 의사에 의해 입교절차를 밟도록 한다.

① 불단: 법신불 및 불단의 청소상태 확인, 불단조명 점검, 꽃꽂이, 향 피우기, 촛불 켜기, 청수 준비, 법요도구의 위치 확인, 설명기도문 · 독경집 · 마이크 확인, 입교식 간판, 교도증, 입교식 대상자에 따라 적절한 장식(풍선, 그림, 종이 꽃가루 등)

② 법당: 실내 환기, 방석 및 의자 준비, 냉난방기 가동, 조명 상태, 앰프 점검

③ 법당 외부: 소음 차단, 식수 준비, 교당 진입로 청결, 공양이 있을 경우 미리 준비.

5. 입교식의 진행

① 입교인이 주인공이다.

입교인이 적다는 이유로 법회식순 중 기타시간에 입교인으로 하여금 4배를 시키고 교도증만 수여하는 경우가 있다. 이는 입교 당사자에게 입교의 강한 인상을 심어주지 못한다. 분기별로 하는 정기적인 합동입교식 또한 그러하다. 그러므로 행사 위주가 아닌 입교인이 주인이 되도록 세심한 배려가 필요하다.

② 법명을 주는 의미를 강조 한다.

백지혈인을 통해 구인선진이 새롭게 거듭 태어남의 의미를 일깨운다. 과거 세속적인 삶을 정리하고 새 이름, 새 마음, 새 삶이 법명에 있음을 강조한다.

③ 법명의 의미를 새겨준다.

법명의 한자를 해석해 주고 그 이름의 종교적 의미를 부여하여 법명의 소중

함을 알게 한다.

④ 교도의 의무와 계문수여의 의미를 일깨워야 한다.
득도의 노래처럼 "어둔 길 괴로운 길을 헤매다가 이 법문에 들었기에" 원불교 교도로써의 의무를 다 할 수 있도록 격려하고 계문을 지킬 수 있도록 지도해야 한다.

⑤ 어색함을 느끼지 않도록 해야 한다.
입교자는 처음으로 불단에 나와 4배를 해야 하고, 교도증을 받아야 하며, 모르는 성가와 외우지 못하는 독경 등을 해야 한다. 식순에 대한 사전 안내가 없거나 도와주는 교도가 없다면 매우 당황스러움을 느낄 것이다.

6. 기대효과

① 입교식을 통해 정식으로 원불교 교도가 되었다는 소속감을 느끼게 한다.
② 새로운 인연인 교무와 교도와의 만남을 통해 일체감을 형성하게 한다.
③ 교도의 4종 의무와 계문준수의 의미를 알아 교도로서 책임 있는 생활이 되도록 한다.
④ 법명의 소중함과 법명대로 살아가려는 다짐을 하게 한다.

◎ 신정절

1. 신정절 경축식

매년 1월 1일에 법신불과 사장(師長)에게 세배를 올리고, 동지간에 서로 인사를 교환하며, 과거 일년을 결산하고 새 해의 계획을 세우는 동시에 양양한 전도를 헌축하는 경절이다.

2. 신정절 경축식의 준비

12월 결산법회의 다소 충만하고 들뜬 분위기 속에서 이어지는 기념식이므로 새로운 마음으로 새 출발하는 의미로 진행한다.

① 평소 법회출석을 잘 하지 않는 교도들에게는 연말에 순교를 통해서 교화하고 경축법회에서 만나기로 약속한다.
② 교당은 신년맞이 대청소를 미리 해둔다.
③ 종법사 신년법문을 예회보 등에 싣는다.
④ 경축식으로만 끝날 것이 아니라, 2부 경축프로그램을 준비한다.
경축프로그램 : 레크리에이션, 교당 청년들의 사물놀이, 판소리, 단별 노래자랑, 퀴즈, 각종 게임, 민속놀이, 웃음치료, 윷놀이, 성불도 놀이, 장기자랑, 1년의 소원을 작성하게 하고 그것을 보관하는 타임캡슐, 한 해를 표준삼아 공부할 법문 받들기(교당에서 종이에 여러 가지 법문을 적어 놓고 자유롭게 뽑

아가게 한다) 등

⑤ 대중공양으로 떡국을 준비한다. 떡을 만들어 교도 및 주위 인연들에게 공양하는 것도 좋다.

⑥ 교당 재가 원로교도들의 덕담, 중년층의 덕담, 청소년(가능하면 유아까지)의 덕담을 미리 준비하게 하여 많은 교도들이 참여하는 경축식이 되게 한다.

⑦ 불단: 청소상태 확인, 조명 점검, 꽃꽂이, 향 피우기, 촛불 켜기, 청수 준비, 법요도구의 위치 확인, 마이크 확인.

⑧ 법당: 실내 환기, 방석 및 의자 준비, 난방기 가동, 조명 상태, 앰프 점검.

⑨ 법당 외부: 소음 차단, 교당 진입로 청결.

⑩ 집에서 음식을 차리지 않고, 합동으로 새해를 맞이하는 만큼 그 절약된 돈으로 공익사업에 쓰게 한다.

3. 신정절 경축식의 진행

① 지나치게 엄숙하지 않도록 한다. 경축식인 만큼 축하의 분위기로 진행한다.

② 개식사: 새해의 의미를 강조한다. 새 마음으로 거듭 태어난 지금부터의 삶을 강조하시던 대종사님의 가르침을 되새기며 열심히 공부하면서 살아갈 것을 다짐하는 내용으로 개식사를 한다.

③ 종법사전 세배는 망배하고 스승이나 동지간의 세배는 사회자가 진행하되, "마음공부 잘 합시다.", "건강 하세요.", "부처님 되세요." 등의 인사말과 함께 하도록 유도한다.

④ 교당교무님들이 모두 한마디씩 덕담을 하고 미리 정해진 교도들이 덕담을 할 수 있도록 한다.

4. 기대효과

① 경축식을 통해서 각자의 서원과 공부심을 챙기게 한다.

② 덕담을 주고받으며 교당에 소속감을 서로가 느끼도록 한다.

③ 덕담이나 경축행사를 통해 모두가 참여하는 경축식이 되도록 한다.

④ 신년법문을 마음에 새겨 한 해를 공부하도록 한다.

◎ 대각개교절

1. 대각개교절 경축식

4월 28일에 대종사의 대각 성도와 탄생일을 기념하며, 본교의 개교와 교도의 공동생일을 겸하여 우리 회상의 근원이 되는 날로 이를 헌축하는 경절이다.

2. 대각개교절 경축식의 준비
우리 교단 최대의 경축일인 만큼 성대하고 계획적으로 경축기간 및 경축식을 봉행한다.

① 평소 법회출석을 잘 하지 않는 교도들에게 대각개교절을 인연으로 다시금 발심하는 계기가 되도록 한다.
② 교당은 경축식을 맞이하여 대청소를 미리 해둔다.
③ 개별적으로 하던 생일 의례를 합동으로 하게 되니 그 번거로움을 막고, 개별적으로 지출되던 예산을 절약해서 공익사업을 하게 한다. 육신의 생일은 가족 중심의 축복이나 정신의 생일인 대각개교절은 진리와 스승님께 보은을 주로 하도록 모든 활동을 전개한다.
④ 경축식으로만 끝날 것이 아니라, 경축기간 동안 많은 경축 행사를 교구나 교당별로 진행하고, 경축식은 2부 경축프로그램을 준비한다.

경축기간의 경축행사

◆ 특별법회 - 일정한 기간동안 성리법회, 교리법회, 사상강연회, 강연대회, 선진일화, 원로법사 초청 법문 등
 - 깨달음을 위한 훈련으로 수준별 정진, 합동 입교식, 밤샘기도 등
◆ 성지순례 - 당일, 혹은 2일로 영산, 변산, 익산, 만덕산, 성주 등 순례
◆ 예술제 - 청소년 중심의 예술제나 그림그리기 대회, 노래, 춤, 작문대회 개최
◆ 정보찾기 대회 - 청소년을 대상으로 인터넷을 통해 정보찾기 대회를 개최.
◆ 은혜의 쌀 나누기, 불우이웃 초대하여 생일잔치, 군부대에 책 보내기, 교전 보내기, 북한동포돕기, 세계적인 난민돕기
◆ 무료 한방진료, 심장병 어린이 수술, 개안수술 등의 의료봉사
◆ 공동 생일 기도 - 교당에서 새벽이나 밤에 기도식을 한다.
◆ 지역사회를 위한 세미나 개최
◆ 청소년을 위한 민속놀이 - (어린이 민속놀이 등)
◆ 식목행사 - 교당이나 공유지에 기념수를 심는다.

경축식 후 2부 프로그램:

◆ 생일선물 - 법문을 인쇄해서 책상에 걸어두도록 만들어 선물한다.
 - 교도들끼리 미리 준비된 선물교환을 하게한다.
 - 청소년들은 전통 매듭으로 휴대전화 줄이나 열쇠고리를 만들어
 - 친구, 일반교도, 가정에 선물하게 한다.
◆ 레크리에이션, 교당 청년들의 사물놀이, 판소리, 단별 노래자랑, 퀴즈, 각종

게임, 민속놀이, 웃음치료, 윷놀이, 성불도 놀이, 장기자랑 등

◆ 감각감상 발표회 – 교법을 통해 실생활에서 변화된 교도를 찾아 수행담을 발표한다.

⑤ 대중공양을 준비한다. 떡을 만들어 교도 및 주위 인연들에게 공양하는 것도 좋다.

⑥ 불단: 청소상태 확인, 조명 점검, 꽃꽂이, 향 피우기, 촛불 켜기, 청수 준비, 법요도구의 위치 확인, 마이크 확인.

⑦ 법당: 실내 환기, 방석 및 의자 준비, 조명 상태, 앰프 점검.

⑧ 법당 외부: 대각개교절 현수막, 소음 차단, 교당 진입로 청결.

3. 대각개교절 경축식의 진행

① 지나치게 엄숙하지 않도록 한다. 경축식인 만큼 축하의 분위기로 진행한다.

② 개식사: 육신의 생일과 달리 정신의 생일인 공동생일의 취지와 의미를 설명하고 깨달음의 생활을 하자는 내용으로 개식사를 한다.

③ 내빈축사를 의뢰했을 경우, 의전에 세심한 주의를 한다.

④ 재가교도의 독경반 등과 함께 성대하게 독경의식을 진행한다.

⑤ 폐식사: 나만의 깨달음과 즐거움이 아닌, 깨달음의 빛이 이웃에 전해지도록 다함께 노력하자는 폐식사를 한다.

4. 기대효과

① 경축식을 통해서 각자의 서원과 공부심을 챙기게 한다.

② 공동생일의 참다운 뜻을 알아 보은을 다짐하게 한다.

③ 다채로운 원불교 경축행사로 인해 지역사회와 일반인들에게 직 · 간접으로 교화에 영향을 주고, 교도들에게도 자부심을 갖게 한다.

◎ 석존성탄절 (부처님 오신날)

1. 부처님 오신날 경축식

음력 4월 8일에 갖는 행사로 원불교의 연원불인 석가모니 부처님의 탄생을 경축하는 날이다.

2. 부처님 오신날 경축식의 준비

대자대비하신 부처님의 인격과 깨달음의 길을 어주신 은혜에 보은하는 심정으로 준비한다. 보다 많은 인연들이 이 날을 계기로 부처님과의 인연을 맺도록 노력한다.

① 교당에 이름만 두고 나오지 않는 교도들도 이날만큼은 부처님과의 인연이 되

도록 인도한다.(양식 3)

② 교당은 경축식 대청소를 미리 해둔다.

③ 지나친 장엄으로 낭비나 미신에 흐르지 않도록 하며, 연등비의 일부는 지역사회의 공익사업에 쓰여 지도록 한다.

④ 경축식을 앞두고 교도들과 함께 연등을 만들며 법정을 나누도록 한다.

⑤ 대중공양을 준비하고 떡을 공양하는 것도 좋다.

⑥ 연등을 교당 내외에 걸 때 감전이나 화재 등에 각별히 주의한다.

⑦ 불단: 청소상태 확인, 조명 점검, 꽃꽂이, 향 피우기, 촛불 켜기, 청수 준비, 법요도구의 위치 확인, 마이크 확인.

⑧ 법당: 사은등이나 개인연등달기, 실내 환기, 방석 및 의자 준비, 앰프 점검.

⑨ 법당 외부: 부처님 오신날 현수막, 소음 차단, 교당 진입로 청결.

⑩ 교도 뿐 아니라 일반 시민들의 내재된 불심(佛心)을 경축행사를 통해 참된 부처님의 세계로 안내하도록 한다.

3. 부처님 오신날 경축식의 진행

① 개식사: 부처님의 위치를 너무 신격화시키지 말고, 이미 세상에 존재하고 있었던 진리를 스스로 깨달아 전 생령에게 전해주신 스승이라는 점과 그러한 성인이 태어나신 날을 축하하자는 의미로 개식사를 한다.

② 초입교도나 일반인들도 함께 하는 행사임을 감안하여 교전이나 주보 등을 미리 챙겨줌으로써 이들이 식순에 같이 동참하도록 한다.

③ 폐식사: 부처님의 깨달음의 광명이 온 인류에게 미쳐서 모두가 깨우쳐 가는 생활이 되도록 하고, 어렵고 소외된 곳에 비치는 자비의 광명은 우리가 해야 할 몫임을 강조하여 다함께 공도사업에 매진하자는 내용으로 폐식사를 한다.

4. 기대효과

① 경축식을 통해서 많은 대중들이 부처님과 인연을 맺게 한다.

② 대자대비한 부처님의 마음을 닮아가는 생활이 되도록 격려한다.

③ 대중의 각자 원하는 바를 부처님께 기원함으로 인해 마음의 안정을 얻게 한다.

④ 봉사와 대중공양 등을 통해 지역사회에 원불교의 이미지를 알린다.

(양식3)

불기 0000년 부처님 오신날

부처님 오신날을 맞이하여 부처님의 자비광명이 함께 하시기를 기원합니다.
원불교 00교당에서는 불자님들의 원하시는 바를 함께 기원하는 기도식을 갖고 있으니 아래의 양식에 따라 기입하여 주시기 바랍니다.

번호	이름	생년월일	주소	연락처	소원	비고
1	김일원	1970.4.28	익산시 신용동 344-2	011-666-3844	취업	
2	이은혜	1972.5.28	"		건강	
3	김대각	1999.4.20	"		합격	
4						

◎ 법인절

1. 법인절 경축식

   8월 21일에, 우리 회상의 구인 선진(先進)이 백지 혈인(白指血印)의 법인 성사(法認聖事)로써 본교 창립 정신의 표준을 보여 주신 것을 기념 경축하는 경절이다

2. 법인절 경축식의 준비

   백지혈인의 숭고한 정신을 마음에 새기며 신성의 최고 표준과 단결의 최고 표준과 무아봉공의 최고 표준을 재인식하고 모든 교도들에게 기념이 되도록 준비한다.

① 법인기념 특별기도식을 교화 대상별, 혹은 합동으로 거행한다.
② 입교대상자들과 특별기도를 올리고, 기도기간이 끝난 이후에 입교식을 하는 것도 의미 있는 일이다.
③ 특별기도식 마지막 날에 직접 백지에 백지장을 찍어보는 체험을 한다면 법인절을 맞이하는 마음이 더욱 숭고해질 것이다.
④ 불단: 청소상태, 조명 점검, 향, 촛불, 청수, 법요도구의 위치, 마이크 확인, 꽃꽂이(주로 9인 선진을 상징하는 9개의 초나 9다발의 꽃꽂이로 구성한다.)
⑤ 법당: 실내 환기, 냉방기 가동, 방석 및 의자 준비, 앰프 점검.

⑥ 법당 외부: 법인절 현수막, 소음 차단, 교당 진입로 청결.
⑦ 청소년들은 이 날을 경축하기 위해 특별기도, 혹은 초 만들기 등의 체험을 하게 하면 효과적이다.

3. 법인절 경축식의 진행
① 개식사: 백지혈인의 법인성사에 대한 설명과 의미, 법명의 의미 등에 대해 간략히 설명하고 사무여한의 정신을 체 받자는 내용으로 개식사를 한다.
② 초입교도나 일반인들도 함께 하는 행사이니 교전이나 주보 등을 통해 식순에 같이 동참하도록 한다.
③ 폐식사: 모두가 가지고 있는 법명의 의미를 새롭게 인식하고 이름값을 하며 대신성, 대단결, 대봉공의 법인정신이 항상 충만되도록 기도를 생활화하자는 내용으로 폐식사를 한다.

4. 기대효과
① 창생을 구제하기 위해 목숨을 내놓으신 정신을 체받아 대중들이 기도생활을 하게한다.
② 원불교가 진리계에서 이미 인증한 종교임을 알게 하여 자부심을 준다.
③ 신성, 단결, 봉공의 정신을 인식하게 한다.
④ 법명이 쉽게 나오는 이름이 아닐 줄 알아서 생활을 돌이켜 보게 한다.

◎ 대재의식 (육일대재, 명절대재)

1. 대재

대재는 대종사 이하 원불교의 모든 조상을 길이 추모하여 정례로 합동 향례를 올리는 것이다. 이는 곧 추원보본(追遠報本)의 예를 실행하는 바로서 해마다 두 번 행례하는데, 6월 1일 '육일 대재'와 12월 1일 '명절 대재'에 대종사를 위시한 역대 선령 열위를 영모전에 공동 향례한다. 모든 교도로 하여금 마음을 이에 합하며, 정성을 이에 바치며, 위의를 이에 갖추어서 법계 향화(法系香火)가 한없는 세월에 길이 유전하게 하자는 데 목적이 있다.

2. 대재 준비

육일대재의 봉행은 대종사 이하 역대 선령제위에 대한 추원보본에 있다. 그러므로 대종사의 심법을 체득하여 법등이 길이 유전되게 하는 동시에 초창기 선진님들의 창립정신과 봉공정신을 체 받아 그 정신을 계승하는데 뜻을 두고 준비해야 한다.

① 대종사 뿐 아니라, 선령제위, 선성제위, 일반부모, 일체생령에게 재를 공동으

로 봉행하고 축원하며 기념하는 것이니 정성스럽게 준비한다. 법회출석을 잘 하지 않는 교도에게도 그들의 조상에게 합동향례를 올리는 것이니 대재의 인연으로 다시 발심하는 계기가 되도록 한다.

② 교당은 대재를 맞이하여 3일전부터 대청소를 미리 해두고 심신을 재계한다.

③ 합동향례의 의미는 허례허식으로 불필요한 낭비를 줄이며, 의례를 시대에 맞게 간소화하고 그 절약된 금액으로 널리 대중에게 그 공덕이 미칠 수 있는 공익사업을 하자는 뜻이 있음을 알아야 한다.

④ 육일대재의 경우에는 대재식으로만 끝날 것이 아니라, 선진님들의 추모법회, 추모간담회, 추모음악회, 추모 영상물 상영, 추모사진전, 유음청취, 유물전시회, 성극공연 등으로 대재의 의미를 더욱 살리도록 한다.

⑤ 추모기간을 정하고 초창교단의 생활을 체험하게 하는 도보성지순례, 유적지순례, 엿밥으로 공양, 금주 · 금육 · 절식 등의 프로그램을 진행하고 절약된 금액으로 이웃돕기 행사 등을 진행하는 것도 의미가 있다.

⑥ 대중공양을 준비한다. 또한 떡을 만들어 교도 및 주위 인연들에게 공양하는 것도 좋다.

⑦ 명절대재는 사은의 은혜 속에서 한 해를 지내고 그 해의 보은사업을 결산하며 전교도가 추원보본의 향례를 올리는 것이니 보은사업의 연말 결산행사로 준비한다.

⑧ 명절대재일은 또한 합동제사일이니 제사의 의미로 준비한다.

⑨ 명절대재는 공동명절의 축하행사일이니 축하의 의미를 가진 행사도 준비한다. 공동명절행사는 우리민족 고유의 행사를 오늘에 되살려 원불교화 하여야 한다. 윷놀이를 응용한 성불도 놀이, 사물놀이, 각종 민속놀이 등을 통하여 명절의 분위기를 살리는 동시에 원불교적 정신을 되새기며, 교도 상호간의 친목과 화합에 이바지 하도록 준비한다.

⑩ 불단: 위패 설위(設位), 청소상태 확인, 조명 점검, 꽃꽂이, 향 피우기, 촛불 켜기, 청수 준비, 법요도구의 위치 확인, 마이크 확인.

⑪ 법당: 난방기 가동, 실내 환기, 방석 및 의자 준비, 조명 상태, 앰프 점검.

⑫ 법당 외부: 대재 현수막, 소음 차단, 교당 진입로 청결.

3. 대재식 진행

① 묘위보고 식순에 각 교당의 추가 입묘자가 있는지 확인하여 보고하고 그 교당의 입묘자들을 파악하고 있어야 한다.

② 봉청 및 고축찬송에서 고축을 하는 교도들이 심신작용을 일으키지 않도록 되도록 돌아가며(육일대재는 단장들이 하고, 명절대재는 임원들이 한다거나 하는 원칙)할 수 있도록 한다.

③ 내빈분향의 순에는 의전에 세심한 주의를 한다.
④ 재가교도의 독경반 등과 함께 성대하게 독경의식을 진행한다.
⑤ 명절대재 고축에는 각 교당마다의 1년 보은행사를 간략히 보고하는 내용을 추가하도록 한다.
⑥ 고축찬송에서 피아노 반주가 늦게 나오지 않도록 주의한다.

◎ 법호수여식

1. 법호수여식

재가 · 출가간에 공부와 사업에 큰 실적을 쌓은 숙덕교도에게 법호를 증여하는 축하의식이다. 1919년(원기 4) 8월 21일. 혈인성사 때 소태산 대종사가 구인제자 들에게 법명과 법호를 내린 것이 그 시초이다. 남자에게는 ㅇ산(山)이란 법호를, 여자에게는 ㅇ타원(陀圓)이란 법호를 주게 된다. 소태산 대종사는 "그대들은 산(山)의 주인, 금강산의 주인되라."는 당부를 하셨다. 금강산의 참주인은 삼대력을 갖춰 우뚝 솟은 공부인이다. 만물이 깃들 수 있는 곳, 산은 만물을 총섭한 것이기에 남자에게는 산을 쓰셨고, 원기16년에 여자 수위단 제도를 구성하시면서 여자에게는 「타원(陀圓)」이라는 글자를 넣어 법호를 내정하셨다. 「타원(陀圓)」에서 '타(陀)'자는 언덕을 의미하며, 타원은 '모나지 않고 둥근 언덕'이라는 의미가 있다.

2. 법호수여식의 준비

법호인에게 축하의 의미와 더욱 정진할 것을 다짐하는 서원의 의미로 준비한다.

① 공부와 사업성적에 따라 법호수여 대상자를 추천한다.
② 총부로부터 법호증이 도착하면 이름 등의 오타 유무를 확인한다.
③ 법호인은 가족이 함께 축하해 줄 수 있도록 가족에게 알리고 꽃다발, 기념품 등을 준비하게 한다.
④ 교당에서는 가족을 포함한 법호수여식 참석인원을 예상한다.
⑤ 법호인의 약력을 자세히 파악해둔다.(후에 교도 열반 시에도 쓸 수 있다)
⑥ 축가, 축하공연 등을 미리 섭외한다.
⑦ 설법법사를 정하고 기본적인 약력 등의 정보를 제공해준다.
⑧ 불단: 청소상태 확인, 조명 점검, 꽃꽂이, 향 피우기, 촛불 켜기, 청수 준비, 법요노구의 위치 확인, 마이크 확인.
⑨ 법당: 냉난방기 가동, 실내 환기, 방석 및 의자 준비(법호인 자리는 따로 준비), 조명 상태, 앰프 점검.
⑩ 법당 외부: 법호수여식 현수막, 소음 차단, 교당 진입로 청결.

3. 법호수여식의 진행

① 개식사: 공부와 사업의 실적으로 받게 되는 법호의 의미를 설명하고 축하해 주는 개식사를 한다.

② 법호인이 입장할 때 되도록 통일된 복장을 하게하고 목에 염주를 걸거나 가슴에 꽃을 걸고, 흰색 장갑을 착용 하는 등 축하의 분위기를 연출한다.

③ 설법의 내용에 법호인의 법호 의미를 재해석 해준다.

④ 기념품 증정의 순에 너무 혼잡하지 않도록 진행자가 조정한다.

⑤ 축하공연이나 축하행사를 되도록 준비하여 분위기를 고조시킨다.

⑥ 폐식사: 이 공부와 사업에 더욱 매진할 것을 격려하는 의미의 폐식사를 한다.

4. 기대효과

① 법호를 받음으로 인해 더욱 공부와 사업에 힘써서 교단의 주인이 되려는 서원을 갖게 한다.

② 성대하고 법 있는 축하의식을 통해 모두가 발심하는 의식이 되도록 한다.

③ 가족, 친지들을 교당에 초대하여 교화에 도움을 주게 된다.

④ 성숙한 교도로써 모범적인 삶을 살아가게 한다.

3) 평가

평가가 없으면 다음에 그 행사를 더 잘하기가 어렵다. 평가는 의식의 뒷정리를 모두 마친 이후에 가급적 빠른 시간 안에 관계인들이 모여 전반적인 준비의 과정에서부터 끝마무리까지 평가를 하고 그 내용을 기재하여 다음 의식행사의 자료로 남겨 두어야 한다.

체계적이고 구조화된 평가양식의 사용은 자칫 또 다른 하나의 사무로 생각되어 가볍게 알기 쉽다. 평가는 의례의 질적인 평가 뿐 아니라 진행되었던 의례에서 더 발전시킬 필요가 있는 부분을 발견할 수 있는 중요한 기회가 된다. 평가양식을 준비하여 세밀하게 기재하고 다음 행사, 혹은 다음에 부임할 교무에게 참고자료로 활용하도록 한다.

평가양식1.

의식(행사명) :		행사기간:
작성일 :		작성자 :
행사참여인원:		평가 참여인원:
평 가	잘 된 사 항	개 선 할 사 항
준비		
홍보		
식장정리		
식순		
대중공양		
예산		
대중반응		
다음 의식에 대한 의견		
기타		
		원불교 OO교당

평가양식2. (자기평가서)

평가문항		정말 그렇다	그렇다	보통	아니다	정말 아니다
준비	전체적으로 완벽하게 준비되었다.					
	심신재계는 정성으로 임했다.					
	세부진행안이 준비되었다.					
	의식(행사)전에 예행연습을 하였다.					
	앰프, 마이크, 불전도구 등의 점검을 하였다.					
	의식이 교도들에게 미치는 영향을 생각해 보았다.					
	의식이 진리전에 미치는 영향에 대해 생각해 보았다.					
	의식과 교화와의 연계성에 대해 잘 알고 행했다.					
	법당 및 교당청소를 깨끗하게 했다.					
	꽃꽂이, 법당장식에 정성으로 임했다.					
	참석 가능한 모든 대상자에게 미리 연락을 했다.					
진행	의식 진행을 하며 당황하지 않았다.					
	말투는 적절하였다 (말의 양, 속도)					
	대중에 시선을 맞추고 편안한 얼굴을 했다.					
	의식의 전체과정을 보며 시간관리를 적절히 하였다.					
	자신있고 신념에 찬 마음으로 의식진행을 하였다.					
마무리	의식 후 교도들과 따뜻한 미소로 대화했다.					
	돌아가는 교도들을 정성스럽게 배웅했다.					
	깔끔하게 뒷정리를 잘했다.					

〈참 고 문 헌〉

[단행본]
문옥표, 『가정의례에 나타난 한국인의 예절』, 연세대학교, 1997.
석대권, 『제례를 통해 본 종교적 관념의 변화』, 비교민속학회, 2003.
송재용, 『의례와 교육』, 비교민속학회, 2003.
신현태, 『예절과 예절교육』, 한국교육철학회, 1995.

[논문류]
김원태, 「기독교 장례의식에 대한 연구」, 한남대학교 학제신학대학원, 2003.
김영두, 「예전 형성기의 사회적 배경과 특징」, 한국원불교학회, 1997.
_____, 「원불교 혁신예법의 특징 고찰」, 원광대학교 원불교사상연구원, 1983.
김응철, 「한국 종교조직 운영체계의 비교연구」, 중앙승가대학교, 1997.
김진영, 「가정의례 의식과 개선 운동」, 제주대학교 지역사회발전연구소, 1995.
김태근, 「한국 전통문화 속에서의 예배연구」, 한일장신대학교 한일신학대학원, 2003.
서동신, 「성직자의 직무와 생활의 일치를 통한 성덕 추구 의무의 교회법적 연구」, 수원가톨릭대학교, 2004.
이길표, 「가례를 통해 본 한국인의 의식구조 연구」, 고려대학교 대학원, 1982.
장진환, 「성만찬 예식에 대한 연구」, 한신대학교 신학전문대학원, 2004.

제3부 교당의 운영과 관리

제 1장 교당의 기초적 이해

1. 교당의 개념

교당은 "법신불 일원상을 봉안하고 대각전을 마련하여 신앙 · 수행을 지도하며, 교화 · 훈련 · 신앙의례 등을 진행하고, 지역사회에 맑음과 깨달음과 은혜를 공급하는 중심이 된다.(교당규정)

교단 최초의 교당은 원기 3년(1918)에 건립한 옥녀봉 구간도실(九間道室)로, 당시 회실, 교실, 도실 이라고 불리었다. 아홉 단원들의 모임방이라서 회집실(會集室) 또는 '회실'이라 하고, 공부를 가르쳐주는 곳이라서 '교실'이라고도 하고, 도 공부를 하고 기도하는 집이라는 뜻으로 '도실'이라고 하였다. 이와 같이 도실은 조합원의 모임장소요, 교육 · 훈련의 도량이었다.

교당과 그 의미가 유사한 명칭으로는 선교소와 출장소가 있다. 선교소는 법당을 마련하여 교무가 주재하며 교화하는 교당 승격이전의 교화 장소이며, 출장소는 교당설립을 목적으로 출장교화 하는 교당소속의 교화 장소를 말한다.

교당의 의미가 좀 더 명확히 나타난 곳은 『정전』 「교당내왕시주의사항」 이다. 교당의 의미를 살펴보면, 교당은 지낸 일을 문답하는 곳이며, 감각된 바를 보고하여 지도인의 감정을 얻는 곳이며, 의심의 해오를 얻는 곳이요, 입선 훈련하는 곳이요, 예회를 보는 곳이며, 정신적 소득을 얻는 곳이다. 각산 신도형은 교당에 대하여 "마음공부하는 학교, 성불제중의 도량, 제생의세의 교의를 가르치고 배우는 곳, 세계평화의 중심지, 사회정화의 원천, 대종사님 혜명의 변전소, 마음의 세탁소, 영생의 복덕방, 생활의 정수장, 조불공장"이라고 하였다.

2. 교당의 기능

교당은 교도들의 신앙과 수행을 지도하는 도량이다. 교당의 주요기능을 몇 가지로 정리하면 다음과 같다.

① 각종 법회와 기도가 열리는 곳이다.
교당은 정례법회를 비롯하여 각종 법회가 열리는 곳이며, 월초기도와 보은기도는 물론 다양한 기도가 이루어지는 기도 도량이다.

② 선방이 있는 수행 도량이다.
교당은 새벽 시간에는 좌선이 이루어지고, 교도들을 대상으로 한 선방과 시민들을 상대로한 시민선방 등이 개설되어 운영되는 선도량(禪道場)이다.

③ 각종 가정의례와 교례의식이 이루어지는 곳이다.
교당은 천도재 등 일체의 가정의례가 집례되는 곳이며, 4축 2재 등의 교례가 행해지는 곳이다.

④ 교법으로 교도들을 교육하고 훈련하는 곳이다.
교당은 교리학교, 경전대학 등의 교육프로그램이 진행되고, 11과목에 의한 교도훈련 등이 이루어지는 훈련 도량이다.

⑤ 보은봉공(자선, 복지, 봉사 등) 활동을 하는 곳이다.
교당은 지역사회를 향한 보은 불공행의 거점으로서 기능이 실천되는 자비도량이다.

⑥ 교화(전법, 교도관리) 활동이 이루어지는 곳이다.
교당에서는 교도관리는 물론 비교도들을 대상으로 전법활동이 이루어지는 전법 도량이다.

⑦ 교도들의 교제가 이루어지는 곳이다.
교당은 교도 상호간의 애 · 경사를 서로 돕고, 신앙과 수행에 대한 체험담 등을 나누는 곳이다. 교도들은 교법을 함께 실천해가는 동지들로서 친밀한 교제활동을 하게 된다.

3. 교당의 형태

지금까지 교당은 적정 규모를 갖추었을 때 교당이라 불리었다. 그 규모는 “법당 30평이상, 교화단원수 100명이상, 4종의무 이행자 20명이상, 기타 자립교당으로서의 적정요건을 갖춘 교화장소여야 한다. 규모에 의한 교당의 규정은 전통적 의미에서의 교당일 뿐, 최근 교당은 교화대상 및 교화형태에 따라 다양화되고 있다. 만약 물리적 공간으로서의 건물을 교당이라고 할 경우, 태극기가 펄럭이는 건물만을 학교로 아는 것과 다르지 않다. 학교에는 학생들이 있고, 선생님이 있으며, 교육내용이 있듯이 교당은 건물(가상공간 포함)과 교무와 교도가 있고 그곳에서 교화가 이루어지는 곳이다.

교당의 의미를 ‘교화가 이루어지는 모든 곳’ 이라고 확대 해석할 때 교당의 형태는 더욱 다양하게 나타난다. 교당의 형태를 공간적 분류와 교화대상에 따른 분류로 나누어 보겠다. 먼저 교당의 형태를 공간적으로 적정규모를 갖춘 교당과 이동교당,

사이버교당으로 분류해보고자 한다.

1) 적정 규모를 갖춘 교당

원기79년 교화연구소에서 발간한 교화발전계획에서는 "적정화 교당을 목표로 각 교당을 육성하여 가는 것을 그 기본으로 한다."고 했다. 적정화 교당은 대형화와 의미를 달리하는 교당으로 정의하고, 영세성을 벗어나 자력으로 지역사회를 위한 교화 · 교육 · 자선의 사업을 전개할 수 있는 교당으로 정의했다. 적정화된 교당은 기초 연구 과정에서 교도의 수적인 면을 농어촌의 경우 3-4개 교당이 연합하여 400여명의 교도, 읍단위 및 중소도시의 경우 500-700명, 대도시의 경우는 700-1,000명의 교도를 제시하고 있다. 이는 당시 교도들의 유지비 능력에 바탕한 계획이었다.

2) 이동교당

교화는 사람을 대상으로 한다. 사람이 있는 곳이면 어느 곳이든 교당이 마련될 수 있어야 한다. 일정한 공간에 대각전을 마련하여 법신불 일원상을 모시고 교화할 수도 있지만 이동하는 교당에 법신불 일원상을 모시고 법회를 볼 수도 있고 교화를 할 수도 있다. 예를 들어 여름이면 해변가에 많은 사람들이 모인다. 그곳에 교당을 마련하여 법회도 보고 상담도 할 수 있고 교화도 할 수 있다. 마찬가지로 스키장이나 공원, 휴양지, 관광지 등에 이동하는 교당을 마련하여 교화를 할 수 있다.

3) 사이버교당

미래의 교당은 온라인상의 다양한 가상공간을 통하여 존재할 것으로 예상된다. 지금도 원불교 사이버교당을 비롯하여 각 교당들의 다양한 홈페이시와 카페가 존재하고 있다.

다음으로 교당의 형태를 교화대상에 따라 일반교당과 특수교당으로 분류해 보고자 한다.

1) 일반교당

일반교당은 현재 교화현장에서 일반적으로 교당이라 불리는 교당의 형태이다. 그 교당의 규모는 "법당 30평이상, 교화단원수 100명이상, 4종의무 이행자 20명이상, 기타 자립교당으로서의 적정요건을 갖춘 교화장소"이다.

2) 특수교당

특수교당은 일반적인 교당의 형태를 벗어나 교당으로서 갖추어야 할 적정요건을 구비하지 않아도 대종사의 교법을 전하고 펼칠 수 있는 곳이면 어느 곳이나 가능하다. 단 교당은 교구장의 제청으로 교정원장의 인가를 얻어야 한다. 특수교당은 교립학교 교당, 의료원 교당, 스카우트 교당, 도운회 교당 등을 들 수 있다.

제 2장 교당의 조직과 운영

조직(組織)은 "어느 단체가 그 단체의 목표를 달성하기 위하여 일정한 지위와 역할을 지닌 사람이나 물건이 모여서 질서 있는 하나의 집합체를 이룸, 또는 그 집합체"를 말한다. 현대사회는 단체를 효율적으로 운영하기 위해 조직이 매우 중요하게 강조되고 있다.

종교조직도 예외는 아니다. 조직을 떠나서 그 종교가 추구하는 목표를 실현할 수는 없다. 이는 원불교 교단도 마찬가지로, "파란고해의 일체생령을 광대무량한 낙원으로 인도" 하려는 교화목적을 실현하기 위해 교단 조직, 교당 조직 등을 운영하고 있다. 조직은 그 내용과 목적에 따라 크게 행정조직과 교화조직으로 나눌 수 있으며, 두 조직은 서로 유기적인 관계를 형성하고 있다.

교당의 조직으로는 교화를 위한 교화단, 교당 교화운영의 원활을 위해 조직한 교당교의회와 교화협의회, 그리고 각 분과가 있다. 또한 교법의 사회구현을 위해 봉공회, 청운회, 여성회 등의 단체를 운영하고 있다.

1. 교화단

1) 교화단 조직의 원리

교화단은 교화를 효율적으로 하기 위해 조직한 기본 교화조직이다. 소태산 대종사는 "교화단은 오직 한 스승의 가르침으로 모든 사람을 고루 훈련할 빠른 방법으로, 그 공력은 항상 아홉 사람에게만 들이면 되는 간이한 조직" 이라고 하셨다. 그는 교단 창립초기에 신심 굳고 진실한 제자를 중심으로 교화단을 조직하여 교단 창립의 초석을 다졌고, 교화단을 통해 교단 통치는 물론 효율적인 교화활동을 전개하였다.

교화단의 단위 조직은 10인을 1단으로 한다. 10인은 단장과 단장을 보좌하는 중앙, 8인의 단원으로 구성된다. 단장은 9인의 단원을 지도할 책임과 권한을 가지며, 각 단원은 하위단의 단장이 되어 또다시 9인에 대한 지도의 책임과 권한을 갖는다.

그러므로 교화단은 한 사람이 아홉 사람만을 지도하되 그 지도의 효과는 천문학적 범위에 미치게 하는 조직이다. 최고 지도자(총단장)가 각단으로 9명을 지도하고, 항단으로 81명, 저단으로 729명, 방단으로 6,561명 · · · 이렇게 교화단이 확장되어 지도해가는 형식이 십인일단의 단조직 원리이다.

〈교화단의 확장도〉

번호	단명	인원	비고	번호	단명	인원	비고
0		1	시작	6	미단	531,441	여섯자리수
1	각단	9	한자리수	7	기단	4,782,969	일곱자리수
2	항단	81	두자리수	8	두단	43,046,721	여덟자리수
3	저단	729	세자리수	9	우단	387,420,489	아홉자리수
4	방단	6,561	네자리수	10	여단	3,486,784,401	열자리수
5	심단	59,049	다섯자리수	28	진단		28자리수

2) 교화단의 기능

교화단의 조직의 기능은 여러 가지가 있겠지만 교화, 훈련, 의견 제출, 교도간 화합, 봉공의 다섯 가지로 정리하고자 한다.

(1) 교화 기능이다.

교화단은 교화조직이다. 소태산 대종사는 제자들에게 9인 입교를 권장시키며 비교도를 원불교로 인도하도록 하셨다. 비교도를 입교시킨다는 것은 교화를 통해 가능하다. 교도들은 교화단 활동을 통해서 교화력을 배양하여 교당에 수많은 사람들이 인도될 수 있도록 교화하여야 한다.

(2) 훈련 기능이다.

훈련은 어떤 조직을 통하지 않고서는 어렵다. 지식과 연령이 서로 다르고, 각자 자신의 직장과 생활에 얽매어 있는 사람들을 훈련시키고 감독하려면 조직과 운영이 필요하다. 교화단의 훈련 기능을 통하여 이러한 다양한 사람들을 함께 교법으로 훈련시킬 수가 있다. 또한 단장 · 중앙 훈련을 통해 실무능력을 향상시키도록 한다. 단장 · 중앙의 임무를 확실하게 인식하고 업무수행을 하는데 효과적인 방향을 모색할 수 있도록 한다.

(3) 의견 제출 기능이다.

교화단을 통하여 의견 제출을 장려하는 뜻은 단원끼리 의견을 교환하도록 하는 것이며, 이는 서로를 이해하고 통하면서 아래로부터 의견을 모아 위로 제출하기도 하고, 상위의 의견이 아래로 시달되기도 하는 상하 좌우가 두루 통하게 하는 기능이 있다. 교당에서 교도들의 의견을 반영하여 교당을 운영하고 교화할 수 있도록 의견 제출이 활성화 되도록 해야 한다. 또한 단장은 교감 교무의 경륜이 실현될 수 있도록 지도에 따르고 단원들에게 잘 전달해야 한다.

(4) 교도간 화합 기능이다.

교화단은 단원들간에 친목을 도모하는 기능이 있다. 오랫동안 함께 교화단 활동을 하기 때문에 단원들 상호간에 서로 친숙하고 가깝다. 단원끼리 애 · 경사도 같이 나눈다. 또한 교화단은 작은 단체이기 때문에 단원들 간에 기쁨과 슬픔을 같이 하며 화합을 다지기에 좋다.

(5) 봉공 기능이다.

단활동에 대외 봉사활동과 교당행사 분담활동, 단원의 생활개선 활동 등이 있다. 교화단원이 봉공활동도 함께 할 때 서로 일속에서 정도 쌓이고 결속력도 생기게 된다. 교화단을 통한 봉공활동을 하면서 베푸는 삶의 행복을 배우도록 한다.

3) 교화단 운영 방안

모든 교도는 교화단에 편성됨을 원칙으로 한다. 교당에서는 교감(주임) 교무가 총단장이 된다.

① 상단과 하단으로 구성: 신심, 공부심, 사업심, 연조가 있는 교도를 중심으로 상단을 구성하고, 그들을 단의 단장으로 하여 하단을 구성한다.
② 단 조직 시 고려 사항: 교당에 따라 차이가 있으나 지역, 연령, 성별, 직장 등을 고려하여 조직한다.
③ 10인 1단의 구성: 단은 10인 1단으로 구성하는 것을 원칙으로 한다.(7~15명 구성도 가능)
④ 단장 · 중앙의 훈련: 단장과 중앙은 단원 관리의 실제에 임할 임원이므로 충분한 훈련을 거친 뒤 직무를 수행케 해야 한다. 단장 · 중앙은 법계 교선 이상으로 연원지도를 많이 한 사람 중에서, 관할교당 교무가 추천한다.
⑤ 잦은 단의 개편을 지양: 단을 자주 개편하여 단원이 바뀌게 하는 것은 단의 결속 및 조직력을 약화시킬 가능성이 있다. 단장 · 중앙의 임기가 3년이기 때문에 3년마다 개편하는 것이 좋다.

⑥ 교화단 운영을 단장 · 중앙이 책임지도록 한다. 단장 · 중앙의 능력이 부족하다해도 반복되는 훈련과 격려로 교화단 관리능력을 키워가도록 한다.
⑦ 신입교도는 신입교도훈련을 거쳐서 단에 편성되도록 한다.
⑧ 단회에서 기쁨 · 보람 · 유익을 얻도록 한다.

4) 단장 · 중앙의 임무

(1) 단장의 임무

단장은 단원의 신앙과 수행지도, 단별 훈련 실시, 단별 각종 활동 전개, 각종 모임 출석 독려, 상통하달의 연락, 정기 또는 수시 순교, 단 관리와 일원세계 건설에 필요한 일, 기타 단내 · 외에서 제기되는 문제를 파악하여 신속히 대처해 나간다.

(2) 중앙의 임무

중앙은 단장보좌, 교화단 관리, 각종 모임에 출석 독려, 통보임무 이행, 의견수렴, 수시순교, 연원달기 권장, 초입교도 살피기, 법회 시 단원 챙기기, 애경사 챙기기, 친절한 권장자 등의 역할을 수행한다.

2. 교당교의회

교당교의회는 교당의 운영과 아울러 교화를 돕는 교화 운영조직이다. 교당교의회의 구성은 교무진, 회장단, 원무, 단장, 중앙, 주무, 순교, 각 부설단체 · 부속기관의 대표, 각 분과위원장, 교감(주임)교무가 회장과 협의하여 지명하는 약간인으로 구성한다.

교당교의회는 교당의 의결기구로서, 교당교화와 운영에 관련하여 여러 가지 사항을 의결할 수 있다. 그 내용은 교화 · 훈련 등에 관한 주요사항, 연원교당 실립, 예산 · 결산에 관한 사항, 교산 처리에 관한 사항, 기타 교감(주임)교무와 의장이 중요하다고 인정하는 사항 등이다. 12월의 정기회의에서는 다음 해의 사업계획과 예산 등을 의결한다.

교당교의회의 의장은 교도회장으로 교당교의회에서 선출하는 교도대표이다. 교당에 관계되는 중요사항에 대하여 교당교의회에서 의결하는 만큼 교도회장이 중심이 되어 교당 살림에 적극적으로 참여할 수 있도록 권리를 부여하고 의무를 이행할 수 있도록 하는 것이 중요하다. 또한 교당교의회에서는 교당교화가 살아날 수 있는 방향으로 지원을 한다.

3. 교화협의회

교화협의회는 교당의 집행협의기구이다. 그 구성은 교무진과 회장단, 각 분과위원장, 교감(주임)교무가 회장과 협의하여 지명하는 약간인으로 구성한다.

교화협의회에서는 교당교의회 상정을 위한 연간 교화사업계획 및 예산안의 편성, 확정된 사업에 의한 월별 실천계획 수립, 각 분과 간 상충되는 의견 조정, 월별 교화결산과 재무시산 보고, 기타 교감(주임)교무와 의장이 중요하다고 인정하는 사항 등을 협의한다. 의장은 교화협의회에서 선출하며 교감(주임)교무가 임명한다.

교화협의회의 효율적 직무수행을 위해 각 분과를 둘 수 있는데, 이는 교당의 집행기구역할을 한다. 교화기획분과, 청소년분과, 총무분과, 재무관리분과, 봉공분과 등을 둘 수 있다.

각 분과별 직무는 다음과 같다. 다만 분과와 직무는 조절할 수 있다.

① 교화기획분과: 교화, 훈련, 법회, 의식, 행사, 홍보, 순교, 연구기획 등에 관한 사항.

② 청소년분과: 청소년 · 어린이의 교화, 훈련, 법회, 의식, 행사 등에 관한 사항.

③ 총무분과: 회의, 서무, 감사, 대외업무 및 타 분과에 속하지 않는 사항.

④ 재무관리분과: 예 · 결산주관, 재정, 교산운영, 건물관리 등에 관한 사항.

⑤ 봉공분과: 대내 · 외 봉공활동, 교도친목과 애 · 경사 등에 관한 사항.

교당에서는 분과를 조직하고 분과위원장을 중심으로 분과에 의해서 원활하게 교당이 운영될 수 있도록 업무분담을 잘 하여야 한다. 교당의 교도수가 적어서 분과를 따로 운영하기 어려울 때는 교화단 조직과 일원화 하여 운영하는 것도 필요하다. 이 경우 단장이 분과위원장을 겸임한다.

4. 부속기관

교당에서는 지역사회에 도움을 주고 교화의 발전과 교당운영을 위해 필요에 따라 부속기관을 운영하고 있다. 부속기관으로는 어린이집, 유치원, 독서실, 공부방, 재가 복지시설 등이 있다. 부속기관을 통해서 지역사회에 원불교의 위상을 높이고 직 · 간접으로 교화할 수 있는 기회를 삼을 수가 있다. 각 부속기관의 대외적인 신뢰와 투명한 운영으로 지역사회와 함께 하는 교당이 될 수 있을 것이다. 또한 교당의 시설을 활용하여 한문교실, 요가교실, 마음공부교실, 선방 등의 프로그램을 운영할 수 있다.

전국의 교당에서 운영하고 있는 어린이집 · 유치원은 160여 교당에 이른다. 이 점을 감안하여 교당 부속기관으로 대표격이라 할 수 있는 어린이집 · 유치원 운영에 대해 언급하고자 한다.

어린이의 교육은 평생에 걸쳐 영향을 준다. 어릴 때 교당에 다닌 아이들은 자라서 교당에 올 수 있는 확률이 높다. 주일학교에 다니던 아이들이 나중에 교회를 찾아온다고 한다. 어린이들은 순수한 백지와 같아서 가르치면 가르치는 대로 받아들이게 된다. 교법에 근거하여 교육을 하게 될 때 바른 인성을 심어줄 수 있을 것이다.

원불교에서 운영하는 어린이교육기관을 다닌 아이들이 비록 입교가 안되었다 하더라도 어린이집 · 유치원에 대한 좋은 인상을 갖고 있다면 평생에 원불교의 든든한 후원자가 될 수 있다.

어린이 교육기관을 운영하면서 유의해야 할 점에 대해서 몇 가지 정리하면,

① 모든 면에서 투명하게 운영하도록 한다.
어린이 교육의 교육 내용 및 운영에 대해서 투명하게 공개하고 설명한다. 특히 회계의 투명성 확보는 교당에 대한 신뢰를 높여준다.

② 원아들과 그 가족들을 교화의 대상으로 대한다.
어린이 교육기관에 대한 좋은 인상은 바로 교화로 연결된다. 원아들이나 그 가족들을 불공의 대상으로 모시고 정성을 다해 대한다.

③ 월1회 부모교육을 실시한다.
어린이 교육은 어린이 지도만으로 되는 것이 아니다. 그 부모는 어린이들의 거울이다. 부모교육을 통해 어린이 지도가 이루어지도록 한다. 법문을 통한 부모교육의 시간이 교화의 시간이 되기도 한다.

④ 봉투와 잡부금 등을 근절한다.
맨 처음 실시되는 부모교육시간에 교사들에게 따로 봉투를 주지 않도록 안내한다. 봉투를 주면 되돌려 보낸다. 잡부금도 따로 받지 않는다. 종교단체에서 운영하는 교육기관은 뭔가 다르다는 것을 느끼게 한다.

⑤ 교사들과 매일 공사시간을 갖는다.
종례시간에 교사들과 공사시간을 갖는다. 그날 일을 점검하고 내일의 행사를 계획하면서 의사소통하는 시간을 갖는다. 설명기도와 법어봉독 그리고 법어설명을 통해 교사들에게 원불교 정신을 심어준다.

⑥ 원장의 호칭 대신에 교무 호칭을 사용하도록 유도한다.
입학식 때 원장의 호칭 대신에 교무라는 호칭을 사용해 달라고 부탁을 하면 된다. 교무라는 호칭을 통해 원불교를 가까이 인식하도록 한다.

5. 단체

교당의 공식 단체로는 봉공회, 여성회, 청운회 등이 있으며, 교당에 따라 성가대, 취미별 · 세대별 · 학생회출신별 모임, 독경반, 자원봉사반 등이 운영되고 있다.

1) 봉공회

봉공회는 일원대도와 삼동윤리의 정신아래 재가 · 출가, 국가 · 세계의 모든 인류를 영과 육의 빈곤, 무지, 질병 및 재해로부터 구원하기 위하여 정신, 육신, 물질로 봉공함을 목적으로 한다.

교당봉공회는 재가 · 출가교도에 대한 봉공과 지역사회에 대한 봉공을 위하여 교당의 회원으로 조직하고, 봉공회 규정에 의한 회칙을 작성하여 창립총회의 의결을 거친 후 교당 주임교무의 승인을 얻어 설립 한다.

봉공회의 사업은 재가 · 출가교도에 대한 봉공사업, 국가에 대한 봉공사업, 세계인류에 대한 봉공사업이 있다. 교당에서는 봉공회를 통하여 교단 내 · 외적인 봉공활동을 함으로써 지역사회에 원불교의 위상을 크게 드러낼 수 있다.

교당봉공회의 활동은 교도 간 애 · 경사 챙기기, 바자회 준비, 불우이웃 돕기, 소년소녀 가장 돕기, 사회복지기관 방문, 장학금 전달, 해외 난민 돕기 등이 있다.

2) 원불교여성회

원불교여성회는 대종사의 가르침으로 원만 · 평등한 세상의 실현을 위해 탄생하였다. 그 동안 효율적으로 개발 육성되지 못한 여러 분야의 출 · 재가 여성인재들을 규합하여 화해와 지혜의 시대를 위한 이타적 활동에 힘을 모으고, 원불교 개교정신인 원만 평등한 세계 건설에 좀 더 조직적이고 체계적으로 기여하고자 노력하고 있다.

원불교여성회라는 이름은 대사회적 활동으로 홍보하기 쉬운 장점이 있다. 사회의 다른 단체와 연합하여 대외적인 활동을 함으로써 원불교여성회의 위상을 드높일 수 있다.

교당여성회는 교구여성회와 전국여성회의 주된 사업에 동참하여 활동하고 있다. 원불교여성회의 주된 사업은 북한 돕기 운동, 유럽지역 입양청년초청 모국방문행사, 한울안 운동 등 대사회적인 활동들이다.

3) 청운회

청운회는 일원대도를 몸소 실천하고 사회에 구현시켜, 전 인류를 참되게 하는 인류개진운동과 근본에 보은하는 인류보본운동을 전개함으로써 일원세계 개척에 앞장서기 위함을 목적으로 한다. 청운회는 원불교 청년회 출신들이 주축이 되어 유년회, 학생회, 청년회, 청운회로 이어지는 유기적인 조직 체계를 염원하면서 교법의 사회화를 지향하고자 노력하고 있다. 그러므로 청운회는 둥글고 밝은 일원상 진리에 바탕한 새로운 사고와 새로운 인간을 창조해 감으로써 새로운 인류사회 건설을 지향하는 단체로서의 사명을 갖고 있다.

교당청운회의 활동프로그램은 대략 다음과 같다.

① 교당 내 활동프로그램으로는 청운법회 운영을 중심으로 나아간다. 법회 때는 부부가 함께하면 효과적이다. 그리고 청소년 교화를 활성화 하는데 직 · 간접으로 역할을 하여야 한다. 회원훈련과 성지순례 등을 전개하고 회원의 애 · 경사에 적극적으로 참여한다.

② 교당 외 활동프로그램은 청운회가 소속하고 있는 지역과 연관하여 실시한다. 청운회가 지역의 청소년지도와 민속놀이 활동(예; 어린이 민속잔치)을 지역의 행사로 주도해 가는 활동은 많은 지역에서 호응을 얻고 있다. 천재지변 등 어려운 재난을 당한 지역민들을 위하여 청운회가 적극적으로 나서서 역할을 한다면 우리사회에 봉공정신을 몸으로 실천하는 모범 단체로서 그 가치는 크게 드러날 것이다.

제 3장 교당의 운영과 관리

1. 교당의 운영

1) 교당 운영의 원칙

교당을 운영하는 데에는 원칙이 필요하다. 좌산 종사는 종법사 재위시 "원칙은 반석(盤石)(가장 안전하다)이고, 지름길(가장 빠르다)이고, 빛(길수록 밝아진다)이고, 비법(秘法)(가장 효과적이다)이고, 활로(活路)(公도 私도 살리는 길이다)라고" 했다. 원칙이 없는 교당 운영은 자칫 혼란에 빠져들게 되므로 원칙에 바탕한 교당운영이 되도록 해야 한다.

교당 운영의 원칙을 제시하면 다음과 같다.

① 교당은 교헌과 각종 규범(교규, 교령, 예규)에 의하여 운영한다.

② 교당의 조직과 운영은 직접적으로 교당규정에 근거한다.

③ 교당 자체의 운영 내규는 교헌과 각종 규범 특히 교당규정에 저촉되지 않아야 한다.

④ 규범이 허용하는 범위를 벗어나 새로운 방향을 시도할 때는 반드시 중앙총부의 사전 승인을 구한다.

⑤ 규범이 정하지 않은 관례는 중앙총부의 예에 따른다.

⑥ 교당은 공부위주 교화종, 교화위주 사업종으로 운영한다.

⑦ 교당의 교화는 교화단을 중심으로 한다.

⑧ 교당은 반드시 계획에 의하여 운영한다.

⑨ 교당 운영은 교화 · 교육 · 자선(복지)의 3대 사업이 적절히 조화되도록 한다.

2) 교당의 바람직한 운영

교당에서 행해지는 모든 업무는 결국 교화를 잘하도록 돕기 위한 것이다. 교화를 잘 하기 위해서는 교화 운영조직이 필요하다. 교당규정에 의하면 교당에서의 운영은 대부분 교당교의회, 교화협의회, 각 분과를 통해서 이루어져야 한다. 또한 교당에서 교화를 위한 조직으로는 교화단을 활용해야 한다. 그러나 현재 교당에서는 조직운영이 제대로 시행되지 못하고 있는 곳이 많다. 그 원인은 교당의 영세성을 들 수 있다. 한마디로 교화협의회나 교당교의회를 구성할만한 교도 구성이 되지 못한 교당이 많다는 것이다. 현재의 교당교화상황을 고려할 때 교당 운영의 바람직한 방향을 정리하면 다음과 같다.

① 출석 교도수 100명 미만일 경우에는 교화단 조직과 교당 운영조직을 일원화 한다.

교당 운영을 위한 조직은 결국 교화를 잘 하기 위해서 필요한 조직이다. 그런데 교도수가 적은 교당은 교당 운영(재정적)에 많은 어려움을 겪고 있다. 실제 교화조직인 교화단보다 교당운영조직(교당교의회, 교화협의회)이 상위에 있어 조직운영의 효율화를 기하기가 어렵다. 이런 경우 인력과 재정의 분산으로 인해 교화활동의 위축을 초래하게 된다. 따라서 교당은 교화단 중심의 조직 일원화를 통해 교화활동에 힘을 실어주어야 한다. 또한 봉공회, 청운회, 여성회 등의 단체 활동을 하는 것도 교화단에 편입을 시켜 활동하게 하는 것이 바람직하다. 이렇게 할 경우 교화집중화는 물론 교도들에게는 금전적, 시간적 부담을 줄여주는 역할을 하기도 한다. 단, 교당의 능력과 형편에 따라 출석 교도수 100명 미만일지라도 교화단 조직과 교당 운영조직을 분리 운영할 수도 있다.

② 출석 교도수 100명 이상일 경우 교화단 조직과 교당 운영조직을 이원화 하여 운영한다.

교도수가 많이 있을 때는 그만큼 인재도 많이 존재한다. 능력 있는 다양한 사람들이 교당에서 실력을 발휘할 수 있도록 그 장을 마련해 주어야 한다. 그러므로 교화협의회의 분과장과 단장이 겸임하지 않고 따로 하는 것이 바람직하다. 교화협의회의 각 분과장은 법위 중심보다는 그 분과의 전문지식과 기능 있는 교도가 맡아 보는 것이 효율적이다. 교화단의 단장은 법계 교선 이상으로 연원지도를 많이 한 사람 중에서 선출하여 단원들의 공부 · 사업 · 생활을 지도할 수 있어야 한다. 교화협의회나 각 분과 그리고 교당교의회는 교도회장을 중심으로 교당운영을 위한 조직으로 교당 운영과 교화를 돕도록 한다.

봉공회, 청운회, 여성회 등의 단체 활동은 뜻있는 교도들이 자발적으로 참여하여 활동하도록 이끌어 가는 것이 중요하다. 또한 교당의 공식 단체 활동 외에 다양한 비공식 기타 조직에 가입하여 열성적으로 활동함으로써 교화에 성과를 이루는 경우도 있다. 교도수가 많은 교당의 경우에는 교도들의 다양한 활동을 권장하여 많은 비교도들도 흡수할 수 있도록 활용하는 것도 필요하다고 본다.

③ 재가 교역자의 역할에 대한 책임과 권한을 확실하게 한다.

재가교역자는 원무, 교도회장, 부회장, 단장, 중앙, 주무, 순교이다. 재가교역자 훈련을 통해 각자 역할에 대한 책임과 권한을 확실하게 알도록 한다. 또한 각 분과위원장의 역할에 대한 책임과 권한을 인식하도록 해야 한다.

재가 교역자 중에서 원무, 교도회장, 단장, 주무, 순교는 책임이 명확히 나와 있다. 그러나 부회장, 중앙은 회장이나 단장을 보좌하고 유고시에 대행 한다고 되어 있다. 그리고 분과위원장에 대한 책임은 교당규정에 정리되어 있지 않고 있다. 또한 주무, 순교의 일은 현재 단장, 중앙, 분과위원장의 일과 겹치는 일이 많이 있다. 따라서 재가교역자간 업무 조정이 필요하다.

교당교의회와 교화협의회의 구성을 강화하고 기능을 활성화 시켜 교화활동을 위한 의사결정이 분명하고 계획적으로 활동할 수 있도록 하는 풍토가 조성되어야 할 것이다. 각 임원들이 책임지고 할 수 있도록 역할에 책임과 권한을 부여해야 한다. 각 분과위원장에게 책임을 주기 위해 재가교역자로 임명해주는 것도 필요하다. 교도 개개인이 교당운영에 관심 있는 사람들은 각 분과에 위원으로 참여할 수 있도록 기회를 주는 것도 바람직하다.

④ 교당 규모의 적정화와 계획(전략)이 있는 교화를 해야 한다.

교당이 정상적으로 운영되기 위해서는 교당의 규모가 적정화되어 자활력을 가져야 한다. 교당의 적정 규모는 교당의 경제력, 교당의 시설 규모, 교무수, 교도수 등에 대한 기준이 마련되어야 정해질 수 있다. 교당이 위치한 교화 대상 지역의 상황에 맞는 구체적인 교화 목표가 정해져야하고, 그 목표를 달성하기 위한 교화 계획이 마련되어야 한다. 교당은 반드시 계획에 의해서 운영해야 하고, 교화 · 교육 · 자선 3대 사업이 적절히 조화되도록 한다. 토탈교화시스템의 구축도 어느 정도 교당 규모가 이루어졌을 때 가능한 것이다.

⑤ 교당의 재정 자립도를 높인다.

교당의 주된 재정 수입은 교도들의 성금이다. 교도수가 많고 적음에 따라 교당 재정의 사정도 달라지게 된다. 따라서 교당은 교도수를 늘리고, 헌공 의무를 이행하는 교도수를 늘리도록 노력해야 한다. 또한 교당 재정을 돕기 위한 수익사업을 확보하는 일도 필요하다.

⑥ 교당의 회계는 정확하게 하고 공개되어야 한다.

교당에서 집행되는 모든 수입과 지출은 정확히 예산에 편입되어야 한다. 회계의 투명성 확보는 교당에 대한 신뢰를 높여 주고, 재가교역자와 교도들의 교당에 대한 애정으로 이어져 교당 운영에 합력하게 한다.

⑦ 민주적인 절차와 공의에 의해 운영한다.

교당운영은 출가 · 재가가 함께 힘을 합하여 교당 일을 효과적으로 해야 한다. 교당 일을 계획하고 논의할 때는 민주적인 절차를 거쳐서 하고, 중요한 의사결정은 대중의 공의에 따라 처리해야 한다. 교당운영에 관한 정보는 공개하며, 교당 발전을 위해 지혜를 모으도록 한다. 회의에 의해서 결정이 되면 대의에 따라 합해주도록 한다.

2. 교당의 관리

관리란 일정한 목적을 효과적으로 실현하기 위하여 인적 · 물적 여러 요소를 적절히 결합하여 그 운영을 지도 · 조정하는 기능 또는 그 작용을 말한다. 넓은 의미에서 교당관리는 교화활동을 위해서 행해지는 모든 합리적이고 효율적인 노력을 뜻하지만, 일반적으로는 교당에서 실질적으로 하고 있는 행정사무와 시설관리 등으로 요약할 수 있다.

1) 교당관리의 필요성

교당관리는 교당의 활동목표를 세우고 의사 결정을 하며, 교도들을 조직화하고 물적 자원을 효과적으로 배분하여 교당의 발전을 촉진시키는 일이라 할 수 있다.

다원화된 현대사회의 특징에 따라 교무의 업무량은 과중해지게 마련이다. 교무의 업무량 증가와 다양한 활동의 요구는 보다 효율적인 교당 운영과 관리를 필요로 한다. 교화단을 비롯하여 교당의 조직들을 합리적으로 운영하기 위해서는 재가 교역자들이 참여할 수 있도록 체계적인 교당 관리의 정리가 필요한 시점에 도달했다.

변화하는 사회에 대응하고 교당 조직의 합리적인 운영과 발전을 위해서는 시대에 맞는 학문을 배우는데 주저해서는 안 된다. 아무리 종교인이라 해도 변해야 할 때 변하지 않으면 살아남을 수 없는 것이 현실이다. 특히 정보화 사회에 발맞춰 원티스(WonTIS)의 활용은 필수적이다.

교당 관리는 다음의 목적을 위해서 꼭 필요하다.
① 교화를 보다 효과적으로 하기 위해 필요하다.
② 교당의 운영을 체계적으로 하기 위해 필요하다.
③ 변동하는 사회에 적절하게 대응하기 위해 필요하다.
④ 재가 · 출가 교역자가 함께 협력하기 위해 필요하다.

교당도 하나의 공동생활체라는 점에서 조직과 관리가 필요하게 된다. 교당이 추구하는 목표를 달성하기 위한 행동의 규정, 계획과 조직, 그리고 명령과 통제의 수단을 합리화 할 필요성이 생기게 되는 것이다. 여기에 교당관리의 필요성과 중요성이 있다.

2) 교당관리의 실제

(1) 입교관리

입교는 원불교에 입문하여 교도가 되는 것을 뜻한다. 입교관리는 WonTIS상에서 먼저 교당에서 입교신청을 한 후 교구에서 입교승인을 하게 된다. 교당에서 등록시 주의사항은 주민등록번호를 입력한 후 반드시 중복확인을 해야 하고, 만약 주민등록번호가 없는 신생아나 외국인의 경우에는 주소필드의 국외를 선택하면 필수키가 해제된다. 신청교무가 원하는 법명이 있을 때는 '요청 법명란'에 직접 기입하면 된다. 타 교당으로 입교신청을 할 경우에는 해당교당의 교무가 입교확인 절차를 거쳐야 교구로 입교신청내역이 전송된다.

입교절차는 입교하는 사람이 입교원서를 제출하여 법명과 보통급 10계를 받음으로써 교도가 된다. 입교원서를 작성할 때 정자로 기입하게 하여 오자가 발생하지 않도록 주의한다.

(2) 법위관리

법위관리는 법위사정과 관련된 업무를 말한다. 법위등급 사정을 줄여 법위사정이라 하는데, 법위사정은 법위등급이 어디에 해당하는가를 평가하는 것이다. 법위사정은 정식법위사정과 수시법위사정이 있는데, 정식법위사정은 전 교도를 대상으로 3년에 한 번씩 실시하며, 수시법위사정은 열반인을 대상으로 수시로 실시한다. 법위사정과목은 『정전』 수행편 법위등급에 근거한다.

원기 91년도부터 교도 법위사정은 교당에서 직접 WonTIS상에서 법위를 확인하고 등록하도록 하였다. 또한 법위단계별 훈련 이수정도가 법위사정에 적용됨에 따라 교도들로 하여금 법위단계별 훈련을 반드시 50%이상 참여할 수 있도록 지도해야 한다. 이에 따라 교도 자신이 자신의 법위를 알고 있도록 해야 하고, 법위에 맞는 실력을 갖추어갈 수 있도록 바른 지도가 뒤따라야 한다.

재가교도법위 정기사정은 교당사정, 교구사정, 중앙사정, 수위단회사정을 거쳐 종법사 재가를 얻어 확정이 된다. 교당으로 발송된 법위사정대장을 통해 먼저 수기로 사정을 한 후 WonTIS상에서 '재가법위교당사정'을 통하여 사정법위를 등록한다.

(3) 성적관리

성적은 교도가 원불교 이념 실현을 위해 정신 · 육신 · 물질로 봉공한 실적을 정해진 기준에 의하여 사정한 것을 말한다. 성적에는 공부성적, 사업성적, 원성적이 있다. 공부성적은 법위등급에 따른 공부의 정도를 사정한 것이고, 사업성적은 사업등급의 환산점수로 정신 육신 물질로 공도를 위해 사업한 정도를 사정한 것이고, 원성적은 공부성적과 사업성적을 일정한 기준에 의하여 합산한 결산 성적이다.

공부성적은 보통급부터 대각여래위까지 6단계의 법위등급과 각 등급 사이의 예비등급별로 법위가 사정되고 각각의 등급을 점수로 환산하여 원성적 사정의 근거로 삼는다. 이 공부성적은 누가(累加) 합산하는 방식으로 산출하지 않고, 사정 당시의 법위에 해당하는 성적만을 임시 합산하여 사정하는 방식을 취하고 있다.

사업성적에는 근무성적, 시의성적, 특별시상 성적, 권장성적, 손실성적 등의 5종이 있다. 근무성적은 재가교역자로서 1년 동안 활동한 실적을 평가하여 사정한다. 시의성적은 현금이나 물품을 교단에 희사한 실적을 일정한 기준에 의하여 갑으로 환산한다. 권장성적은 전무출신을 권장한 실적이 있는 자에 대하여 그 대상 전무출신의 성적에서 분할해 주는 성적이다. 성적의 분할은 전무출신 본인의 신청에 의한다. 손실성적은 교도로서 고의나 과실로 교단에 손실을 끼친 부분 또는 교단의 징계를 받은 자에 대하여 성적 사정위원회의 사정으로 본인의 성적을 삭감하는 성적이다. 특별시상은 법회, 교화보조(순교, 법회안내, 교도상담, 봉공 등), 연원지도(입교, 출석지도), 인재육성(자녀희사) 등 교도로서의 특별한 공로에 대하여 시상하는 성적이다. 재가교역자 이외 교도의 1년 활동 사항을 보아 특별시상 성적 기준표에 의하여 특별시상란에 등록(WonTIS)한다. 시상 성적은 객관적이고 보편타당하게 사정한다.

(4) 법호관리

법호는 공부와 사업에 공적이 크게 드러난 교도에게 법호를 증여하기 위하여 제정되었다. 1919년(원기 4) 8월 21일 혈인성사 때 소태산 대종사가 구인제자들에게 법명과 법호를 내린 것이 그 시초가 된다. 남자에게는 ㅇ산(山)이란 법호를, 여자에게는 ㅇ타원(陀圓)이란 법호를 주게 되었다.

법호의 증여는 일반증호와 특별증호로 구분한다. 일반증호는 법위와 사업성적과 연령을 고려하여 사정한다. 보통 대각개교절과 법인절에 증여할 수 있도록 하고 있다. 특별증호는 교단의 발전과 도덕사업에 많은 도움을 준 사회 저명인사와 열반한 교도의 추모의례상 필요할 때 종법사의 특인을 얻어 시행한다.

교당에서는 대각개교절과 법인절에 즈음해서 법호수여식을 할 수 있도록 3월과 7월에 총무부에 법호신청을 하게 된다. 법호신청을 하기에 앞서 사업성적이 조금 부족하여 법호신청을 못하게 될 때는 미리 교도들에게 그 사정을 이야기 해 줄 수도 있다. 그러나 금전에 관한 것은 민감한 부분이기에 조심해야 한다.

사전에 교도들에게 법호증여의 기준을 알려주어 법호에 대한 의문점을 해소하도록 지도한다.

(5) 입묘관리

입묘란 입묘대상이 된 원불교 교도로서 열반 후 영모전 묘위에 들어가게 되는 것을 말한다. 입묘 후 처음 맞게 되는 육일대재나 명절대재부터 향례를 받게 된다. 입묘관리는 열반한 교도가 입묘대상이 되면 입묘절차에 따라 진행이 되도록 하는 것이다.

입묘대상자는 원성적 정5등 이상인 교도와 법위가 정식 법강항마위 이상인 교도의 부모가 해당이 된다. 입묘절차는 ①교도가 열반하면 먼저 원성적을 결산하여 원불교 장의 절차와 입묘 가능 여부를 파악한다. ②열반교도의 입묘가 가능할 때는 교정원 총무부에 열반 보고와 아울러 입묘의뢰서를 작성하여 제출한다. ③원불교 장의 절차에 따라 장례를 이행한다.

교당장은 원성적 3, 4, 5등인 유공인교도, 교당연합장은 원성적 1, 2등인 유공인교도, 원불교교단장은 원성적 정특등인 유공인교도이며, 원불교전체장은 원성적 정특등중 특별유공인교도에 해당한다.

입묘는 49종재 후, 첫 번째 대재에 입묘좌위별 명부에 추가로 등재된다. 이 사실을 유가족들에게 미리 공지하여 대재에 참석할 수 있도록 관리한다.

(6) 문서 관리

① 문서관리의 필요성

문서란 문자 또는 이를 대신할 수 있는 부호를 사용하여 사람의 의사나 감정 또는 사물의 상태 · 관계 · 현상 등을 어떤 물체위에 영속적인 상태로 표시한 것을 지칭한다. 최근에는 광학적인 사진기술에 의하여 축소 · 촬영한 마이크로필름이나 전자기록매체(디스켓 · 테이프 · 광디스크), 전자문서(WonTIS를 이용하여 교당에서 전자결재 가능) 등도 문서로 인정하고 있다.

교단에서는 문서관리의 합법성과 효율성을 도모하기 위하여 「문서관리규정」을 제정하여 운영하고 있다.

문서관리의 기본원칙을 정리하면 다음과 같다.

첫째, 「문서관리규정」에 따라 취급하여야 한다. 문서관리규정은 교단의 행정을 동일한 문서체계하에서 통일적으로 처리하기 위해 제정한 것이다. 사무처리의 일관성 · 객관성 · 합리성을 확보하기 위하여 누구나 「문서관리규칙」을 준수하여야 한다.

둘째, 문서는 신중하면서도 신속하게 취급하여야 한다. 문서는 당해 기관의 공식적인 의사를 결정 · 표현하고 법률 또는 사실관계를 형성하는 것이므로 문서의 검토 · 결정은 신중하게 하되, 시행 · 처리는 신속하게 취급하여야 한다.

셋째, 문서는 정확하게 취급하여야 한다. 개인의 권리 · 의무관계에 영향을 미치는 공문서는 정확성이 최우선되어야 하며 정확성은 사회적 공신력의 관건이 된다. 문서는 문서 작성자와 그 행정기관의 얼굴이므로 정확성을 기해야 한다.

넷째, 문서는 책임 있게 취급하여야 한다. 처리과정에서 여러 사람을 거치므로 자기의 책임범위 내에서 정확하게 처리(문서접수, 전달시 인수 · 인계, 문서심사, 관인날인, 발송 등)하여야 하며 담당자 교체 시 인계인수를 철저히 이행하여야 한다.

다섯째, 문서의 내용에 적합한 형태로 취급하여야 한다. 긴급을 요하는 문서는 신속하게 처리해야 하며, 기밀을 요하는 문서는 보안유지에 철저를 기하여야 한다.

문서의 기능은 의사형성, 의사전달, 의사보존이라 할 수 있다. 즉 행정조직은 문서라는 형식을 통하여 조직체에서 합리적인 의사결정을 이루어가며, 이 과정에서 다양한 의사전달이 이루어진다. 그리고 이처럼 결정된 정책내용은 그 집행결과와 함께 정해진 시간동안 보존하게 된다. 따라서 문서는 조직체의 의사형성, 공간상의 의사전달 및 시간상의 의사보존이란 기능을 수행하게 된다.

모든 행정사무는 문서로 시작하여 문서로써 끝난다고 할 정도로 사무의 대부분은 문서를 매개로 이루어지고 있다. 사무의 내용이 복잡하고 중요할수록 구두에 의한 처리로서는 확실하지 못하므로 문서에 의한 처리의 필요성이 크다고 할 수 있다. 문서가 필요한 경우는 내용이 복잡하여 문서가 없이는 처리가 곤란할 때, 사무처리 내용을 명확하게 하여야 할 때, 사무 처리의 형식 또는 체제상 문서가 필요할 때, 사무처리 결과를 보존하여 활용할 필요가 있을 때, 인사교체에 따른 업무의 계속성을 유지하기 위해, 교화 · 교육 · 자선 등의 업무에 활용하기 위해, 사무처리 결과의 증빙자료로서 남겨야 할 때 등이다.

② 문서 정리

▲ 문서 정리의 목적과 원칙

ㄱ. 문서 정리의 목적

· 문서를 체계적으로 관리하여 정보자료를 공동 활용할 수 있도록 한다.
· 필요한 문서의 활용을 신속 용이하게 한다.

· 각 교당이나 기관의 의사결정에 효율적으로 정보를 활용할 수 있게 한다.

ㄴ. 문서 관리의 원칙

· 보존기한에 따라 불필요한 문서는 합리적으로 폐기하고 필요한 것만을 보관 · 보존한다.

· 문서의 정리, 보관, 보존, 폐기까지 통제를 필요로 하며, 이는 문서관리의 규정에 따라 운영되어야 한다.

▲ 연혁 정리

· 내용은 간략하게 요약하되 6하 원칙에 의해 기술한다.

· WonTIS 종합일지 메뉴에서 중요도에 연혁으로 기록하면 자동으로 분류되어 저장된다.

· 연혁에 기재할 사항으로는 교당(교구 · 기관)의 설립, 선교소 설치(기관인가), 교당승격 등 교당의 발족, 이전, 신축, 증축, 대규모 보수, 확장, 폐쇄 등이다. 인사에는 전무출신 이임 및 부임, 교도회장과 부회장의 이임 및 취임 등이다. 의식에는 신축봉불식, 이안봉불식 등 특별하고 역사적 의미가 있다고 생각되는 의식, 특별한 교화활동 또는 훈련, 기타 중요하다고 판단되는 것을 기록한다.

▲ 교화기록 정리

· WonTIS에서 종합일지는 날마다 자세하게 작성한다. 일지는 교당의 교화활동 상황을 가장 자세히 볼 수 있는 자료이다. 매일매일 미루지 않고 작성하도록 한다. 기록자는 매일 주임교무의 결재를 받는다.

· 교당에 교도훈련, 성지순례, 법호수여식, 승급식, 합동위령제 등 중요 행사가 있을 때는 계획하고 실행한 내용을 자세하게 기록하고 평가 정리한다. WonTIS에서 교화단활동, 순교관리 등을 한다.

▲ 회의록 정리

· WonTIS 회의관리 메뉴에서 등록하여 정리한다. 안건, 결의사항을 등록하고, 녹취한 내용의 문서 · 음성 · 영상을 첨부할 수 있다.

▲ 중요 서류철의 정리

· 중요서류철은 재산에 관계된 서류를 일괄하여 보관하는 서류철이며 인장대장과 인계인수서를 첨부하여야 한다. 인장대장에는 교당에서 사용하고 있는 모든 인장(도장류)이 등록되어 있어야 한다. 중앙총부에서 등록번호를 부여하는 것은 교당(기관)의 직인이다. 직인 이외의 모든

인장들은 인장을 만든 일자와 자체번호(순서별)를 기록하면 된다. 인장을 사용하다 분실하여 재발급 사용할 때에는 전의 인장란을 폐기하고 새로이 기록한다.

중요서류철에 철하는 문서 내용은 아래 표와 같다

〈중요서류철의 문서종류〉

번호	문서종류	발급기관	기타
1	선교소(기관) 설립인가증	교구	신설할 때
2	단체등록 확인증	법인사무국	
3	법인설립허가증 법인사업자등록증 법인등기부등본(사본)	법인사무국	법인사무국자료실
4	매매 또는 임대계약서		
5	'등기필'이 찍힌 매매증서(사본)		원본은 법인사무국 송부
6	토지대장, 토지등기부 등본	시군구 관할 등기소	인수인계와 교정지도시에 새로 발급
7	건축물관리대장 건물등기부 등본	시군구 관할 등기소	인수인계와 교정지도시에 새로 발급
8	토지이용계획 확인원 지적도	시군구청	인수인계와 교정지도시에 새로 발급
9	각서 공증증서(인증서)		
10	고유번호증, 납세번호증	세무서	
11	인장대장		소정양식
12	재산운영근거자료 (고정자산매입허가 회의록 또는 공문사본, 대여 또는 차입관계 문건)		
13	인계인수서		소정양식

· 토지계획이용 확인원 · 지적도에 교당(기관)토지는 경계를 표시해 둔다.
· 색인목록을 만들어 기재하고 토지 또는 건물을 전세 또는 매수할 경우 반드시 등기부등본을 열람하여 근저당 등 제약조건이 있는지 확인한다.
· 개인명의 부동산(전답 등 농지)은 공증 절차를 갖추도록 대지 임야 등 이전 가능한 것은 법인 또는 단체 명의로 이전한다. 등기부 등본상의 지목은 종교용지로 전환한다.

(6) 재무관리

① 회계관리

㉮ 원불교 회계의 이해

원불교 회계의 목적은 합리적인 교단경영과 회계정보의 유용성 제고이다. 합리적인 교단경영으로 예산중심의 계획 있는 운영을 하고 장래의 운영방침 수립에 필요한 자료를 제공한다. 회계정보의 유용성 제고로 일정시점까지의 명백한 재무 상태를 파악하고 일정기간의 운영성과를 파악한다.

원불교 회계는 복식부기를 사용하며 비영리 회계로 교단 내 모든 회계에 적용한다. 교단에 속하는 각종 법인의 회계는 특별 법인을 설치한 국가법의 정한 바에 따라 할 수 있다. 복식부기는 단식부기와 달리 현금을 포함한 재산의 늘어나고 줄어듦을 중심으로 기재하는 부기 방식이다. 재산이 늘어났으면 어떠한 이유로 늘어났으며, 재산이 줄어들면 어떠한 이유로 줄어들었는지를 동시에 기록하도록 되어 있어 원인과 결과를 알 수 있도록 한다.

이와 같이 기록하게 되면 현재 우리 교당의 순수한 재산이 얼마나 되고 빚은 얼마인지 알 수 있다. 또한 어떠한 활동으로 재산이 늘어났는지 어떠한 활동으로 재산이 줄어들었는지도 한눈에 알 수 있다. 그리고 어떤 재산을 활용해서 빚을 갚아 나갈 수 있는가를 생각하는데 도움이 된다.

복식부기는 단식부기에 비해 좋은 점을 많이 가지고 있지만 복잡하기 때문에 과거에는 특별한 교육을 일정기간 동안 받아야만 사용할 수 있었다. 교단도 초창기(원기13년부터 원기38년까지)에는 복식부기를 사용하였고, 서울에 가서 부기를 배워오기도 했다. 그러나 요즘은 프로그램화된 복식부기(WonTIS 사용)를 컴퓨터를 활용하여 사용하기 때문에 전표작성만 잘 해준다면 어렵기는 하지만 복식부기의 좋은 점을 살릴 수 있게 되었다.

㉯ 예산관리의 원칙

· 예산편성은 연간 계획된 사업내용을 산출근거로 하여 편성한다.
· 모든 수입과 지출은 예산에 편입하여야 한다. 단 현물희사는 제외한다.
· 지출예산에는 일정액의 예비비를 계상하여야 한다. 일반적으로 유동적 지출합계의 10%로 한다.
· 교당 예산의 편성은 교화협의회에서 하고, 교당교의회의 의결을 거쳐 교감(주임)교무의 승인을 받아 확정한다.
· 교당의 교감(주임)교무는 매회계년도 개시 3개월 전까지 그 교당의 예산 편성요령을 정하여야 한다.
· 교정원장은 특히 필요하다고 인정되는 사항에 관하여는 예산 편성 요령을 정하여 매 회계연도 4개월 전까지 각 기관에 통보할 수 있다.
· 구체적인 사업계획에 바탕하여 계획 있게 예산을 집행한다.

· 원칙적으로 공의를 통해 예산의 추가경정이 이루어질 수 있도록 한다.
· 모든 회계 예산의 지출은 세출예산의 범위를 초과하거나 정한 목적 외에 이를 사용하지 못한다.
· 교당의 교감(주임)교무는 예산총칙의 정한 바에 따라 동일 관내의 항간 또는 목간에 예산의 과부족이 있을 때에는 상호 전용할 수 있다. 다만, 예산총칙에서 전용을 제한한 과목과 예산의 성립과정에서 삭감된 과목으로는 전용하지 못한다.
· 예비비의 사용여부에 관하여는 기관의 장이 정한다.

㉰ 거래등록의 원칙
· 수입을 거래등록과정 없이 바로 사용되는 것을 금지한다.
· 거래를 인식한 시점에 즉시 거래를 등록한다. (영수증일자와 전표일자가 서로 다를 수 있음)
· 현금시재는 최소한 주 1회 확인해야 한다.
· 일정목적의 기금도 교당회계에 통합하여 관리한다.
· 대체결의전표는 현금거래가 발생하면 사용할 수 없다.
· 현물희사는 대체결의전표를 사용하여 등록한다.
· 적요란에는 거래내용을 요령 있게 간단히 쓰도록 한다.
· 결의전표는 등록요령을 숙지한 후 등록한다. - 전산행정사용자교재참조
· 등록된 결의전표가 잘못된 경우 결재전이면 삭제 또는 반려 후 다시 등록하고, 결재 후이면 반제전표를 작성하여 처리한다.
· 매월 말에는 결의전표 마감에서 예비마감과 최종마감을 시킨다.
· 예금과 기금이 만기가 되는 경우 원금과 이자를 나누어 입금등록하며 원금과 이자를 다시 예탁하는 경우에는 원금은 대체등록을 이자는 입금등록 후 출금등록을 한다. (단, 이자분에 대한 세액은 선급법인세 처리하여 차기에 환급받는다.)

㉱ 거래장부의 관리 원칙
· 거래장부는 전산으로 영구 관리하는 것을 원칙으로 한다.
거래장부는 필요에 따라 출력할 수 있으나 비치하지 않으며, 사용 후 파쇄한다.

② 예산에 의한 재정운영

예산은 한정된 자원을 배분하고자 하는 의사결정과정이며 조직의 목표달성을 위한 계획을 수치로 표시한 것이다. 즉, 예산이란 조직의 업무를 효과적이고 효율적으로 수행하는데 필요한 자금을 조달하고 사용하는 데에 관한 의사결정 과정이라고 볼 수 있다.

예산은 다음과 같은 네 가지 특징을 갖고 있다.

· 예산은 일반적으로 화폐단위로 표시된다. 즉 자원을 배분함에 있어서 단위당 생산량과 같은 물적단위 보다는 구체적인 측정수단인 화폐금액으로 표시된다.
· 예산은 자원을 제공하고 받는 사람 사이의 공약을 나타낸다. 즉 예산에 따라 자원을 배분받는 사람은 특정한 예산목표를 달성해야 할 책임을 갖게 된다.
· 예산은 공식적인 승인절차가 필요하다. 즉 교당에서는 교화협의회에서 예산을 편성하고 교당교의회에서 의결을 한 후 교감(주임)교무의 승인을 받아 확정한다.
· 예산의 변경은 특별한 상황 아래서만 이루어져야 한다. 즉 책임 있는 권한자가 공식적으로 검토하여 승인한 후에 비로소 예산을 수정할 수 있다.

③ 증빙의 관리

· 증빙의 의미

증빙이란 회계상의 거래가 발생할 때, 해당 거래에 대한 원시 자료로써 작성되는 문서를 말한다. 증빙은 회계상의 거래 입증에 대한 객관적인 증거자 료로써 가장 원시적이고도 기본적인 서류이므로 작성 및 보관 시 상당한 주 의를 요한다.

· 증빙의 작성과 관리

증빙에 대한 작성 및 관리요령은 다음과 같다.

● 증빙은 그 종류별로 사전에 일련번호를 부여하여, 권한을 부여 받은 자만이 발행할 수 있도록 하여 분실을 예방할 수 있도록 한다.(예, 영수증, 세금계산서, 입금표 등)
● 현금이나 예금의 지출이 요구되는 증빙은 추후에 이중의 사용을 예방하기 위하여 지급완료시 해당 증빙상에 '지급필'인을 날인할 필요가 있다.
●수취하는 증빙은 수취인, 일자, 내역, 금액 등의 기재내용을 검토하여 증빙으로서 유효한 것인가를 점검한 후 이상이 없으면 결의전표 증빙철에 보관한다.
● 증빙을 발행하다 잘못된 경우에는 사전에 일련번호를 부여한 증빙 중 파손으로 인해 사용하지 못한 부분의 이유를 분명히 하기 위하여 잘 보관 하여야 한다.
● 외부에서 발행된 지출증빙의 입수가 곤란하거나 그 증빙을 첨부하지 못할 정당한 사유가 있는 경우에는 대체증빙을 구비하여야 한다.
● 중요한 증빙을 발행하는 경우에는 증빙의 부본을 보관하거나 증빙의 발행에 관한 보조부를 작성하는 것이 바람직하다.

● 증빙이 없는 경비, 예컨대 시내교통비, 경조사비 등은 대체증빙을 작성하여 결재를 받아 보관하여야 한다.

④ 운영성과의 분석

운영성과는 일정기간 동안의 운영차액을 통해서 파악할 수 있다. 운영차액은 운영수익에서 운영비용을 제하여 발생한다. 운영수익은 회계기간 동안 순수하게 발생된 내용을 나타내고 운영비용은 회계기간 동안 순수하게 지출된 내용을 말한다. 운영차액의 수치는 적자경영인지 흑자경영인지를 파악할 수 있도록 해준다. 수익의 비율과 비용의 비율을 통해서 적자경영의 원인을 발견하고 극복할 수 있는 길을 모색해 본다.

㉮ 수익의 비율

· 주 수익원의 비율을 살펴본다.
· 주 수익원이 안정된 형태의 수익인지 여부를 검토한다.
· 주 수익원이 안정화 되어 있지 못한 것은 조직경영에 큰 장애요소가 될 수 있다.
· 주 수익원이 현물희사에 의지하는 경우 사업시행에 장애요소가 될 수 있다.
· 당해연도의 수익은 차년도 사업을 위해 적립하고 운영기금을 통한 안정적 수입원을 형성해서 운영하는 것이 조직경영에 도움이 된다.

㉯ 비용의 비율

· 목적사업의 비용지출 비율이 높아야 한다.
· 사업목표에 부합되는 비용비율이 형성되었는지 여부는 조직경영에 있어 중요한 문제이다. 즉, 현 교당의 목표가 청소년교화의 부흥이라면 이에 부합되는 비용지출비율이 형성되어야 한다.
· 당해연도 사업은 계획된 사업 외에는 되도록 신규사업의 진행을 삼가며 불가피하게 신규사업을 진행하는 경우는 사업규모를 감안해서 집행하여야 전체적인 경영구조에 무리를 주지 않는다.

㉰ 운영차액과 경영

· 운영차액은 자산의 규모와는 관계하지 않고 일정기간의 경영상 수익과 비용의 출입을 중심으로 계산된다.
· 당월(당기)운영차액이 마이너스 수치로 형성되는 것을 적자경영이라 하고 플러스 수치로 형성되는 것을 흑자경영이라고 한다.
· 적자경영의 극복: 적자경영의 원인은 부채의 증가, 비용의 과잉지출, 안정된 수익원의 부재를 들 수 있다.

⑤ 교산관리

교산은 교당 소유의 동산과 부동산 유가증권 등 일체의 재산을 말한다. 교당의 교감(주임)교무는 교당에서 중요 교산을 취득할 때 취득 경위와 일자 및 금액 등을 교정원장에게 보고하여야 한다. 또한 교당의 교감(주임)교무는 재산을 취득할 때 소유권의 등기 또는 등록 등 기타 권리확보에 필요한 모든 절차를 이행하여야 한다.

㉮ 교산의 관리

· 각각 책임자를 두어 이를 관리하도록 한다.

· 교산을 훼손 또는 감손하거나 멸실한 경우 관리 책임자는 그 손해 상황을 교정원장에게 보고하여야 한다.

· 개인의 과실에 의한 손실은 본인이 변상하여야 한다.

· 교당에서의 교산의 처리는 교당교의회에서 절차를 밟아 행할 수 있다.

㉯ 교당의 자금관리

· 금융기관을 통하여 이루어져야 한다.

· 자금을 차입할 경우 교당교의회의 의결을 얻어야 한다.

· 교당의 자금은 교도나 개인에게 대여할 수 없다. 다만 교단내의 거래는 교당교의회의 의결을 얻어야 한다.

· 유가증권 중 주식 등 투기성 투자를 금한다.

㉰ 회계상의 재산관리의 원칙

· 현금시재의 관리와 통장, 인감 관리를 철저히 한다.

· 재산변동과 이와 관계된 근거를 빠짐없이 관리한다.

· 공의를 통해서만 고정자산을 매입 또는 처분할 수 있다. (근거확보)

· 공의를 통해서만 자금의 대여 또는 차입을 할 수 있다. (근거확보)

(7) 시설 관리

교당에서는 건물과 그 안에 있는 비품 집기 등을 안전하게 유지 보수하며 관리를 하여야 한다. 시설에 있어서는 미리 대비하고 관리하는 것만큼 중요한 것은 없다. 전기, 수도, 화재 등에 대해서는 평소에 안전 확인 점검을 수시로 한다.

① 건물관리

· 건축설계도면을 반드시 보관한다.

· 신축 후 3년에 한차례 씩 전문가의 종합점검을 의뢰하고 건물의 보수공사는 수시로 한다.

· 건물관리의 일지를 쓰고 보관한다.

· 건물관리의 책임자를 따로 둔다.(재무관리분과에서 관리)

· 안전 확인 점검을 정기적으로 한다.(전기, 가스, 석유, 건물이나 기타 위험물)
· 화재 보험에 가입한다.

② 비품 및 집기관리
· 비품 및 집기대장을 두고 기록한다.
· 1년에 한차례 씩 소모 및 폐기용품을 정리하고 수리 수선한다.
· 비품 및 집기는 용도에 따라 적절히 분류 보관하고 표지를 붙여 찾기 쉽게 한다.

③ 전기관리
· 1년에 한차례 이상 정기적으로 누전 유무를 검사한다.
· 전기 기구는 습기가 없고 통풍이 잘되며 열과 가스 등의 영향을 받지 않는 곳에 설치한다.
· 전기는 규정용량 이상을 사용하지 않도록 한다.
· 안정기에는 반드시 규격용량의 휴즈를 사용한다.
· 정전시나 사용하지 않는 전기는 반드시 스위치를 끄고 절전을 유념한다.

④ 수도관리
· 물을 아껴 쓰고 누수가 없도록 한다.
· 겨울철 보온을 철저히 한다.
· 물 저장 탱크를 준비하여 비상시의 물을 비축하도록 한다.
· 하수구는 늘 깨끗이 관리한다.

⑤ 방화관리
· 불을 사용한 후 반드시 담당자가 최후 확인을 한다.
· 불을 사용하는 곳의 주변에는 가연성물질(가스나 기름종이 마른나무 헝겊 등)을 가까이 두지 않는다.
· 난방기구의 사용 시 반드시 불을 끄고 급유하며 외부의 충격에 넘어지지 않도록 한다.
· 소화기를 비치하고 규정기간(1년)에 한번 씩 점검하며 사용요령을 숙지한다.
· 화재 예방을 위해 건물에 경보기를 설치하고 규정기간(1년)에 한번 씩 점검한다.

(8) 교금 납부 및 법인 관리

교금은 각 교당의 급지에 따라 의식수입금에서 일정한 비율로 발생하며 교정원에 납부한다. 교금의 납부와 교당에 관련된 법인 업무처리에 대해 다음에서 정리하고자 한다.

① 교금납부

각 교당에서의 교금은 급지에 따라 의식수입금에서 일정한 비율로 교정원에 납부한다. 의식수입금은 가례, 교례의 의식기념금과 모든 기도헌공금의 수입이다. 단, 보은기도금은 유지 보은금에 해당된다.

당월교금은 전월의식수입금을 대상으로 산정한다.

교금요율은 다음과 같다.

<교당의 급지와 교금 요율>

번호	교당의 급지	교금요율
1	특급지 · 1급지	35%
2	2급지	30%
3	3급지	25%
4	4급지	15%
5	5급지	8%
6	선교소	3%

교금은 매월 말 WonTIS에서 월마감처리를 통해 자동 신고한다.

당월교금은 당월말까지 납부하며 납부한 시점에 결의전표를 등록한다. 송금 시 금융기관을 통하여 교당이름으로 한다.

② 법인관리

㉮ 법인의 이해

법인(法人)이라 함은 자연인(自然人) 이외의 것으로서 법인격(권리능력)이 인정된 것, 즉 권리 의무의 주체가 된 것을 말한다. 권리와 의무의 주체가 될 수 있는 것은 자연인과 법인이 있는데 자연인은 생존기간만 그 주체가 존속되지만 법인은 법률과 정관이 정하는 목적의 범위 내에서 영구히 존속되며, 청산 종료등기를 함으로써 종료된다.

법인은 그 결합체의 내용으로 보아 사단법인(社團法人)과 재단법인(財團法

人)으로 구분한다. 사단법인은 일정한 목적을 위하여 결합한 사람의 집단이며, 재단법인은 일정한 목적을 위하여 결합된 재산의 집합 또는 일정한 목적을 위하여 바쳐진 재산을 개인에 귀속시키지 않고 독립된 별개의 실체로 운영하기 위하여 법률상 권리 능력을 부여받아 성립된 법인을 말한다.

법인은 그 목적에 따라 영리성의 유무를 기준으로 비영리법인과 영리법인으로 구분한다. 비영리법인은 민법이나 특별법에 의하여 설립되고 영리법인은 상법규정에 의하여 성립되는 회사를 의미한다.

㈏ 법인관련 업무처리 시 유의사항

현재 교당이나 교당 소속 유치원, 어린이집 등은 재단법인 원불교로 되어있다. 교당에서 법인관련 업무처리 시 필요한 사항에 대해서 정리하고자 한다.

· 법인 이사장의 인감 날인이 필요한 경우에는 다음과 같이 한다.
 – 소정 양식을 미리 구비하여 내용을 정확히 기재한다.
 – 이사장 결재를 요망, 표지공문을 작성하여 교당 직인을 찍어 첨부한다.
 – 중요한 사항(재산 대체, 건축 등)은 사전에 이사장(교정원장)에게 품의한다.
· 재산을 취득, 처분, 대체하고자 할 때는 법인의 실무자와 사전에 협의한다.
· 모든 은행거래는 금융실명제 법에 맞도록 원불교 ㅇㅇ교당, ㅇㅇ원광 어린이집 등 교당 기관의 공식 명칭이나, 단체는 임의단체로 등록하거나, 세무서에서 고유번호를 부여받아 통장을 개설하여 거래한다.
· 건물을 신축 또는 증축하고자 할 때에는 건축계획서와 설계도를 첨부하여 사전에 심의를 받도록 한다.(교당 건축 심의규칙, 교령 제40호 참조) 건물 용도를 종교시설, 법당 또는 교역자 생활관으로 기재하여 건축법이나 세제상 유리한 방법으로 한다.(취득세 및 등록세는 면제 및 택지상한제 대상 제외)
· 재산 취득 후 3년 이내에 교화목적에 사용하지 않거나 5년 이내에 처분할 경우에는 취득세 추징과 재산세 중과세를 납부해야 하기 때문에 교당 신축부지와 임대해준 건물은 특히 유의해야 한다.
· 미등기 또는 개인 명의로 된 재산은 반드시 법인이나 등록단체 명의로 등기 수속한다. 개인 명의로 된 재산은 반드시 각서를 받아 보존한다.
· 법인(재단법인 원불교) 사업자등록 번호로 물품을 구입하였을 경우에는 세금계산서(공급받는자 보관)를 즉시 법인 사무국으로 제출하여야 한다.
· 부동산 임대사업을 하는 경우에는 반드시 미리 법인 사무국과 협의를 거치도록 한다.
· 기부금 손금처리(갑근세 연말정산, 종합소득세 신고시)를 위하여 기부금 영수증을 발급할 경우에는 기일의 여유를 갖고 신청한다.

· 택지가 주거면적의 4배를 초과하면 택지 초과 부담금 징수 대상이 되므로 교당의 용지 지목은 종교용지로 지목을 변경하여 불이익이 없도록 한다.
· 교당의 비업무용 토지(목적사업을 하고 있지 않은 토지)에 적용되는 종합토지세(3년마다 부과)는 1995년 12월 30일 이전에 취득한 토지에 한하여 분리 과세 되며 세율은 1/1,000이다. 그 이후에 취득한 비업무용 토지는 종합합산(누진과세) 된다.
· 재산처분 후에는 특별부가세(양도소득세) 신고에 따른 처분계약서와 취득 당시 계약서, 신 · 구토지대장과 건축물관리대장, 공시지가확인서를 다음해 1월말까지 법인사무국으로 보낸다.

〈참고문헌〉

[단행본]
교화연구소, 『교화지침서』, 교화부, 1991.
김영종, 『현대교회 행정학』, 무림서원, 1991.
김일상 · 오도철, 『재가교역자 교육교재』, 교화훈련부, 1996.
박명덕, 『원불교 회계실무』, 정보전산실, 2005.
서경전, 『교화학』, 원광대학교출판국, 1991.
성도종 · 오도철, 『교당운영론』, 원불교교화연구소, 1999.
이창순, 『조직』, 박영사, 1998.
정재욱 편저, 『지방자치행정 실무관리론』, 1999.
총무부, 『헌규집』

[논문류]
박종주, 「원불교 교단행정 이념에 관한 일고찰」, 『원불교사상』 3집, 1979.
서경전, 「21세기 교당형태에 관한 연구」, 『21세기와 원불교』, 원불교사상연구원, 2002.
심대섭, 「지역사회중심교화의 문제」, 1997.
안 훈, 「원불교 교화단조직과 개신교 구역조직의 비교연구」, 『정신개벽』 제14집, 신룡교학회, 1995.
______, 「교당 조직체계를 통한 재가교역자 활용방안」, 『원불교사상』 21집, 원불교사상연구원, 1997.
한충호, 「교당조직과 교화의 연계에 관한 연구」, 원광대학교대학원, 1994.

제4부 현장교화와 설교

제 1장 원불교 설교의 정의와 목적

1. 원불교 설교의 정의

설교란 전법자가 자신이 믿는 종교의 진리를 말로써 전달하는 행위 이다. 사전적 의미는 "교리(敎理) · 종지(宗旨)를 사람들에게 전하거나 신도들에게 가르치기 위하여 경전(經典) 등을 풀어 이야기하는 행위로써, 남에게 무엇을 설득시키려고 여러 말로 타일러 가르침, 또는 그 가르침"을 말한다.

가톨릭에서는 강론(講論), 불교에서는 설법(說法) · 설계(說戒) · 설경(說經)이라고 한다. 설교란, 주로 프로테스탄트 쪽에서 쓰는 말이며 각 종교마다 용어가 다른데, 가톨릭에서는 예배(미사)가 제의(祭儀) 중심이어서 설교에 중점을 두지 않는 데 반하여 프로테스탄트에서는 설교를 가장 중요시한다.

설교에 대한 정의는 설교자가 설교의 방향과 그 사명을 바르게 이해하는데 필요한 요소이기 때문에 중요하다.

기독교에서는 설교를 "오늘의 시대를 살아가는 사람들과 다른 언어, 다른 시대 그리고 다른 문화 속에서 쓰여 진 하나님의 말씀 사이에 만남을 가져오는 작업"이라고 한다. 영국의 유명한 설교가 존 스토트(John Stott)는 설교를 "다리놓기(Bride-building)"라고 규정하였다.

불교에서는 "일체 보시의 법을 설하며 모든 선법을 설하는 것"으로서 "중생들이 악도에서 받는 고통이 큰 것을 보고 악도에 떨어지지 않도록 여래의 보장이 각각의 몸 안에 있음을 알아서 지혜를 밝히도록 불(佛)의 법을 설하는 것"으로 설명한다.

원불교에서는 설교와 설법(법설) 그리고 강연과 경강이 유사한 개념으로 사용되어왔는데, 원불교의 설교는 "자격을 갖춘 교역자가 위를 갖추어 청중으로 하여금 일원의 진리를 믿고 배우고 몸으로 실행하고 마음으로 증득하여 광대하고 원만한 종교의 신자가 되도록 법을 설하는 것"으로 규정할 수 있다.

2. 일반설교와 원불교 설교의 차이점

기독교의 설교는 의인화된 하나님과 예수의 말씀이 설교의 핵심이다. 그래서 설교자는 하나님의 말씀이 청중과 만남이 이루어지도록 "다리 놓기"를 주목적으로 한다. 기독교 설교는 성경이 절대적인 권위를 가지고 있으며, 이 성경을 벗어난 설교를 금기시한다. 이는 설교자로 하여금 성경에 대한 깊은 통찰과 기도의 능력이 주요 개발능력을 요구하게 된다.

한국불교는 설교(설법) 중심 보다는 예불과 출가승 중심의 구조를 가지고 있으나 최근에는 대중불교를 표방하고 정례법회를 개설하여 설교를 활성화시키고 있다. 설교는 불법승(佛法僧) 삼보에 귀의케 하며, 석가모니의 말씀뿐만 아니라 조사들의 어록들이 주로 소개되는 형태의 설교가 이루어지고 있다.

원불교의 설교는 일방적인 믿음의 강조나 건물의 장엄, 의식의 장엄, 성가대를 비롯한 분위기 등에서 타종교 설교보다는 가족적인 분위기속에 생활화, 대중화 하려는 대화체의 설교형태를 가지고 있다. 그래서 어느 종교보다 원불교의 설교는 설교자의 교리에 대한 깊은 이해뿐만 아니라 깨달음과 실천이 요청된다.

3. 설교의 목적

설교의 목적은 "당신은 왜 이 설교를 하고 있는가?"에 대한 대답이다. 즉 설교의 목적이란 설교를 행한 결과로서 듣는 사람에게 어떤 변화가 일어나기를 바라는지를 말해주는 것이다. 그래서 설교학자 에드워즈(O. C. Edwards)는 "설교는 단순한 사상을 전달하는 것이 아니고, 우리를 변화시켜주는 말씀을 전달하는 것"이라고 하였다. 그러므로 지혜로운 설교자는 설교를 준비하는 전 과정을 통하여 "왜 이 설교를 하는가?" 라는 질문을 계속해서 던져야 한다. 특히 오늘날의 설교는 듣는 청중을 수동적인 청취자가 아닌 설교의 목적을 함께 도달해가는 동반자로 규정함으로써 설교의 목적은 분명해야 한다.

설교의 목적이 분명하면

첫째, 청중을 서론에서부터 관심을 집중시킬 수 있다.

둘째, 설교의 본문을 명료하게 구성하여 청중들의 마음에 스며들게 할 수 있다.

셋째, 설교의 자료를 효과적으로 배분할 수 있다.

넷째, 설교의 적용을 보다 구체적으로 할 수 있게 만들어준다.

4. 교화와 설교

설교는 사람을 깨우며, 그들을 역동적으로 변화시키기 때문에 교화성장에 절대적 영향력을 발휘한다. 즉 설교의 좋고 나쁨에 따라 교화가 성장할 수도 있고 성장이

안 될 수도 있다. 그래서 설교와 교화성장의 관계는 뗄 수 없는 불가분의 관계다. 왜냐하면 설교는 교화의 수단 가운데 가장 핵심적인 것으로 교화의 목적을 달성하는 데에 가장 직접적이며 종교적인 수단이기 때문이다.(정순일, 1993)

설교가 포사이드는 "기독교의 성쇠는 설교에 달려있다. 교회는 설교와 함께 흥하고 설교와 함께 망한다."고 하여 모든 사역의 핵심이요 꽃으로 여겼다. 교회진단의 전문가인 라일 살러 박사도 교회성장을 가져오는 요인 중에서 가장 중요한 요소가 훌륭한 설교라고 지적한 바 있다. 마찬가지로 원불교 교도들의 설문에서도 교무의 과업에서 가장 중요하게 생각하는 것은 설교라고 응답하고 있다.

이와 같이 원불교 예회의 중심은 설교일 수밖에 없고 그에 대한 교도들의 기대치는 날로 증가하고 있다. 교도들이 교무의 역할 중에서 가장 중요하게 기대하고 있는 것은 '좋은 설교'에 대한 것으로써 설교를 소홀히 하면서 교화성장을 기대할 수는 없다.

제 2장 설교의 기능

1. 선포적 기능

설교의 선포적 기능이란 설교자가 자기가 믿고 있는 신앙심을 주체성으로 확립한 신념을 중심으로 청중들에게 선언하고 포양하는 직설적 설교의 방법을 통하여 나타나는 기능을 말한다.(서경전,1998)

원불교의 설교는 첫째, 원불교의 개교동기가 선포되어야 한다. 파란고해의 일체생령을 광대 무량한 낙원으로 인도하고자 함이 선포되어야한다. 둘째, 일원상의 진리가 선포되어야 한다. 셋째, 소태산 대종사를 후천개벽의 주세불이요 집군성이대성(集群聖而大成)임을 선포해야 한다. 넷째, 처처불상 사사불공의 사은신앙 즉 원만한 신앙이 선포되어야 한다. 다섯째, 무시선 무처선의 원만한 수행법이 선포되어야 한다.

2. 교훈적 기능

설교의 교훈적 기능은 교리와 교법을 해석하고 설명함으로써 교훈을 얻고 감동을 얻어서 발심을 강화하도록 설득하는 설교를 말한다. 이 설교는 언제나 필요성의 강화 즉 동기부여가 충분히 되어야 하며, 흥미의 유발이 있어야 한다. 그렇지 않으면 듣는 청중에게 흥미를 주지 못하고 부담을 주는 윤리도덕적인 설교로 흘러가기 쉽기 때문이다. 그러므로 적절한 예화와 함께 관심을 불러일으키고 흥미를 돋우어 가면서 진리를 가르쳐 주어야 한다.

3. 치유적 기능

설교의 치유적 기능은 생로병사의 역경과 고해에서 불안해하고 있는 운명의 인간들을 불안을 극복하고 안심입명 하도록 하는 것이다. 소태산 대종사는 세상의 병맥으로 돈의 병, 원망의 병, 의뢰의 병, 배울 줄 모르는 병, 가르칠 줄 모르는 병을 진단하였다. 치유는 한 인간의 삶 속에서 병든 생활의 조건, 정신적인 문제, 정서적인 결핍 그리고 종교적인 방황으로부터 극복, 즉 변화를 가져오는 것이다. 과학문명이 발달할수록 인간들의 불안은 가중해질 수밖에 없는데 설교는 개인뿐만 아니라 가정 사회 국가 나아가 일체생령의 생명뿐만 아니라 그 사후까지 치유의 역할을 해야 한다.

4. 예언적 기능

설교의 예언적 기능은 교도들이 살고 있는 역사적 · 사회적 · 정치적 · 경제적 · 문화적 상황을 중심으로 그와 같은 상황을 신앙적 차원에서 진단하고, 비판함으로써 무엇이 의로움이고 무엇이 불의인가를 밝힘으로써 사필귀정이요 정의필승이며, 부정과 불의는 반드시 멸망한다는 것을 교법으로 조명하고 그 길을 바르게 걷도록 인도하는 것을 말한다.(서경전, 1998)

설교자와 교도들이 처한 정치적 · 경제적 · 사회적 · 문화적 상황은 곧 설교학적 상황이 되어 그에 대한 분석과 진단을 통해 교법으로 그 해결책과 방향성을 제시하여 개인뿐만 아니라 사회를 광대 무량한 낙원으로 인도하는 역할을 해야 한다.

제 3장 설교자의 사명과 자세

1. 설교자의 사명

설교자는 청중에게 메시지를 전하는 일을 하는 사람들 가운데 가장 성스럽고 책임있는 존재이다. 그것은 정치나 다른 영리를 목적으로 하는 직업과는 달리 많은 사람들의 영혼의 문제를 다루며 정신적 변화와 수도의 길을 인도하는 책임을 지닌 자이기 때문이다.(정순일, 1993)

확고한 소명 의식이 없는 설교자는 확고한 사명을 가지고 그 역할을 다할 수 없기 때문에 설교자로서 자신의 정체성을 바로 세우는 것은 중요할 수밖에 없다.

1) 사자(使者)다.

좌산 종사는 "설교자는 진리의 사자(使者)요, 대종사의 사자(使者)요, 삼세제불제성의 사자(使者)다."고 하였다. 교무에게 가장 근원적이고 일차적인 책무는 전법의 임무다. 전법의 주된 통로는 설교를 통해 이루어진다. 교무는 일원의 진리를 믿고 깨달아 전하는 전법의 소임을 부여받은 사람이다. 그래서 일원의 진리를 선포하며, 파란고해의 일체생령을 구원하고자 한 대종사의 대행자며, 제불제성들을 대행하여 그 대자대비를 구현하는 선택된 사명자이다. 그러므로 설교의 책무는 교단으로부터 부여받은 소명이며, 누군가 대신하게 해서는 안 된다.

2) 목자(牧者)다.

좌산 종사는 "설교자는 일체생령의 목자(牧者)요 안내자이다."고 하였다. 파란고해의 일체생령을 광대 무량한 낙원으로 인도하는 소명을 부여받은 교무는 설교를 통해 이 임무를 수행하게 된다. 괴로움의 바다와 불붙는 집에서 고통 받는 중생들을 낙원의 세계로 인도하는 목자다. 불보살들은 모든 중생에게 큰 희망을 열어 줄 원력을 세우고 세세생생 끊임없이 노력하듯이 설교자 또한 치유자이며 그 희망을 열어주는 목자며 안내자다.

2. 설교자의 자세

가장 감동적인 설교는 설교자의 삶으로 말하는 것이다. 설교자의 올바른 종교생활과 품성은 청중에게 가장 강력한 설득력을 발휘한다. 이와 같은 감화력은 전문적인 훈련과 지속적인 공부를 통해서 형성되는 것이기 때문에 중요한 삶의 이정표이다. 그래서 설교자의 신앙, 수행, 서원, 봉공, 준비는 기본자세가 된다고 좌산 종사는 말한다.

1) 신앙의 모범이 되어야 한다.

신앙의 대상인 법신불 일원상을 간절히 모시고 일원의 위력을 체험하고 증거할 수 있는 신앙인이어야 한다. 알뜰히 모시고 받들며 진정으로 심신상연(心身相連)하고, 감사하는 자세가 체질화될 수 있도록 처처불상 사사불공의 신앙생활을 해야 한다. 설교자는 청중에게 신앙의 표상이 되기 때문이며, 믿음의 깊이만큼 청중에게 신앙을 인도할 수 있기 때문이다.

2) 수행의 모범이 되어야 한다.

일원상의 진리를 신앙하는 동시에 수행함으로써 일원의 체성에 합일하고자 하는 정진적공의 수행인이 되어야 한다. 골똘한 구도자적 자세로 때와 곳을 가리지 않으며 늘 배우고 연마하여 정진하는 생활이 일상화된 무시선 무시선의 수행이 있어야 한다. 교법의 체득과 실천능력은 깊은 수행을 통해서 이루어진다. 설교자의 언어와 행동과 마음가짐, 인격 등은 설교의 전달과 청중들의 신뢰를 형성하는데 중대한 영향을 미치기 때문에 설교자의 모범적 수행이 요청된다.

3) 서원에 충만 되어야 한다.

파란고해의 일체생령을 광대무량한 낙원으로 인도하고자 하는 열정이 충만되어야 한다. 전법사도로서 소명의식이 철저하여 일체생령을 구원하겠다는 서원으로 충만되어야 한다. 확고부동하고 충만한 서원이 설교자에게 예언자적인 용기와 남들은 알지 못하는 책임감 속에서 설교를 준비하고 선포하게 하여 설교자로의 만족과 행복한 삶을 살게 한다.

4) 연구자가 되어야 한다.

설교의 원천은 교전이다. 그러므로 설교자는 철저하게 교전을 연마해야 한다. 설교자가 청중들보다 앞설 수 있는 것은 교전의 전문가이기 때문이다. 설교자는 교전에 대한 연구와 바른 교학적 사고를 위해 기타 경전과 참고 서적을 연구하지 않으면 안 된다. 뿐만 아니라 문학과 역사, 경영학, 커뮤니케이션 이론 등에 대해서도 연구해야 한다. 편협한 사고를 벗어나기 위해 시대, 문화, 사회적 변화에 대해서도 민감한 시대의 해석자도 되어야 한다. 그래야 교법의 역사적 상황에 대하여 구체적 삶의 현실로 대응할 수 있고, 청중의 필요를 채워줄 수 있다.

5) 무아봉공의 삶이어야 한다.

설교자는 자아의 실현과 완성을 공도를 통해 구현하는 사람이다. 정산종사는 "대중의 마음은 마침내 덕 있는 이를 따르고, 하늘 뜻은 마침내 사 없는 이에게 돌아간다."고 하였다. 설교자의 헌신적인 무아봉공은 청중들에게 깊은 신뢰와 존경을 받게 되며, 이런 삶은 설교에 공감대 형성과 힘을 불어넣게 된다.

제 4장 설교와 커뮤니케이션

1. 들리는 설교

설교는 설교자와 청중이 있음으로써 이루어진다. 이때 설교자는 청중이 자신의 설교를 잘 들어주기를 기대하며, 청중은 들리는 설교를 듣고자 한다. 귀에 들어오는 설교는 남는다. 들리는 설교는 그들의 생활 속에서 살아있게 된다. 그것이 그 사람의 생각을 바꾸고 그 사람의 생활 패턴을 바꾸어 변화가 일어난다. 이와 같이 들리고 남고 기억나고 변화를 주는 설교는 결국 다시 듣고 싶은 충동을 일으키면서 기대감을 갖게 된다. 그 기대감이 교당을 향하게 함으로써 설교자와 청중이 함께 성장을 하는 것이다.

들리는 설교를 하기 위해서는 청중에 대한 바른 이해가 필요하다. 청중은 선택적 수용을 하게 된다. 자기에게 필요한 부분은 수용하지만, 그렇지 않은 경우는 버리게 된다. 나의 설교가 다양한 삶의 상황을 가진 청중들에게 어떻게 들려질 것인가 늘 관심을 가져야 한다. 참고로 매슬로(Abraham H. Maslow)는 인간의 욕구단계로 육체적인 욕구, 안정에 대한 욕구, 소속의 욕구, 자기존중의 욕구, 자아실현의 욕구, 지식에 대한 욕구, 아름다움에 대한 욕구 등을 제시하였다.

2. 효과적인 설교 커뮤니케이션의 방법

1) 대중 연설가가 되려고 하지 말고 의사 전달자가 되어야 한다.

설교자는 연설가가 아니라 전달자이다. 연설가는 내가 가지고 있는 것에 관심을 가지지만 전달자는 청중이 필요로 하는 것에 관심을 가진다.

2) 자신이 말하는 것을 굳게 믿어라.

확신과 열정이 있는 설교가 사람을 구원시키고 변화시킨다. 비록 설교의 내용이 지루하고 심각한 것일지라도 확신과 열정을 가지고 전달하면 사람들은 감동하게 된다. 많은 경우, 메시지는 메신저에 의해 좌우된다. 어떤 내용이냐 보다는 어떤 사람이 전하느냐에 따라 결과가 달라진다.

3) 설교하는 대상인 청중을 믿어라.

효과적인 커뮤니케이터는 청중을 기대하고 존경하고 받아준다. 청중을 우습게 생각하는 사람은 우습게 여김을 받게 된다. 진실로 사랑하는 마음으로 나의 가장 좋은 것을 전달하겠다는 의지가 있어야 교도들의 가장 좋은 반응을 받을 수 있다.

4) 설교대로 살아야 한다.

설교의 목적은 삶의 변화이다. 변화는 먼저 변화된 자에 의해서 일어난다. 설교자는 진실성 즉, 신뢰성이 가장 중요하다. 교도들은 설교자가 믿을만한 사람인가를 따진다. 그러므로 설교는 알고 느끼고 행하는 설교가 되어야 한다. 설교의 자료와 내용은 빌릴 수 있지만 인격과 생활은 빌릴 수 없다. 우리가 살아가는 모습은 우리의 말하는 것을 앞선다.

5) 타이밍을 잘 맞춰야 한다.

아무리 좋은 내용일지라도 청중의 필요한 반응과 분위기에 따라 시간을 잘 맞추어 전하는 것이 중요하다. 오케스트라의 심벌즈는 얼마나 오래 연주하느냐보다 언제 때려주느냐가 훨씬 더 중요하다. 설교도 마찬가지다. 자신이 준비한대로만 고집하지 말고 상황과 반응에 따라 순발력을 가지고 바꿀 수 있어야 한다. 효과적인 커뮤니케이션을 위해서는 어떠한 이미지보다도 임팩트, 즉 창조적인 충격이 더 중요하다.

6) 어떻게 말할 것인가 알아야 한다.

같은 내용이라도 표현에 따라 무미건조할 수도, 충격적일 수도 있다. 효과적인 설교를 위해서는 쉽게 잊어버리지 않고 기억할 수 있도록 창조적인 언어로 말해야 한다. 설교자가 말하기 전에 이미 예견할 수 있는 표현이라면 그 미치는 영향은 약할 수밖에 없다.

7) 왜 설교를 하는지 그 이유와 목적을 알아야 한다.

아무리 위대한 진리라고 해도 아무런 목적의식 없이 외치기만 한다면 그 설교는 책임 없는 씨앗의 뿌림이다. 아더 알렌(Arthur Allen)은 "설교의 목적이란 표적된 진리를 더욱 분명하게 하여 요구되는 임무를 더욱 절실하게 한다. 그리고 듣는 사람들을 더욱 계발시키며 기본적인 양심을 불러일으키고 가슴을 두드려 메시지를 받아들이게 한다."고 하였다. 그러므로 이유와 목적이 분명할수록 청중의 삶에 적용이 가능한 설교가 된다.

8) 설교를 즐겨야 한다.

무슨 일이든지 잘하는 사람의 특징은 그 일을 즐긴다. 설교자가 먼저 재미를 느끼고 은혜가 있어야 교도들이 재미있어 하고 은혜를 받을 수 있다.

9) 눈으로 보는 설교를 하라. 사람들은 보는 것을 더 잘 느낀다.

얼굴의 표정, 음성, 제스처 등을 이용하여 설교내용을 이해할 수 있게 해야 한다.

10) 사람들이 소유하고 실천하는 설교를 하라.

효과적인 설교는 설교자뿐만 아니라 교도들까지도 스스로 "나의 설교"라는 소유의식을 가지게 해야 한다. 깨닫는 것이 없으면 움직이지 않는다.(명성훈, 2001)

제 5장 설교의 형태

설교는 음식을 담아내는 그릇과 같다. 설교의 구조는 설교의 효율성을 증대하고 설교의 힘을 전달한다. 그러므로 설교의 효과적 전달을 위해서는 한 가지 형태에 고착된 설교가 아니라 다양한 형식이 필요하다. 세대와 문화, 집단에 따라 설득적이고 합당한 방법으로 전달하기 위해서 설교의 형태는 고찰되어야 한다.

1. 설교의 기본 유형

1) 본문설교

본문을 먼저 선택하고 그 본문을 깊이 연마하면서 대지(大旨)와 소지(小旨)를 도출하고 그 내용을 적용할 상황을 찾아 적용하는 형태의 설교다.

본문 설교는 구조의 자연성을 가지고 있다. 본문에 의해서 이미 대지까지 준비되어 있다. 그래서 본문설교 기본적인 틀은 언제나 본문과 주제를 갖추어야 하며, 메시지의 내용과 성격에 있어서 본문만을 중심으로 한다.(정장복, 2001)

원불교에서 행해지는 경강설교도 본문설교의 범주에 속한다. 본문설교의 장점은 무엇보다도 설교자가 우선적으로 본문의 연구에 집중함으로써 설교자의 개인적인 사상과 경험을 들려주는 잡다한 수식의 필요가 대폭 삭감될 수 있으며, 청중이 정확한 메시지를 받을 뿐만 아니라 좀 더 깊이 있는 경전 지식을 전수받을 수 있다는 점이다.

반면에 주의를 기울여야 할 문제점은 설교자의 취향과 지식의 정도에 따라 국한이 되며, 청중에게 편협하고 제한된 지식을 전달하여 진리를 왜곡하고, 설교자가 자신의 사상과 주장을 전개하는 데 필요한 본문을 선택하여 자기 합리화의 도구로 삼을 위험도 있다.

2) 주제설교(제목설교)

주제설교(제목설교)는 설교자들에게 가장 보편적으로 사용되는 설교의 유형으로 삶의 장에서 발견되어진 주제를 선택하여 구상하는 설교형태다. 주제가 선택되면 제목을 설정하고 제목중심으로 설교를 구상하는 형태다.

이 설교는 말하고자 하는 주제를 위하여 수집된 자료와 함께 논리적인 전개를 펼쳐 나가는 현대적 감각을 수반하기 때문에 공감을 쉽게 얻을 수 있다. 주제설교의 장점은 설교의 구상이나 구성의 범위가 자유롭고, 설교의 주안점(대지)을 열거함에 있어서 통일성을 유지할 수 있다. 또한 상황에 대한 분석능력과 대지를 선정할 때 선택의 폭과 구성에 자유롭기 때문에 설교의 분석 능력과 창작능력을 발달케 한다.

주제설교의 주의할 점은 경전이나 교법에 근거한 전달이라기보다는 자신의 사상과 지식과 정보를 이용하여 자기식의 설교를 하는 것이다. 따라서 주제의 근원이 비록 설교자의 개인적인 생각이나 청중의 삶의 장이라 하더라도 그 주제를 제어할 있는 본문과의 연관을 가져야 한다. 그리고 대지별로 주제가 전개될 때 주제와의 통일성을 기해야 한다.

3) 상황설교

설교의 착상을 인간의 삶이나 사회적 매체를 통해서 하는 방식이다. 이 설교는 상황을 먼저 선정하고, 그 상황에 필요한 법문을 선택한 다음, 그 선택된 법문으로 문제를 분석하고 그 해결책을 제시하는 형태의 설교다.

상황설교는 청중의 아픔과 시대적 상황 등에 능동적으로 대응할 수 있고, 그 자리에 있는 청중들에게 치유의 능력을 발휘하게 한다. 또한 교법으로 그 상황을 진단하고 문제를 해결해주는 역할을 하기 때문에 청중으로 하여금 적극적인 청취를 하게 한다. 반면에 교법에 대한 충분한 지식과 체험이 없으면 교법에 어긋난 논리를 전개하여 설교자 개인의 관심사나 능력이 대중을 편협하게 할 수 있다.

2. 설교 전개의 다양한 형태들

1) 대지설교

설교의 주제 또는 분문에서 얻어진 착상들을 중심으로 자신의 시각과 언어로 3-4개 정도의 대지를 설정하여 그 대지에 따라 설교를 전개하는 형식이다.

2) 서사설교

어떤 일을 이야기 식으로 나타내거나 서술하는 것으로 설화체 설교와 이야기체 설교로 분류할 수 있다. 설화체 설교는 유진 라우리(Eurene L. Lowry)의 설교 방법론을 주축으로 하는 방법으로 모순의 제기, 갈등의 심화, 문제의 해결이 제시하는 전환, 그리고 확인단계의 구상단계를 갖춘 설교의 형태다. 이야기체 설교는 시간, 인물의 성격, 배경, 본문의 분위기와 어조, 문학적 표현을 통해 본문의 내용을 재구성하여 들려주는 방식으로 장면을 효과적으로 활용하는 이야기 설교를 말한다. 그러나 실지 설교에서는 구분하기 쉽지 않기 때문에 서사설교로 통칭한다. 인간의 삶은 하나의 이야기라는 전제에서 출발한 서사설교는 사건에 대한 깊은 통찰이 있어야 하고, 창의력과 상상력이 풍부해야 한다.

3) 인물설교

설교의 본문이나 주제가 인물이 되었을 경우에 필요하다. 인적 사항을 통하여 그

인물이 어떤 사람인지를 밝히고 그 인물이 살았던 시대적 배경과 업적을 통해서 교훈을 전달하는 형태이다.

4) 예화설교

예화에 자신의 생각을 첨가하고 교전의 본문을 연관시키면서 행하는 형태다. 그러나 예화설교는 교법적 통찰이 부족하기 때문에 청중에 따라 연마되어야 한다.

5) 대화설교

두 세 사람이 설교자로 동시에 등장하여 설교의 내용이나 메시지를 구두로 교환하면서 진행하는 설교 형태다. 설교자는 설교도중 때론 청중의 입장에서 질문과 답변을 함으로써 청중을 만족시키고, 자연스런 토론으로 청중이 다양하게 교법을 이해하도록 돕는 역할을 하게 된다. 또한 청중은 설교자를 통해 설교에 간접 참여하게 되는 형태의 설교이다.

3. 디지털시대의 새로운 설교 형태들

사이버 문화는 삶의 질과 양을 변화시켰고 커뮤니케이션의 수단은 새로움을 추구한다. 디지털 시대의 가상의 공간은 제2의 삶의 공간이 되었을 뿐 아니라 일차적인 삶의 터전과 큰 구분이 불가능하게 되었다.

정장복 교수는 "디지털 시대의 청중은 디지털 시대를 향유하면서 자신들도 모르는 사이에 시각적인 것을 추구하려는 심성에 젖어 있게 된다. 뿐만 아니라 신속하고 충격적인 정보가 아니면 이들의 감각을 일깨우기가 어렵고, 자신의 시각과 감정을 즐겁게 해주는 이미지의 세계를 추구하는 경향을 띠고 있다."고 말한다.

디지털문화는 새로운 설교 패러다임을 요구하는데,

첫째, 설교만을 축으로 하는 법회에서 벗어나 새로운 변화를 가져와야 한다. 설교만을 들으러 오는 법회가 아니라 설교와 법회가 독특한 문화로써 형상화되어 청중이 참여할 수 있어야 한다.

둘째, 시각적인 세계를 추구하는 청중을 고려해야 한다. 설교를 듣는 청중의 지각을 움직이기 위한 직선의 전달보다는 오감을 움직일 수 있는 설교의 개발에 노력을 기울여야 한다.

셋째, 설교 형태를 다양화해야 한다. 서사설교를 비롯하여 대화설교 등을 개발하여 단조로운 설교의 전달을 최대한 탈피해야 한다.

넷째, 설교의 언어를 붓과 색깔로 변화시키려는 노력을 기울여야 한다. 디지털시대의 설교에 사용된 언어는 단순한 의미전달을 벗어나야 한다.

다섯째, 디지털 시대의 설교는 귀납적 전개방식이 적절하다. 전통적인 설교가 대체적으로 연역적 전개방식을 통해 설교자 위주의 설교였다면, 귀납적 설교는 청중이 능동적으로 설교에 참여하여 스스로 결론을 도출할 수 있도록 하는데 유용한 방법이다. 실험적으로 행해지는 대표적인 설교형태는 아래와 같다.

1) 영상설교

영상이나 이미지를 추구하는 현대인들의 의식구조를 고려할 때, 가장 효과적인 설교의 전달을 위해서 영상설교의 현실적 요청이 고려되고 있다. 영상설교는 단편적인 이미지나 정지화면을 이용하는 것에서부터 전면적으로 동영상을 설교에 접목시키는 것을 말한다. 대표적으로 영화, 파워포인트, 플래시, 방송매체 활용의 설교 등을 이용한 설교형태들이다.

2) 찬송설교

성가대와 설교자가 합동으로 만들어가는 설교형태다. 나아가 청중들까지 성가대와 설교자가 함께 어우러져 하나의 문화행사와 같은 분위기를 연출한다. 성가는 운문체의 법문이며, 성가는 곡을 붙인 기도문이다. 또한 인간의 감성을 고조시키는 매체이기 때문에 이를 설교와 접목하여 활용하고 있다.

3) 스킷 드라마설교

스킷 드라마(Skit Drama)란 교회 혹은 단체의 집회 시간에 회중들에게 설교자의 설교를 전후해 비교적 짧은 시간에 상연되는 극(劇)으로, 희곡의 일정한 기승전결의 구성형식에 구애받지 않고 설교 주제에 대한 동기 부여와 문제 제기를 전달할 목적으로 하는 연극의 한 형태이다.

4) 이야기설교

이야기는 청중들로 하여금 말씀을 잘 이해하도록 도와주며, 사람들의 흥미와 관심을 유발시킨다. 또한 이야기는 오래 기억하게 하며, 감성적인 부분들을 고양시키기 때문에 새로운 설교형태로 관심을 받고 있다. 이야기와 같은 구성 혹은 줄거리를 가진 형태의 설교를 말한다.

제 6장 원불교 설교의 방향

1. 원불교설교의 기본요소

1) 진리성

원불교는 소태산 대종사의 깨달음인 일원상의 진리를 신앙의 대상으로 하고 수행의 표본으로 한다. 이에 근거할 때 일원상의 진리에 근거한 설교가 아니면 참다운 원불교 설교라 할 수 없다. 소태산 대종사는 일원상 진리의 내용을 불생불멸의 도와 인과보응의 이치로 밝히고 있다.(서품1장) 대종사는 "모든 사람에게 천만 가지 경전을 다 가르쳐 주고 천만 가지 선을 다 장려하는 것이 급한 일이 아니라, 먼저 생멸 없는 진리와 인과보응의 진리를 믿고 깨닫게 하여 주는 것이 가장 급한 일이 되나니라."고 하였다.

2) 시대성

설교자는 오늘을 사는 이 시대 사람들에게 설교해야 한다는 평범한 진리를 망각해서는 안 된다. 다시 말해 설교자의 설교는 오늘을 사는 청중들이 가지고 있는 사고방식을 고려하여 그들의 문제점, 그들의 요구, 그들의 문화를 향하여 이루어지지 않으면 안 된다는 것을 의미한다.

교법이 오늘 이 시대에 살아있기 위해서는 시대와 삶의 자리를 소홀히 해서는 안 된다. 문화 사회적인 변화를 포함해서 청중들의 의식과 삶의 정황을 깊이 이해하지 못한 설교자는 법문의 역동성을 기대할 수 없으며, 청중들의 삶과의 연관성이 없는 설교는 허공을 맴돌다 사라지는 말씀이 되어질 것이기 때문이다.

3) 대중성

설교는 다양한 청중의 욕구에 부응하도록 하여야 한다. 이는 우리 교법의 대중화라는 과제에 대한 응답이다. 설교는 청중과의 소통 작업이다. 그런데 설교자가 우선 직면하게 되는 심각한 문제는 그 청중의 구성이 복잡하고 다양하다는 사실이다. 법회에 모인 청중들은 연령, 남녀, 문화, 사회적 배경, 교리의 이해 수준 등에 따라 매우 다양한 욕구를 가지고 있다. 한 사람의 설교자와 다양한 청중들의 욕구 사이의 갈등을 극복하는 길은 보편적이고 다양한 설교 주제의 접근이다. 대중성이 확보되지 않고 한쪽에 치우친 설교는 모든 사람을 불은화(佛恩化)하고 낙원화(樂園化)하지 못하는 한계를 가질 수 밖에 없다. 오늘날의 청중은 설교자와 함께 설교의 여정을 함께 하는 동반자임을 잊어서는 안 된다.

4) 생활성

설교는 실천과 변화가 청중의 삶에 일어나도록 해야 한다. 청중의 머리만을 깨우쳐 주는 것에 그쳐서는 설교의 의미가 적어진다. 청중들의 삶에서 실천으로 맺어지도록 구체적인 메시지를 전달하지 않으면 안 된다. 좋은 설교는 진리가 삶의 상황에 적용될 수 있는 설교이다. 사람들은 인생의 각종 문제와 어려움을 갖고 교당을 찾아온다. 그러므로 설교에는 그들의 문제를 해결하고, 필요를 실질적으로 채워주는 힘이 있어야 한다. 즉 불법의 생활화가 설교에서도 그대로 적용되어야 한다.

2. 바람직한 설교의 방향

1) 교전(교법)중심의 설교

설교는 "무엇을 전할 것인가?"가 가장 중심적 화두이다. 원불교 설교는 소태산 대종사가 깨달은 일원의 진리가 설교되어야 한다. 그 깨달음은 정전과 대종경 그리고 교서 속에 밝혀져 있다. 설교는 교양강좌나 어떤 사상을 강의하는 시간이 아니다. 또한 개인의 감각감상이나 심신작용이 설교가 되어서는 안 된다.

정산 종사는 "정전은 교리의 원강을 밝혀주신 원(元)의 경전이요 대종경은 그 교리로 만법을 두루 통달케 하여주신 통(通)의 경전이라, 이 양대 경전이 우리 회상 만대의 본경(本經)이니라." 라고 하셨다. 이 법문에 근거할 때 원불교 설교는 본경 중심의 설교가 이루어져야 한다. 교도들이 듣고자 하는 설교도 대종사 말씀에 충실한 설교일 것이며, 그들이 법회에 참석하는 것은 대종사의 말씀을 듣고자 함이다. 그들은 정보매체에서 들을 수 있는 이야기나 여러 전공분야에 관한 지식을 얻고자 법회에 참석한 것은 아니다. 얼마나 교전에 기초한 설교를 하느냐? 얼마나 교법을 체득하여 설교하느냐? 얼마나 본문대로 말할 수 있느냐? 이 본문이 오늘 우리에게 말하고 있는 메시지는 뭐냐? 이것이 설교의 근간이 되어야 한다.

2) 공감대형성의 설교(들려지는 설교)

설교학자들은 들려지지 않는 설교는 엄밀한 의미에서 설교라고 할 수 없다고 한다. 들려지지 않는 설교는 신심을 불러일으킬 수 없으며, 삶의 변화를 위한 결단을 가져다주지 않는다.

지금까지 설교현장에서는 무엇을 전할 것인가(the what of preaching)에는 깊이 관심을 기울였지만 어떻게 전할 것인가(the how of preaching)에서는 무관심했다. 이런 방법론의 무관심은 설교에 있어서 지루함과 설교에 대한 권태감을 야기시키는 원인이 되고 있다고 진단하고 있다. 그래서 변화하는 시대 속에서 설교자는 마땅히 커뮤니케이션의 관점에서 어떻게 할 때 공감대를 형성하여 들려지게 할 것인지 관심 가져야 할 것이며, 인간의 인식 속에 어떻게 작용이 일어나는지 관심을 가져야 한다.

3) 활용할 길이 분명한 설교(청중의 필요를 채워주는 설교)

설교는 듣는 청중의 필요를 채워줄 수 있을 때 생명력이 있고, 산 법음(法音)이 된다. 청중의 요구와 관계없는 설교는 공허한 메아리가 될 수 있다. 그러므로 설교자는 청중에 대한 정확하고도 특별한 이해가 필요하고 구체적인 청중을 염두에 두고 설교의 자료를 모아야 하는 것이다.

청중의 필요를 채우는 설교는 인간의 문제를 해결하는 설교이다. 설교는 상담과는 다르다. 설교자는 그 사회의 요구를 끊임없이 찾기 위해 교법을 연구하고 그 다음에는 신문, 잡지들을 읽어야 되고, 사람들을 많이 만나 그들의 생활 주변의 이야기를 들어야 한다. 그래서 그들의 번민과 고통을 알아야 한다. 그럴 때에 청중의 필요를 채우는 설교가 되어지며 청중이 설교를 통해 감동하고 실질적인 변화를 가져올 때 교화활성화는 자연스럽게 이루어질 것이다.

청중들은 '저 설교가 내 생활과 어떤 관계가 있는가?' 하는 것이 큰 관심이 될 것이다. 나의 생활, 고민, 교리에 대한 궁금증, 적용 가능성 등 자신과 관계있는 설교를 원한다. 아무리 좋은 말씀이라고 하더라도 그것이 내 삶에 적용되지 않고 적중하지 않으면 아무 소용이 없게 될 것이다. 물론 청중의 필요를 채워주기 위해서는 청중에 대한 충분한 이해가 필요하다. 이를 위해 교리적으로, 사회적으로, 심리적으로, 커뮤니케이션 등의 측면에서 분석되어야 한다.

4) 제생의세의 소명을 일깨우는 교화설교

설교에는 교화의 기능이 있다. 교화사업은 권위나 재물이나 명예나 그밖에 자신을 위하는 것도 아니다. 소태산 대종사는 오직 "각자의 마음에 능히 천의를 감동시킬 요소가 있으며 각자의 몸에 또한 창생을 제도할 책임이 있음을 명심하라."하셨고, "이제 세계 공명(公名)인 새 이름을 주어 다시 살리는 바이니 삼가 받들어 가져서 많은 창생을 제도하라."는 법문으로 교화자의 사명을 밝혀 주셨다.

이와 같은 교화사명을 실천하는 주된 통로는 설교이다. 교화의 모든 수단 가운데 설교야말로 가장 강력하고 직접적인 교화수단이다. 설교를 통해 모든 중생으로 하여금 이고득락(離苦得樂)하고 전미개오(轉迷開悟)케 하여 불토낙지에 이르고 불국토를 이 세상에 건설할 수 있다. 설교는 깨우침을 통한 진리적인 삶의 변화를 목적하기 때문이다.

아무리 값진 보배라 하여도 현실 생활에 사용되어야 하듯이 설교자가 아무리 훌륭한 체험을 하였다 하더라도 그것이 언어를 통하여 다른 사람에게 전해지지 않는다면 그 가치는 적어질 수밖에 없다.

설교는 교화지향적이어야 한다. 교화지향적인 설교를 들을 때 교도들은 자신들이

혼자 있다고 생각하지 않는다. 법신불 사은과 제불제성과 함께 하는 자타력(自他力) 병진의 감응을 체험하게 된다. 더 나아가 은혜를 받는 기쁨과 함께 다른 사람을 초청하는 즐거움에도 동참하게 된다. 그것이 대자대비의 큰 삶인 것인 것을 알게 된다.

5) 희망적이고 긍정적인 설교

좋은 설교는 항상 긍정적이다. 긍정적인 설교는 듣는 사람의 마음을 긍정적인 것이 되게 한다. 믿음을 가지게 한다. 긍정적인 교도는 자신의 삶이나 교당 일에 적극적이다.

불보살들은 모든 중생에게 큰 희망을 열어주실 원력으로 창교(創教)하였고, 전법활동을 하였던 것이다. 희망은 어떤 불행에서도 다시 일어설 수 있는 소망이다. 이 소망은 긍정적인 사고속에서 태동한다. 그러므로 긍정적인 설교는 확신을 주고 용기를 주며 희망을 준다.

훌륭한 지도자는 긍정적이다. 그 지도력은 희망으로 거듭나게 한다. 반면에 지도자가 부정적이면 그 집단은 성장할 수 없으며, 교도들에게 희망을 줄 수 없다.

설교자에게 희망이 없고, 설교에 희망이 없다면 청중은 절망하게 되고 자신의 삶에 대한 기대가 없으며 교당을 단순히 의무감으로 다닌다. 이런 교당은 활력을 잃어버린다.

6) 감동의 설교 (큰 소리의 설교)

대산 종사는 큰 소리는 "일심에서 나온 소리, 깨침에서 나온 소리, 실천에서 나온 소리"라고 했다. 오직 정법정신(正法正信)에 맥을 댄 통일된 마음에서 나온 일심의 소리는 성자혼(聖子魂)을 일깨운다. 일심은 하늘을 감동시키고, 청중과 하나로 만난다. 그리고 깨친 소리는 중생을 무명에서 벗어나게 한다. 비록 자기가 직접 깨치지 못하였다 하더라도 위대한 스승의 법문을 전하는 그 소리가 큰 소리다. 또한 교법의 실천에서 나오는 소리는 청중의 마음을 움직이며 사람을 변화시킨다. 지식은 지식을 낳고 실천은 사람의 마음을 움직인다. 그러므로 일심의 설교, 깨침의 설교, 실천의 설교는 청중을 감동케 하는 것이다.

3. 설교 시 주의사항

좌산 종사는 "설교는 성자혼을 일깨우는 것이다. 설교는 진리의 지엄한 명령을 전달하는 것이며, 주세불의 자비 교법을 선포 선언하는 것이다. 신앙 · 수행 · 봉공의 혼을 일깨우는 것이다. 그리하여 만생령의 영겁 복혜의 전로를 활짝 열어주는 것이다."고 하였다.

그래서 들려지는 설교가 그 어느 것보다 중요하며, 들려지기 위해서는 공감대 형성과 전달과 소통이 원활해야 하며, 계속 진부하지 않은 신선한 설교를 위해 다음과 같은 사항을 주의해야 한다.

1) 설교는 지식의 나열이 아니다.

고학력시대가 도래하면서 교무의 설교가 지식 위주의 이념적 설교에 치우치는 경향이 있다. 설교는 교양강좌가 아니며, 학술강의도 아니고, 연구발표가 아님에도 불구하고 세상 지식을 나열하는 경우가 있다. 설교는 일반적인 지식을 전달하는 목적이 아니라 성자정신을 전하는 것이다. 전문화 시대에 설교자들은 다방면에 걸쳐 전문적 지식을 다 갖출 수는 없다. 청중들로부터의 신뢰 형성은 얼마나 많은 것을 알고 있느냐에 있지 않다.

2) 설교는 교학이론을 전개하는 것이 아니다.

설교는 교리를 설명하는 경강이 아니다. 설교자에게 가장 중요한 것은 교리에 대한 정확한 이해다. 그래서 설교자는 교학을 배워야 한다. 그러므로 설교는 분명히 교학적이어야 하고, 교학적으로 건전해야 한다. 하지만 그렇다고 교학의 강의가 되어서는 안 된다. 설교에도 교의가 제시되어야 하지만 교의 자체가 설교의 최종 목적이 되어서는 안 된다.

3) 개인적 종교체험을 사랑하는 것이 아니다.

설교는 자기 독백이나 감각감상, 그리고 심신작용처리건을 발표하는 것이 아니다. 종교에서 체험과 체득은 아주 중요하나. 그러나 설교자가 개인의 체험을 강조하면서 자기 것을 보여주려고 해서는 안 된다. 잘못하면 설교자가 영웅시되어 청중을 그릇 인도할 수 있고, 주관적 경험을 청중에게 주입하여 객관성을 잃게 할 수 있기 때문이다.

4) 설교는 시사 해설이나 평론이 아니다.

설교는 설교자가 인생 문제 전반에 걸쳐 주석을 붙여주는 일종의 평론이 아니다. 설교는 도덕적 교훈을 빠뜨릴 수 없다고 하지만, 그렇다고 도덕에 대한 해설이나 평론이 되어서는 안 된다. 뿐만 아니라 설교는 정치적 문제나 사회적 문제에 관한 토의가 아니며, 설교의 법석은 설교자 개인의 주관적 시사평론이나 정치적 입장을 설파하는 곳이 아니다. 시사나 정치적 문제에 대해 당연히 관심을 가져야하지만 교법적 이어야 하며, 정의를 세우되 흑백논리를 전개해서는 안 된다. 어떤 입장에 서 있건 그 모든 상황이나 사람은 설교자가 제도해야할 대상이기 때문이다.

제 7장 설교의 준비

1. 설교자의 기본생활

훌륭한 설교를 하기 위해서는 설교에 공을 들여야 한다. 즉 설교자는 삶의 전부가 설교를 준비하는 생활이 되어야 한다.

1) 설교중심의 생활계획

교무에게 주어진 책무는 한계가 없을 정도로 많고 막중하다. 하지만 교무에게 가장 중요한 책무가 무엇인지를 중심으로 삶을 재구성해야 한다. 일의 우선순위를 어떻게 두느냐에 따라 생활이 달리지고 그 결과가 달리 나타난다.

교무에게 가장 중요한 책무는 교화업무이며, 그중에서 설교가 가장 중요한 책무로 위치해야 한다. 기독교에서는 기도와 말씀전하는 일을 가장 고귀한 소명으로 삼아서 생활의 우선순위를 바꾸라고 충고하고 있다. 현재 원불교 교무의 삶은 전법사도의 사명보다는 교당운영자로서 대부분의 시간을 소진하고 있다. 이런 생활 속에서는 훌륭한 설교도, 설교자도 나오기 어렵다. 교무에게는 전법사도가 최우선의 소명이다. 이 소명을 다할 수 있도록 생활구조가 형성되어야 한다. 교무에게 부여된 막중한 책무를 완수하기 위해서는 재가교도를 교화의 동반자요, 주역으로 삼아야 한다. 즉 출가중심교당이 아닌 재가교도와 함께 하는 교당구조를 만들어야 한다. 이렇게 될 때 교무는 일차적 책무를 설교를 통한 전법에 둘 수 있다.

2) 교법의 체득

교무는 소태산 대종사가 밝힌 일원의 교법을 전할 전법사도이며 혜명의 등불이다. 설교는 대종사의 교법을 체득하여 전하는 일이다. 교법체득을 위해서는 교리를 폭넓고 깊게 연마하여 교학적인 체계를 세워야할 뿐만 아니라 깨침의 소리, 실천의 소리로 나타나야 한다.

소태산 대종사는 교법을 깨치고 체득할 수 있도록 정기훈련과 상시훈련법을 제정하였다. 훈련을 통해 교법이 체화(體化)되고, 나날이 신심 · 공심 · 공부심 · 자비심이 커갈 수 있다. 설교자의 교법체득은 설교를 통해 교도들에게 그대로 전달된다. 따라서 설교자는 혜명의 등불로서, 전법사도로서 교법에 대한 확실한 이해와 신념체계가 분명하도록 교법을 체득하는 데 노력해야 한다.

3) 광범위한 독서

설교자는 인간과 관계된 전 분야를 설교의 소재로 삼게 된다. 그러나 그 모든 것을 경험할 수 없고 이해할 수 없기 때문에 지자(知者)들의 지혜를 배우기 위해 독서를 중요하게 여긴다. 설교의 거성들은 하나같이 독서광이었다는 사실이 이를 증명하고 있다. 기독교의 스펄전은 "가장 필요하고 유익한 수고는 곧 영적 · 지적 성장을 위한 독서"라고 했으며, 존 웨슬리는 "책을 읽지 않는 설교자는 하나의 농담꾼"이라고 충고했으며, 로이드 존슨은 "아무리 강조해도 지나치지 않는 것 하나가 있는데 그것은 균형 있는 독서생활"이라고 강조했다. 따라서 원불교 교역자들 역시 설교의 역량을 개발하기 위해서는 독서에 대한 특별한 신념과 원칙이 있어야 하고, 그것을 즐길 줄 아는 지혜가 필요하다.

오늘날과 같은 정보의 홍수속에 독서를 외면하는 것은 시대와 교화대상자를 거부하고 스스로의 발전을 포기하는 것이다. 그러므로 교서 외에 광범위한 독서를 해야 하는데, 브루스 모힌니 박사는 6중 독서를 권하고 있다. 6중 독서는 한 번에 한 권이 아니라 여섯 권의 다른 분야의 책을 한꺼번에 읽는 것이다. 교전, 소설, 역사, 전기, 일기나 저널, 시 등 각 분야에서 책을 택해서 독서하면 교법에 대한 이해와 풍부한 설교 자료를 수집하게 된다.

4) 지속적인 설교공부

설교도 공부가 전제되어야 한다. '어떠한 방법이 가장 효과적일 것인가?' 라는 탐구가 끊임없어야 한다. 설교안의 구성법, 태도, 억양, 예화 등 실로 하여야 할 공부가 수없이 많다. 기독교에서는 설교를 하나의 학문대상으로 삼아 연구하고 있다. 아직은 원불교 설교학 분야가 미흡하기 때문에 설교이론이 발달한 기독교 서적 등을 참고하면서 끊임없이 수정, 보완해 가는 노력이 필요하다. 설교에 천부적인 소질을 가지고 있다 하더라도 원리는 배워야 한다. 원리터득이 없이는 대성할 수 없다.

설교 대가(大家)들의 설교를 연구하는 것도 매우 중요하다. 위대한 설교 거장들의 책이나 영상설교 등을 통해 그들의 강점을 자신의 설교에 반영해야 한다. 매년 설교에 대한 좋은 책을 읽어서 설교가 거듭나게 하고, 설교에 관련된 세미나에 적극 참여하고, 설교 계획을 일찍 수립하여 늘 연마하고 발전의 계기를 만들어야 한다. 더불어 스스로 자신의 설교를 평가하는 습관을 가져야 한다. 가능하면 녹음해서 들어보는 것도 좋으며, 녹화를 해서 자신의 설교를 스스로 평가해보거나 지자(知者)를 통해 감정 받는 것도 좋은 방법이다.

2. 설교의 계획

1) 연중 계획을 통한 설교의 준비

설교자는 최소한 1년 동안 설교의 계획을 세워야 한다. 설교계획이 수립되었을 때 설교자는 언제 어디서나 설교 자료들을 그 계획에 따라 적당히 수집하고 배열할 수 있게 된다. 또한 매주 새롭게 설교의 자료를 찾는 압박감에서 벗어날 수 있고,

교도들에게 체계적이고 종합적인 설교를 할 수 있다. 이렇게 될 때 시간과 정력의 낭비를 막아 효과적인 설교를 할 수 있다. 설교는 충분한 생각과 준비가 있을 때 완성도가 높게 된다. 설교의 연중계획 수립은 설교자로 하여금 여유와 체계적인 설교를 가능하게 하는 첫 출발점이다. 연중계획에는 사축이재를 비롯한 교단의 일정, 국가의 행사, 교당의 행사 등을 고려하는 것이 바람직하다.

2) 주간의 단계적 준비

현대 설교학자들은 한 편의 설교를 완성시키기 위하여 직접적으로 소요되는 시간이 대체적으로 설교 길이에 따라 달라진다는데 의견을 같이 한다. 대부분 30분의 설교는 30시간을, 25분의 설교는 25시간을 직접 준비의 시간으로 책정한다. 그러므로 설교준비는 가능한 빨리 시작해야 한다. 월요일이면 연간계획과 당시 상황을 고려하여 주말 설교를 계획하고 준비해야 한다. 그리고 단계별 설교 작성 과정을 통해 매일 매일이 설교를 준비하는 과정이 되어야 한다. 단 설교 하루 전에는 그동안 연마한 설교안을 완성하고 기도하면서 법회를 준비하는 시간을 확보해야 한다.

3) 자료수집

설교 자료는 우주만유 전체가 그 대상이 될 수 있다. 따라서 설교자는 인간의 삶의 모든 영역에 관심을 가지면서 거기서 자료를 추출할 수 있어야 한다. 그러므로 설교자는 언제나 자료를 모으는 자라야 한다. 자료 수집을 위해서는 효과적으로 메모하고 그것을 정리하고 활용할 수 있는 지혜가 요청된다.

(1) 교서연구를 통해서 수집한다.

설교자는 평소에 교리를 비롯한 교서연마를 통해 설교에 대한 착상이 이루어져야 한다. 교서의 가장 원경인 정전과 통경인 대종경의 본경에 늘 맥을 대고 공부하는 것이 생활화되어야 한다. 더불어 기타 교서에도 연구를 병행하여 생활화하고 증득하는 삶이 이루어져야 하다. 교리와 교법은 설교의 원천이기 때문이다. 소태산 대종사는 이미 상시응용주의사항에서 "경전연마하기를 주의하라."고 하였다.

(2) 예화수집에 정성을 다한다.

예화수집의 중요성을 나열하면, ①설교의 메시지를 명백하게 하고 구체화시킨다. ②청중의 흥미를 유발시키면서 메시지를 전하는 데 촉매 역할을 한다. ③청중이 그날의 메시지를 기억하는 데 도움을 준다. ④계층을 초월한 언어로서의 역할을 수행한다. ⑤청중에게 여유를 공급하는 몫을 담당한다. ⑥머리로 이해하는 진리를 실천으로 옮기는 다리의 역할을 하는 설교에 빛과 생명을 불어넣는 중요한 요소다.

그러므로 설교자는 늘 예화수집에 특별한 노력을 해야 한다. 늘 메모장을 휴대하여 그때그때 보고 듣고 읽은 자료들을 수집하여 정리하는 습관을 가져야 한다.

(3) 도서, 신문, 잡지 등 독서를 통해 수집한다.

인간 삶의 터전은 모두가 설교의 상황이다. 그 삶이 도서로, 신문으로, 잡지로, 우리에게 홍수처럼 쏟아지고 있다. 세상을 알고, 시대를 알고, 인간을 안다는 것은 설교자에게 훌륭한 설교의 자료가 된다.

(4) 일상생활과 경험을 통해 수집한다.

소태산 대종사는 정기일기와 상시일기를 통해 물샐틈없이 교법을 생활화하도록 하였다. 그중에서 감각감상과 심신작용처리건은 생생한 설교의 자료가 된다. 심신작용처리건은 "당일의 시비이해를 감정하여 죄복의 결산을 알게 하며 시비이해를 밝혀 모든 일을 작용할 때 취사의 능력을 얻게 하며" 감각감상은 "대소유무의 이치가 밝아지는 정도를 대조하게 하는" 산 경전이기 때문이 체험에서 수집된 자료가 된다. 이는 대산종사가 말한 "깨달음에서 나오는 소리며 실천에서 나오는 큰 소리"로서 설교에 생명력을 불어넣게 된다.

제 8장 설교의 구성과 작성법

1. 설교구성의 기본요소

1) 착상(Idea)

설교구상의 가장 첫 걸음은 착상이며 창의적이고 바람직한 착상을 얻기 위하여 설교자는 항상 공부하고 연마하지 않으면 안 된다. 존슨(Ilion T. Jones)교수는 모든 설교는 정확히 말해서 착상설교라 할 수 있으며, 설교자는 항상 신선하고 흥미있는 설교의 착상이나 주제에 대하여 민감해야 한다고 말한다. 착상은 사실상 설교가 시작되는 샘이라고 할 수 있다. 같은 법문이라도 착상을 어떻게 하느냐에 따라 설교의 내용이나 신선함이 달라지는 것이다. 설교의 착상은 삶의 경험과 관련된 진리에 대한 통찰력을 의미하므로 설교의 방향과 목적이 정해지는 것이다.

설교 착상은 인류 공통적 의무에 대한 관심과 교도들의 고뇌와 기쁨과 슬픔을 알아서 교도들의 요구의 이해에서 착상하며, 역사적 상황에 대한 의식과 설교자의 서원과 신념 그리고 접촉과 순교에서 해야 한다.(서경전,1993)

2) 본문

설교는 원불교의 원경인 정전과 통경인 대종경을 근원본문으로 하고 기타 교서를 참고 경전으로 설교를 해야 한다. 설교가 경전에 근원하지 않으면 그것은 설교자 개인의 생각과 사상을 선전하는 것이다. 대중은 소태산 대종사의 말씀을 듣고 실천하고자 한다. 본문은 설교 메시지에 권위를 세워주는 것이며, 청중의 귀를 열리게 한다. 더불어 설교자에게는 주제를 한정시켜서 본문에 충실한 설교를 하게 한다.

본문을 선택할 때는 다음과 같은 주의를 해야 한다.
첫째, 의미가 분명해야 한다.
둘째, 논쟁을 일으킬 본문은 선택하지 않는 것이 좋다.
셋째, 친숙한 본문이라도 선택하기를 주저하지 말아야 한다.
넷째, 편식할 본문을 선택하지 말고 모든 부분에서 본문을 선택해야 한다.
다섯째, 개인적으로 끌리는 본문을 선택한다.
여섯째, 청중들의 요구에 따라 본문을 선택해야 한다.

3) 주제

주제는 본문이 포함하고 있는 가장 결정적인 진리로써 다만 그 본문의 전 주제일 필요는 없고 설교자가 본문에서 발견하여 그의 설교에서 드러내고자 하는 주요한 진리의 간결한 서술이다.

주제의 목적은 설교자의 논의를 제한해 주고, 청중의 주의를 집중시키며, 설교자와 청중이 본 설교의 궤도에서 이탈하지 않도록 지켜주기 위함이다. 그래서 명확한 주제는 설교자로 하여금 설교를 그 범주 안에서 준비하게 하며, 그 조직화의 열쇠가 되며, 또한 그가 가지고 있는 자료를 선택하고 정리하는데 도움을 준다. 더욱이 잘 선택된 주제는 청중에게 도움을 주어 그들이 무엇을 듣고 있는가를 말하여 주고, 결국 설교자와 청중은 그 주제를 인식함으로써 청중에게 들려지는 설교, 청중의 필요를 채워주는 설교가 될 수 있다.

4) 명제

주제를 더욱 완전하게 표현하는 것이 바로 명제다. 명제란 지극히 간결하게 요약된 설교다. 즉, 그 설교의 핵심으로 설교개요의 내용을 한 문장으로 요약한 것이다. 이는 설교의 골자요 윤곽을 말한다. 이 명제는 단순한 문장이어야 하며, 보편적인 진리를 말해야 하며, 설교 내용의 완전한 요약이어야 한다.

5) 적용

설교는 듣는 청중으로 하여금 믿고 깨닫고 말씀을 생활속에서 실천함으로써 삶을 변화시켜야 한다. 이 적용은 각 개인들을 설득시키기 위해 진리의 초점을 각 개인들에게 직접적으로 맞추는 과정이다. 적용이 없는 설교는 강연이나 연설이나 경강은 될지 몰라도 설교는 될 수 없다. 왜냐하면 적용이 없으면 그 설교는 청중과 아무런 관계도 없기 때문이다.

적용을 할 때는 몇 가지 원칙이 있다.

① 어떤 경우에도 본문의 가르침과 일치해야 한다.
② 개인적이어야 한다. 설교자의 관심은 듣는 사람들 개개인에게 있어야 한다는 것이다.
③ 구체적이어야 한다. 일반적인 용어를 사용해서 애매하고 모호한 방법으로 적용하게 되면 청중들은 그 적용이 자기들과는 무관하게 생각하기가 쉽다.
④ 청중의 필요를 고려해야 한다. 설교자는 복잡하고 다양한 사회 속에서 살고 있는 청중들의 삶의 정황을 잘 분석하여 청중 개개인의 외적, 내적, 심적 상태에 맞도록 지적 · 의지적 · 감정적인 명에 호소하여 스스로 결단하도록 해야 청중들의 필요를 채워줄 수 있다.
⑤ 용어의 효과적인 사용이다. 크롤은 1인칭 대명사(나, 우리)와 2인칭 대명사(여러분)를 많이 쓸 것이며, '그들', '사람들', '누군가'와 같은 3인칭 복수나 부정대명사는 가능하면 적게 쓰거나 쓰지 않는 것이 좋다고 말한다.
⑥ 마지막으로 적용은 그 시대의 문화를 담아야 한다. 문화는 인간이 삶을 영위하면서 산출되는 모든 것의 총체이다. 문화를 이해하지 못하고는 시대와 인간의 삶을 이해할 수 없다.

2. 설교구조의 특성

1) 목적성

설교는 전체 내용이 목표를 향해 나아가야 한다. 설교의 목적성이 분명해야 설교구조를 짤 수 있고, 자료를 모을 수 있기 때문이다. 목표가 분명히 보일 때라야 비로소 모든 것이 그 목표를 향해서 일렬로 배열이 된다. 설교에서 두서없는 말은 바로 이 목적성이 분명하지 못한 증거다. 설교자가 목표를 잡았으면 그것을 위해 계획하고, 그것을 위해 준비하고, 그것을 설교해야 한다. 목적이 분명하지 않은 설교는 혼이 살아나지 않는다.

2) 통일성

설교에 있어서 통일성은 한 번에 하나의 주제만을 전달하는 것을 의미한다. 다시 말하면 한 번의 설교는 두 가지 목적을 가질 수 없다는 것이다. 데이비스(Grady

Davis)는 "청중들에게 강하고 지속적인 인상을 남기려면 그 설교는 사상의 통일성과 구조상의 통일성을 반드시 소유하고 있어야만 한다."고 하였다.

통일성에 의해 하나의 주제가 모든 단락에 걸쳐서 효력을 나타내게 된다. 각 단락들은 주제와 연결되어야 하며 그 공통성이 설교의 전편에 흐르고 있어야 설교의 목적을 달성할 수 있다.

설교안에 여러 가지의 사실들을 열거할지라도 이 모든 것들은 설교가 지향하는 의미로 통일되어야 한다. 아무리 금은옥설이라도 분산되어 통일성을 추구하지 못한 것은 실패작이다.

3) 전진성

설교는 그 목적지를 향하여 계속 전진하여야 한다. 시냇물이 대양을 향하여 흘러가는 것과 같은 원리다. 일분, 이분 시간과 더불어 전진해야 한다. 원점에서 맴도는 설교는 정체하여 헤어나지 못하고 지루할 뿐이다. 이 전진은 한 목표를 향하여 계속 나가야 한다는 움직임과 점층법의 의미를 포함하는 것으로, 이 전진이 없으면 청중을 권태롭게 만들고 지루하게 만들 것이다.

4) 조화성

설교구성에서 질서와 균형은 모든 부분이 같은 방법이나 비중으로 다루어지는 균등을 의미하는 것이 아니다. 설교에서 조화란 설교의 각 부분들이 주어져야 할 시간과 강조점이 중요성에 따라 잘 배열되어야 한다는 의미이다.

서론 · 본론 · 결론의 균형, 지 · 정 · 의(知情意)의 균형, 강 · 약의 균형, 주 · 부(主部)의 균형, 장 · 단의 균형 등 이 모든 것들이 하나의 균형속에서 조화를 이룰 때 청중의 혼을 사로잡아 의도하는 진리의 세계로 몰입시킬 수 있다.

3. 설교안의 작성

1) 설교형태에 따른 설교 작성의 단계별 과정표

2) 설교원고 작성의 과정

(1) 설교 본문의 이해

본문을 깊이 보는 훈련으로써 교전 본문을 명상하면서 연마하는 과정이다. 많은 설교자들이 이 과정을 생략하고 설교를 구성하는 경우가 있는데, 이는 남의 이야기만 하게 되는 우를 범한다. 원불교 설교의 문제점 중 하나는 본문에 대한 깊은 연마가 부족하다는 것이다. 대부분 설교에서 인용되는 법문은 단순 인거가 많아 설명적 · 교훈적 설교로 머물러 깊은 소리와 신선함을 들을 수 없는 우를 범하고 있다.

본문은 무엇을 말하는지 핵심파악이 되어야 하고, 오늘날 설교자와 청중에게 무슨 의미가 있는지 깊은 통찰의 연마가 있어야 한다. 그러므로 이 과정은 명상, 즉 설교본문을 의두화(疑頭化)하여 본문의 본의와 하나로 만나고 깨달음의 큰 소리인 자기 내성의 소리를 들을 수 있을 때 감명을 줄 수 있다는 사실을 훈련하는 과정이다.

원불교 설교의 극복해야 할 과제중 하나는 교리가 주관적인 해석에 치우치고 있다는 점이다. 이를 극복하기 위해서는 법문이 왜, 언제, 누구에게 설해졌고 그 법문의 본의가 무엇인지 참고경전을 통해 객관적 조명을 필요로 한다.

(2) 상황의 선택

대화가 없는 설교는 공허한 메아리가 될 뿐이다. 원불교 설교의 공통적인 문제점은 역사적 상황과 삶의 현실에 대한 교리적 대응설교의 부족과 현실 인식의 면에서 대사회적인 문제에 대한 설교가 적다는 것이다. 상황의 선택은 어떤 상황에다 말씀을 전해야 할 것인지 본문의 핵심 진리가 적용될 설교 대상에 대한 상황을 찾아보는 작업이다. 설교는 청중 개개인에게 적용될 때 "그래, 나에게 필요한 말씀이야!" 하고 공감대를 형성하고 자신의 삶에 반영하게 되는 것이다.

(3) 설교의 본론 구상

본론은 제목과 주제의 모든 분야를 해석하는 분석과 그 분석한 결과를 모아 목표를 성취하게 하는 종합으로 구성된다. 본론 배열은 인간의 의식구조와 논리를 따라 하되 대체적으로 시간적 · 공간적 · 논리적 · 난이도 · 서술효과 등을 고려하여 통일성과 연결성, 그리고 강조성의 원칙에 의해 구상을 한다. 이 과정에서는 대지(大旨)중심으로 구상해보는 것이 좋다. 구체적인 구상보다는 대지의 제목중심으로 제시하면 된다.

(4) 설교의 목표 설정

설교의 목표설정은 설교를 듣는 사람의 삶에 어떤 결과가 올 것인가 생각해보는 과정이다. " ~ 로 하여금 ~ 하게 한다"는 내용의 예측이다. 설교자는 목표가 있어야 한다. 지혜로운 설교자는 설교를 준비하는 전 과정을 통하여 "왜 이 설교를 하는가?"에 대한 질문을 계속해서 던진다.

모든 설교에는 분명한 목적이 있어야 한다. 분명한 목적이 없는 설교는 아무리 균형 잡힌 설교학적 구조를 가지고 있고, 아름답고 현란한 어휘를 구사한다 할지라도 청중들의 삶을 변화시키지 못한다. 목적이 분명할 때 청중들로 하여금 설교의 서론에 집중하게 해주며, 설교의 본문에 무엇이 삽입되어야 하며 무엇이 빠져야 하는지 결정해주며, 설교의 자료를 선정하는데 있어서 무엇이 필요한지 선택하게 하고 자료를 효과적으로 배분하는데 도움이 된다.

(5) 주요 목표

열거한 설교의 목표들 가운데 하나를 선택하거나 아니면 여러 개를 종합적으로 정리해서 한 문장으로 서술해보는 과정이다. 설교자는 청중의 필요를 채워줄 수 있도록 목표를 설정해야 한다. 설교를 요청하는 상황을 분명히 인식하고 그 요구에 맞게 목표를 세워야한다는 것이다. 그래서 목표가 치유, 권면, 교화, 예언, 결단 등 설교의 기능을 충족시켜주는 것이다. 다만 유의해야 할 점은 늘 같은 목표의 설교를 해서는 안 된다. 그럴 경우 진부하고 공감대를 형성하기 어렵기 때문이다.

(6) 설교의 골자

이는 설교의 명제라고 할 수 있는 설교의 골격으로 중심메시지와 주요상황과 주요목표가 종합된 설교의 핵심적 구성이다. 설교의 요지가 무엇인지 질문을 받게 될 때 말할 수 있는 설교의 골격으로 설교의 뿌리와 줄기의 역할을 한다.

(7) 설교의 윤곽

앞의 과정에서는 무엇을 누구에게 어떤 목적으로 전할 것인지 설교의 뿌리와 줄기를 세우는 과정이다. 이 과정은 뿌리와 줄기가 튼튼해야 가지와 잎이 건강하고 열매를 맺듯이 중요하다. 이제 어떻게 무슨 방법으로 그 목적지에 도달할 것인지 연마하는 과정이 설교윤곽이며, 이는 건축의 스케치와 비슷하다.

설교의 윤곽은 일정한 질서와 통일성이 있어야 하며, 목표를 향해 전진하는 움직임이 내포되어야 하며, 서론 본론 결론이 조화를 이룰 수 있게 구성되어야 한다. 대체적으로 설교를 서론 · 본론 · 결론으로 구성을 하지만, 좌산 종사는 다섯 단계의 구성을 제안하고 있다(전제→유도→전개→강령→다짐).

설교의 윤곽까지의 과정에서는 설교의 제목이 결정되지 않았고, 그 밖의 설교 자료의 수집도 구체화되지 않았다. 이 윤곽의 과정을 통해 구체적인 설교의 내용을 배치하고, 그에 필요한 경구나 인용법문 그리고 예화를 필요한 부분에 배치하여 전체적인 설교의 구상을 하게 된다. 윤곽은 설교의 골격이기 때문에 차후 이를 응용하면 바로 설교로 활용할 수 있는 스케치가 되는 것이다. 이 스케치에 어떻게 색칠을 하고 명암을 넣느냐에 따라 다양하게 설교안을 완성할 수 있다.

(8) 설교의 서론과 제목

서론은 첫째, 청중과의 공감대를 형성하고 호기심을 유발시키는 중요한 과정이다. 공감대가 형성될 때 청중들이 말씀을 받아들이려는 수용성이 높아진다. 설교자와 청중사이에는 커뮤니케이션이 잘 이루어지기 위해 건강한 관계가 형성되어야 하는데 이것은 양자사이의 공감대가 형성될 때 가능하다.

청중과 설교자의 공감대는 다양한 영역에서 시도될 수 있다. 환경의 공감대, 관심사의 공감대, 가치의 공감대, 위기의 공감대, 감정의 공감대 등 이와 같은 공감대 형성을 통해 설교를 위한 청중의 마음을 열 수 있다.

둘째, 설교의 방향을 제시해준다. 설교의 주제를 밝힘으로써 설교가 나아가는 방향을 제시하여 청중들로 하여금 말씀을 받아들일 마음의 준비를 갖게 한다. 주제를 밝힐 때에 해답을 상술할 필요는 없다. 주어에 해당하는 말만 해야지 답까지 말할 필요는 없다는 것이다. 경우에 따라 설교의 대지까지도 진술하는 것이 효과적일 수 있다.

좌산 종사는 서론을 전제와 유도로 세분화하여 제안했는데, 전제는 설교가 목적하는 방향에 결부되는 교서의 한 구절을 봉독하고 다음 교서 위치를 소개하는 과정이다. 설교자가 등단했을 때 청중의 흡수력이 가장 강한 때이다. 이때 인사말이나 구차스런 변명 등으로 소비하는 어리석음을 범하지 않도록 완벽하게 다듬어진 교서의 구절을 인거하자는 것이다.

유도는 설교 본래를 끌어내기 위한 전제를 평범한 현실 발상에서 이끌어내는 과정이다. 설교는 기차를 타고 있는 사람이 다음 역은 어디인지 미리 짐작하고 있게 해서는 안 되며, 다음 역에 대한 궁금증을 심어서 청중의 관심이 집중되도록 하는 과정으로 설명하고 있다.

서론에 있어 주의할 점은 첫째, 청중들의 흥미를 유발시키려는 일에 집중한 나머지 설교의 흐름과 관계없는 예화를 사용하는 것이다. 이는 피하는 것이 좋다.

둘째, 설교의 전체 주제가 아닌 본론 첫 단락을 설명하기 위해서 장황하게 서론을 끌어대지 않는 것이 좋다.

셋째, 서론에서 많은 것을 약속하고 마지막 결론에 이르기까지 속 시원하게 그 해답을 제시하지 않는 것은 좋지 않다. 서론의 분량은 오랜 시간보다는 설교의 10% 정도로 잡는 것이 좋다.

넷째, 설교에 대한 변명을 하지 않는 것이 좋다.

다섯째, 청중에 대한 잘못된 가정을 하지 않는 것이 좋다.

여섯째, 청중에 대한 섭섭함이나 유감을 나타내어 분위기를 경색하게 하지 않는 것이 좋다.

일곱째, 서론을 시작하는 말에 변화를 시도하는 것이 좋다.

서론을 정리하고 나서 다시 설교의 제목을 확정하는 것이 좋다. 설교제목은 설교를 한 마디의 말로 집약시키고 규정지어 준다. 잘 표현된 제목은 청중으로 하여금 설교자가 무엇을 말하려 하는지 분명히 이해할 수 있도록 도와주는 역할을 한다. 설교제목의 주요 목적은 설교를 알려주는 데 있다.

교도들이 설교를 듣고 난 후 그들의 머리에 남는 것은 무엇일까? 바로 제목이다. 그 이유는 제목이란 전체 설교를 함축하고 있는 결정체이기 때문이다. 제목을 기억하면 단계적으로 전체 설교의 맥락을 추출해 낼 수 있게 되는 것이다.

표현이 잘되고 정확하게 다듬어진 제목은 청중으로 하여금 설교자의 의도를 명확하게 이해하게 해준다. 제목 없는 책은 없으며, 잡지나 신문기사도 모두 제목을 붙인다. 좋은 제목은 청중으로 하여금 설교자체에 대한 흥미를 느끼게 해 줄 뿐만이 아니라 청중이 설교 전체의 흐름을 이해하게 하는 데에도 도움을 준다.

《제목 설정의 원칙》(박남주, 1991)

① 명확성, 즉 뜻이 분명한 제목이어야 한다.

잘 표현된 제목은 청중으로 하여금 설교자가 무엇을 말하려고 하는지 분명히 이해할 수 있도록 도와주는 역할을 하는 것이다. 누구라도 그 제목을 보았을 때 그 뜻하는 바가 무엇인가를 알고, 설교의 내용까지 생각해 볼 수 있는 명확성이 있어야 한다.

② 한정성이 있어야 한다.

설교자는 제목 선택에 단순성에 의거하어 본문중에 나타나는 여러 기지 제목 중 히니에 국한시켜서 제목을 선별해야 한다. 제목의 한정성이란 일단 제목을 선택하면 그 제목에 관해서만 말해야 한다는 의미다.

③ 간결성을 지녀야 한다.

지나치게 길게 강조하든지 수사어구를 포함하면 기억하기 어렵다. 단순성의 원칙하에 설정되어야 한다. 제목이 길거나 수어어구가 복문으로 되었다면 청중들이 쉽게 기억하기 어렵다. 교당을 지나쳐 가는 사람이 게시판에 적혀있는 법회 설교제목을 보고 법회에 참석할 마음이 나도록 대중을 사로잡고, 또 법회가 끝난 뒤 그날의 설교제목을 기억할 수 있는 간결한 것이어야 한다.

④ 창의성이 있어야 한다.

새로운 느낌을 주는 제목이 효과적이다. 설교의 제목은 청중들에게 강한 인상을 남겨야 하기 때문에 새롭고 흥미 있는 제목을 선택해야 한다. 익히 사용한 진부한 제목을 또 사용하면 흥미를 잃는다. 이미 사용하였거나 구태의연한 내용의 것으로 제목을 삼는다면 청중에게 권태감을 주고 설교에 대한 기대치를 없앤다.

(9) 설교의 결론 작성

설교의 결론은 끝머리에 감명을 주기 위함이며, 행동적인 결단을 하게 할뿐만 아니라, 신앙으로 귀의케 하는 과정이다.

결론은 주제를 완결 짓는 것으로 주제를 종합하며, 결론지으며, 그것을 삶에 최종적으로 적용하는 것이다. 결론은 설교가 삶의 변화를 목적으로 하므로 설교자는 청중을 향해 설득하고, 호소하고, 도전해야 한다. 그래서 결론은 설교의 목적을 달성하기 위한 가장 농축적이고 최종적인 호소를 담기 때문에 그것은 설교의 지향점이고 목적지이다. 대부분의 설교에서 결론은 곧 그 설교의 클라이막스가 된다.

결론에서 설교자가 대지와 요점을 정리해주면 청중에게는 설교 전체의 구도와 강조점이 한 눈에 들어오는 효과가 있다. 이때 요약으로만 끝나는 것이 아니라 결단을 위한 최종적인 호소와 도전이 뒤따라야 한다. 그래서 설교의 내용에 걸맞게 분명해야 하며, 개인적인 적용이 가능한 것이어야 한다. 또한 결론은 적극적인 희망이 담겨져 있어야 하고, 삶의 변화를 촉구하는 도전이 있어야 하며, 의지를 향한 결론과 귀납법에 의한 마무리가 바람직하다.

좋은 결론을 위해 주의할 점은, 끝맺는 말은 간결해야 하며, 이 때 새로운 개념을 도입한다거나 주제와 무관한 적용과 여운은 금물이다. 그리고 결론은 원고를 외워서 전달할 것이며, 어설픈 사과 역시 피해야 한다. 또한 늘 공식적인 형식의 결론이 되지 않도록 위에서 제시한 결론형식을 설교내용에 따라 적절히 활용한다면 설교는 훨씬 신선해질 것이다.

《결론의 형식》

① 요약이다.

설교 요점을 간결하게 재정리한다. 즉 다시 반복하여 설교 전체의 강조점을 밝히는 형식이 있다. 이 형태는 기존의 설교단상에서 가장 많이 확인되는 형식이다.

② 시로 맺는 형식이다.

설교내용에 적합한 시를 낭독하는 방법이다. 시는 원래 간결한 어휘지만 그 가운데 아름다운 마음과 심오한 뜻을 내포하여 함축적인 의미를 전달할 수 있다. 이 형식은 청중의 구성을 고려해야할 것이다.

③ 기도의 형식이다.

원불교에서는 자주 사용하지 않는 형식이지만 설교의 내용에 따라 아주 효과적이기도 하다. 현재 원불교 법회식순은 설교 후 묵상심고를 하고 있는데 묵상심고 보다는 설명기도가 훨씬 설교의 효과를 살릴 수 있기 때문에 좋은 형식중의 하나이다.

④ 설교 본문으로 결론을 짓는 형식이다.

주로 연역법보다는 귀납법의 설교를 권하는 입장에서 권하고 싶은 형식이기도 하다. 연역적으로 서두에 본문을 낭독했다하더라도 결론에서 다시 봉독하는 방식도 있고, 설교 구성을 귀납적으로 하여 마지막 결론을 본문소개로 하는 형식도 있다.

⑤ 예화로 맺는 형식이다.

설교의 내용을 더욱 빛나게 하고 청중들로 하여금 오래 기억하며 생활에 반조할 수 있는 예화만 선택할 수 있다면 아주 효과적인 형식이다.

(10) 설교의 본론 작성

계획안의 본론구상을 구체적으로 정리하는 과정이다. 청중의 삶과 같이하면서 설교의 흐름에 단절이나 비약이 없는지 살피며 적절한 예화를 사용한다.

본론은 설교본문에 대한 해석과 중심 진리와 명제를 작성하고 설교목적과 대지가 작성되고 적용이 이루어지는 설교의 중심축이다. 본론은 설교가 지향하는 본 문제를 백일하에 드러내 놓고 완전 해부하여 청중으로 하여금 폐부에 깊숙이 새기도록 해야 한다. 설교의 핵심은 본문을 경전 속에서 인간의 삶으로 살아나게 하는 것이다. 이를 위해 깊은 연마를 해야 한다. 연마는 본문에 대한 해석에서부터 시작해야 한다. 본문을 많이 읽으면서 문맥을 연구하고, 문자적 의미를 연구하며, 문법 및 구문을 연구하고, 역사적 문화적 배경을 연구해서 본문전개 방법을 결정해야 한다.

이때 본문을 효과적으로 전달하기 위해 대지를 설정하게 되는데, 대지는 설교사로 하여금 설교의 주제에 충실하게 해 준다. 또한 청중들의 관심을 유지시켜 줄 뿐 아니라 설교자의 논리적 사고의 과정을 평이하게 해준다. 그리고 기억을 도와주기 때문에 전통적으로 대지의 설교를 선호해왔다.

대지를 구분할 때는 규칙이 있다. 첫째, 각 구분은 다른 대지와 분명하고도 확실하게 구분되어야 한다. 둘째, 사고 전개에 있어서 질서와 운동과 진전의 역동성이 있어야 한다. 셋째, 대지는 축적적인 것이 좋다. 양과 힘과 가치가 조화롭게 결합되어 상호의존적이어야 한다는 것이다. 넷째, 본문과 주제의 의미를 충분히 포함하여 되어야 한다.

일반적으로 본론을 전개하는 방법으로는 설명(해석)과 논증과 적용을 활용하는데 적용은 설교에 생명을 불어넣게 된다. 적용이 없는 설교는 강연이나 연설은 될 수 있어도 설교는 될 수 없다고 했다. 적용이 잘 되어야 나를 위한 설교가 되고, 그 설교를 통해 자신의 삶에 변화를 일으키게 되는 것이다.

최근 설교계의 동향은 청중중심의 설교형태가 강조되고 있다. 본론작성은 철저히 청중을 고려해야 한다. 청중을 고려한 적용은 첫째, 먼저 청중을 구체적인 환경 속에서의 실존으로 보아야 한다. 둘째, 청중들이 살아가는 환경은 매우 복잡하고 구체적인 관계 속에 처해있다는 것을 기억해야 한다. 셋째, 청중들을 집단적으로만 인식하지 말고 개인으로서의 존재로 인식해야 한다. 넷째, 구체적인 삶을 다루는 설교가 되어야 한다.

마지막으로 본론을 작성할 때 특별히 고려해야 할 영역은 예화다. 예화는 설교의 개요 혹은 요점을 분명히 각인시키는데 필요하다. 예화 자체가 곧 청중의 삶에 적용할 내용이 될 수 있으며, 결단에 이르도록 행동을 촉구한다. 또한 진리를 확인시키며 진리를 오래 기억하도록 한다. 뿐만 아니라 청중들의 주의를 끄는 데 사용됨으로써 다양한 청중을 쉽게 흡수한다.

이와 같이 예화는 설교에 빛을 내게 하지만 주의해야 할 점도 있다. ①예화는 간단해야 한다. 예화를 너무 자세하게 해설하지 않는 것이 좋다는 것이다. ②다 알고 있는 예화는 가급적 피해야 한다. 특히 교역자의 임기가 짧은 원불교에서는 대부분 예화가 한정되어 있기 때문에 주의해야 할 점이다. ③시대에 뒤떨어진 예화도 피해야 한다. 시대를 뛰어넘어 공히 적용될 수 있는 예화가 있기는 하지만 시대와 상황이 전혀 맞지 않을 경우 효과를 볼 수 없기 때문이다. ④까다로운 예화도 피해야 하며 예화를 위한 설교가 되어서도 안 된다. ⑤마지막으로 연속극의 예화도 가급적 피하는 것이 좋다. 교도들에게 교무의 삶에 대한 권위를 떨어뜨리는 결과를 가져오기 때문이다.

(11) 마지막 설교 원고

설교는 원고를 써보는 것이 중요하다. 이 과정을 통해 자신의 설교를 알 수 있고, 또 고칠 수 있는 시간적 여유가 생기게 된다. 이 과정에서 설교자 자신이 설교원고를 소리 내어 읽으면서 감동을 받고 스스로가 깊은 진리와의 만남을 가져올 때 그 감동과 은혜가 청중에게 옮겨가게 된다. 그러기 때문에 설교자는 설교원고를 청중의 입장에서 경청하는 자세로 읽으면서 설교자 자신이 준비된 메시지와 일치된 과정을 반드시 거쳐야 한다. 그래야 단순히 설교자의 입으로만 설교하는 것이 아니라 스스로의 몸에서 설교가 나아가고 있음을 청중이 느끼게 된다.

이 과정에서 더 준비되어야 하는 것은 완성된 설교원고를 그대로 들고 설교단상에 나서서는 안 된다는 것이다. 통계에 의하면 설교자가 원고를 작성하면서 약 20회 정도를 읽을 수 있다면 축약된 원고만 읽고서도 충분히 그 설교 전체를 전달할 수 있다는 것이다. 그러므로 설교자는 자신이 준비한 설교의 원고를 10분의 1로 축약하고 그 축약된 것을 들고 설교단에 설 때만이 청중과 얼굴을 맞대고 자신이 준비한 메시지를 힘 있게 전달할 수 있다.

제 9장 설교의 전달

1. 설교자의 열정(신념)

설교의 생명은 감동이다. 이 감동은 설교자의 신념과 열정을 통해서 청중에게 흘러간다. 설교자의 뜨거운 열정과 간절한 호소력은 힘과 감동을 물결치게 한다. 설교자 자신도 감동받지 못하면서 교도들이 감동받기를 기대할 수는 없다.

설교가 설교자의 머리에서만 나온다면 그 설교를 통하여 어떠한 결단이나 감동도 기대할 수 없다. 설교는 단순한 말이나 사상을 전하는 것이 아니라 그것이 설교자의 혼에 용해되어 흘러넘칠 때 비로소 감동을 주게 된다.

2. 설교자의 태도

1) 설교자의 몸가짐

선명하고 단정한 인상은 메시지의 전달을 원활하게 하는 소리 없는 첫 번째 언어이다. 맑고 깨끗한 설교자의 인상과 자비로운 인상은 교도들로 하여금 마음의 문을 열고 귀의할 수 있게 한다. 복장의 품위는 설교자의 권위를 세워주고 시선을 분산시키지 않는다. 설교단상에서는 물론이지만 법회의 시작과 끝까지 교무의 태도는 안정되고 겸손하며 성스러움을 자아내도록 해야 한다.

2) 설교자의 시선

설교자의 시선은 설교를 위한 언어 외의 도구로 매우 중요하다. 청중과 적절하고 효과적인 시선 교환이 이루어질 때 원반한 의사소동을 이룰 수 있나. 설교사의 눈은 교감, 즉 대화의 가장 중요한 요소이기 때문에 원고만 바라보거나 허공을 바라보거나 눈을 감거나 시선 분배를 잘 못해서는 안 된다.

3) 설교자의 표정

설교자는 따뜻하고 온화한 언어의 사용, 설교의 내용과 동일한 인상을 가져야 한다. 설교자의 표정을 통해서 설교의 내용을 이해할 수 있도록 설교와 자신을 일치시키고 동화하는 삶을 구현해야 한다.

4) 제스처

적절하게 사용되는 제스처는 청중의 마음을 사로잡기에 매우 효과적이다. 제스처는 설교자의 동작을 통한 청중과의 적절한 의사소통을 이룰 수 있다. 다만 제스처가 미리 계획된 의도적이지 않고 설교자의 내부로부터 확신되어 자연스럽게 표현되게 하는 것이 좋다. 또한 제스처는 설교말씀과 함께 조화를 이루어야 한다. 제스처의 동작이 말의 내용과 일치해야 하는데 시간적으로 적절하지 못한 제스처는 커뮤니케이션을 깨뜨리게 된다. 조화를 이루지 못한 제스처는 매우 어색할 뿐만 아니라 청중에게도 설득력이 없다. 그리고 제스처는 다양해야 한다. 설교의 내용과 관계없이 동일한 제스처만 계속사용하면 그 제스처는 별 의미가 없게 된다.

3. 설교자의 음성

설교 음성의 높낮이는 설교 전달에 있어서 매우 중요하다. 적절한 고음과 저음의 사용은 설교 메시지를 명확하게 해주며 설교의 강조점을 청중에게 명확하게 전달해주는 효과를 줄 수 있다. 언어의 속도는 설교의 전달에 많은 영향을 미친다. 또한 좋은 음색과 음성은 청중에게 결단을 촉구하고 공감을 형성하는데 훌륭한 도구다. 설교에 있어서 음은 조화가 무궁하다. 모든 것은 고저와 장단, 강약에 의해서 설교의 효과를 극대화시켜 준다.

제 10장 설교의 평가와 관리

1. 설교의 평가

설교의 발전은 설교자가 추구하는 가장 우선적인 이상이다. 이 이상의 실현은 설교자의 끊임없고 눈물어린 노력에 의해서만 가능하다. 설교자의 노력 가운데 필연적으로 있어야 할 것은 바로 설교에 대한 평가이다.

설교자가 설교를 한 다음에 아쉬움이 가득한 마음에서 겸허하게 자신의 설교에 대한 평가를 진행하는 것은 너무나 당연한 과정이다. 이러한 생활이 계속될 때 어느 때인가 자신의 이상이 다 채워질 수 없을지라도 어느 수준까지는 쉽게 도달할 수 있다.

자신의 설교에 대해 자만하거나 또는 자학하는 것은 설교자로서는 타당하지 않은 자세이다. 겸손하게 더 나은 발전에 대한 노력을 지속시키는 길만이 자랑스러운 자세이다.

설교 비평을 통한 자기계발은 여러 가지 방법이 있다. 예를 들어 비디오테이프로 녹화해서 스스로 비평하면서 교정할 사항은 교정하고 보완할 것을 보완해가는 방법도 있다. 좀 더 적극적인 설교자라면 설교를 듣는 청중 가운데서 비평그룹을 형성해서 주기적으로 그들의 정선된 피드백을 받는 방법도 있다. 이는 설교자의 설교능력 개발을 위해서도 좋고, 청중과의 대화의 장이 될 수도 있다.

다음의 평가서는 설교교육에서 쓰이고 있는 평가 요령을 다시 종합적으로 정리한 내용이다. 교육기관에서 설교지도를 하면서 활용할 수 있을 것이며, 설교자도 늘 자신의 설교를 이 평가서에 근거하여 반조해 본다면 설교실력을 향상시키는데 많은 도움이 될 것이다.

설교 비평을 위한 설문서

설 교 자 :
설교제목 :
설교본문 :

《설교내용》	그렇다←				→그렇지 않다
1. 설교의 착상은 훌륭한가?	5	4	3	2	1
2. 설교의 주제는 분명한가?	5	4	3	2	1
3. 설교제목은 설교내용을 잘 표현하는가?	5	4	3	2	1
4. 본문해석은 잘 되었는가?	5	4	3	2	1
5. 설교내용은 청중의 삶에 효과적인 적용을 하고 있는가?	5	4	3	2	1
6. 설교내용에 종교적 깊이가 있는가?	5	4	3	2	1
7. 설교내용에 당신의 관심사가 담겨있는가?	5	4	3	2	1
8. 논리적 연결에 무리는 없는가?	5	4	3	2	1
9. 예화사용은 적절한가?	5	4	3	2	1
《전달방법》					
10. 언어가 분명하게 전달되는가?	5	4	3	2	1
11. 부편적 언어를 사용하는가?	5	4	3	2	1
12. 말의 속도는 적절한가?	5	4	3	2	1
13. 언어의 리듬과 강약은 효과적인가?	5	4	3	2	1
14. 시선은 청중을 향하는가?	5	4	3	2	1
15. 얼굴표정은 그의 설교이해에 도움이 되는가?	5	4	3	2	1
16. 제스처를 적절히 사용하는가?	5	4	3	2	1
17. 시간은 적당했는가?	5	4	3	2	1
《설교효과》					
18. 설교의 목적이 무엇인지 알았는가?	5	4	3	2	1
19. 오늘 설교가 당신 개인에게 한 것처럼 느꼈는가?	5	4	3	2	1
20. 설교를 듣고 당신의 생각에 변화가 생겼는가?	5	4	3	2	1

※기타 도움이 되는 말씀을 기록해 주십시오.

2. 설교안의 관리

설교는 설교자의 삶의 보고서이고, 교법에 대한 신념체계이며, 사상적 체계이다. 설교 자료는 자신의 설교의 향상과 발전에 귀한 자료가 된다. 그러므로 설교안과 더불어 연마과정에서 참고하였던 자료를 함께 잘 정리해두면 다시 활용할 수 있는 소중한 자료가 된다. 더욱이 인터넷을 활용하면 직접 대면하지 않은 불특정 다수가 그 설교를 통해 만날 수 있고, 언제든지 다시 그 감동을 재현할 수 있기 때문에 사장되지 않도록 해야 한다.

만약 설교안을 정리해두지 않으면 중복된 설교를 하기 쉽고 자신의 설교실력 향상도 나아지지 않을 것이다. 자료를 정리하는 방법은 원고와 함께 참고자료를 파일함을 만들어 분류하여 보관하는 방법과 컴퓨터를 이용하여 설교의 제목별, 주제별로 분류하여 보관할 수 있다.

〈참고문헌〉

[도서류]
『원불교전서』, 원광사
법무실, 『예비교역자가 달성해야 할 교육수준』
서경전, 『원불교설교의 이론과 실제』, 원광대학교출판국, 1993.
정순일, 『원불교설교학』, 원광대학교출판국, 1991.
성도종 · 오도철, 『교당운영론』, 원불교교화연구소, 1999.
박근원, 『오늘의 설교론』, 대한기독교출판사, 1991.
정장복, 『한국교회의 설교학개론』, 예배와 설교아카데미, 2001.
박영재, 『설교가 전달되지 않는 18가지 이유』, 규장, 1998.
김학인, 『설교의 원리와 실제』, 예루살렘, 1992.
김학인, 『생명력 있는 설교의 원리와 실제』, 예루살렘, 1992.
브루스 모힌니, 『목사님 설교가 신선해졌어요』, 베다나출판사, 1998.
명성훈, 『명품』, 교회성장연구소, 2001.
정장복역, 『설교의 원리와 실제』, 생명의 말씀사, 1986.
김지찬역, 『설교준비』, 생명의 말씀사, 1986.
장두만, 『강해설교 작성법』, 요단출판사, 1987.
김승태, 『문화설교 사역에로의 초대』, 예영커뮤니케이션, 1994.
조용기, 『나는 이렇게 설교한다』, 서울서적, 1989.
정성구, 『개혁주의 설교학』, 총신대학출판부, 1991.

[논문류]
원불교대학원대학교, 「실천교학2호」, 2003.
원불교대학원대학교, 「실천교학3호」, 2004.
원불교대학원대학교, 「실천교학4호」, 2005.
권대환, 「강해설교의 원리와 작성방법에 관한 연구」, 영남신학대학교 신학대학원 석사학위논문, 2000.
김영석, 「설교작성 원리에 관한 연구」 서울신학대학신학대학원 석사학위논문, 986.
장정현, 「강해설교 작성을 위한 설교자의 준비」 침례신학대학교신학대학원 석사학위논문, 2000.
진상욱, 「교회성장을 위한 설교연구」, 협성대학교 신학대학원, 1998 .
박남주, 「원불교설교 구성의 방법에 관한 연구」, 원광대학교 대학원, 1991.
이군수, 「교회성장형 설교의 특징」, 침례신학대학교 목회대학원, 2000.
고재표, 「바람직한 설교에 관한 연구」, 호남신학대학교 목회대학원, 1997.
남태욱, 「현대 청중 이해와 효과적 설교방안」, 침례신학대학교 대학원, 2000.

[기 타]
사이버 설교대학원 홈페이지(http://www.wpa.or.kr) 예배와 설교아카데미

제5부 교도관리, 교화상담, 교화순교

제 1장 교도관리

1. 교도 관리의 의미 및 중요성

교도 관리는 "교무가 교도들의 신앙과 수행의 성숙을 돕는 체계적이고 효율적인 교화노력"을 말한다. 교당은 교도로 구성된 신앙과 수행의 공동체이므로 교무는 교당 구성원인 교도들의 신앙과 수행의 성숙을 위해 챙기고 권면하고 촉진하는 노력을 기울여야 한다. 교도 관리에 있어서 교무가 주의할 것은 일 또는 물건 등을 관리한다는 경영이나 행정 차원이 아니라 교도에 대한 '교화'와 '불공'의 차원에서 이해되고 관리되어져야 한다는 점이다.

초창기 원불교 교단에서의 교도 관리는 가족적인 분위기속에서 인정교화를 중심으로 이루어졌다. 이렇듯 친밀한 인간관계를 중심으로 했던 교화방식은 농경사회가 주류를 이루었던 시대에 상당한 교화결실을 이루는 성과를 나타내었다. 그러나 산업화와 정보화를 거치고 교당의 규모가 커짐에 따라 체계적인 교도 관리의 측면에서의 조직교화가 요청되고 강조되는 경향이 뚜렷해졌다. 그렇다고 해서 인정교화의 긍정적 측면이 사라진 것은 아니다. 오히려 효율적인 교도 관리를 위해서는 인정교화와 조직교화의 상호보완적 접근이 필요하다는 주장이 일반화되고 있다. 왜냐하면 인정교화는 조직교화의 약점일 수 있는 인간적 친밀성과 응집력을 보완할 수 있는 강점이 있고, 조직교화는 가족분위기의 인정교화를 소수에서 다수의 집단으로 확대시키는 강점이 있기 때문이다.

교화현장에서 이루어지는 효율적인 교도 관리는 상담과 순교활동을 통한 개인적 접근방식과 교화단을 통한 조직 관리방식 모두를 병행하여 활용할 수 있는 다면적 접근방식이 바람직하다. 개별적 혹은 소집단 인원 교도들을 대상으로 한 교도 관리는 주로 교화순교와 교화상담을 통해 이루어지며, 소집단 혹은 전체집단을 대상으로 하는 교도 관리는 법회와 설교 그리고 교화단 활동을 통해 이루어진다고 볼 수 있다.

교화현장에서 교역에 임하는 교무에게 있어서 실제로 교도를 만나는 시간과 교화활동과정에서 이루어지는 준비, 진행, 평가, 정리 등의 행정사무 등이 교도 관리 시간에 포함된다. 이런 관점에서 보면 교무의 하루 일정 대부분이 교도 관리에 투자된다고 보아도 과언이 아니다. 교화현장을 활성화하는데 주력하는 교무의 하루일정을 살펴보면 교화성장의 핵심이 되는 교도 관리의 다면적 실행을 위해서 교도를 관리(육성 · 지도)하는데 교역의 상당한 시간을 투자하고 있음을 알 수 있다. [표1]은 효율적인 교도관리 시간 관리를 위한 기준을 제시한 것이다.

그러나 교무의 교도 관리에 대한 의욕이 강하고 교무의 많은 시간을 교도 관리에 투자한다고 해도 교화현장의 성공이 보장되는 것은 아니다. 교화의 성공은 교화자인 교무가 현장교화를 위해 준비하고, 교화현장에서 계획하고 실제로 시행하면서 시행착오도 거치면서 축적된 교도 관리역량을 통해 이루어지는 것이다.

교화현장에서 교무가 성공적인 교도 관리를 위해 갖추어야 할 기본역량을 정리해 보면 다음과 같다.

① 교화현장인 교당의 정서(교당을 이루는 교도들의 지적 수준, 학벌, 정치색깔, 지방색 등에 의한 정서), 문화전통, 경제적 여건 등을 파악해야한다.
② 대상교도 개인에 대한 구체적 파악을 하고 있어야한다.
③ 다양한 교도 관리방법을 활용할 수 있어야한다.

[표1] 교화자의 업무와 시간배정

1/4 교화순교와 교화상담 (Pastoral)	1/4 법회와 설교 (Liturgical)	1/2 교화관련행정 (Executive)

2. 교도 관리의 대상

교무가 교화현장에서 만나게 되는 교도의 모습은 매우 다양하다. 성별과 연령의 차이와 교도 개개인이 살아온 환경, 그리고 학력, 직업 등의 차이는 교도 각각의 특성으로 형성되기 때문이다. 이렇듯 개인적 특성이 서로 다른 교도에 대한 교화관리는 획일적일 수 없다. 그러므로 그 사람의 특성에 적합한 관리 방식을 적용하는 맞춤식 교도 관리를 통한 다양한 교화방식이 필요하게 된다.

소태산 대종사는 그 사람의 근기에 따라 법을 베푸는 교화방법(『대종경』 교의품 23)을 말씀하셨다. 교도의 근기에 따라 교화의 방법을 달리한다는 것은 교도 관리에 있어서 대상교도의 입문기간, 신심, 공부심 정도에 따라 단계적으로 적용하는 것이 효과적이라는 의미로 해석할 수 있다. 교화 관리 대상교도의 특성에 따른 효율적 교도 관리를 하려는 교무는 대상교도를 [표2]와 같이 나누어 이해하면 도움이 될 것이다.

[표2] 교 도 관 리 대 상

대상교도분류기준	분류내용/분석 종류	비고
교당연륜	① 신입교도 ② 기성교도 ③ 잠재교도	
공부정도	① 보통급 교도 ② 특신급 교도 ③ 법마상전급 교도 ④ 법강항마위이상 교도	
발달 및 성격	① MBTI ② 에니어그램 ③ TA	성격검사도구
연령별	① 유년 교도 ② 청소년 교도 ③ 청년 교도 ④ 일반장년 교도 ⑤ 노인 교도	
직업	① 사무관리직 ② 마케팅/영업직 ③ 기술/기능직 ④ IT/정보통신/디자인직 ⑤ 전문직 ⑥ 노무특수직군 ⑦ 건설 토목 ⑧ 문화 · 예술직 ⑨ 교육직	직종별분류
교당 내 업무	① 재가지도자 ② 일반자원봉사자 ③ 채용직	
가족신앙	① 일원가족 ② 가족구성원 일부 교도 ③ 단독 신앙 교도	
가족상황	① 일반가정 ② 특수상황에 처함 가정(장애,이혼,사별등)	
WonTIS 관리	① 관리교도 ② 미 관리교도 ③ 행불교도 ④ 열반교도	

1) 교당 연륜과 공부정도에 따른 분류

(1) 신입교도

신입교도는 말 그대로 새로이 원불교에 입문하여 원불교 교법을 신앙하기 시작한 사람이나. 그러나 교도관리의 차원에서는 교당경험의 유무나 입교기간의 길고 짧음에 상관없이 원불교 교법에 대한 이해가 부족하거나 법회에 출석하기 시작한 사람을 신입교도라 정의내리는 것이 교도관리를 위해 바람직하다. 대체로 신입교도가 원불교에 입문하거나 법회에 출석하기 시작한 동기는 사람에 따라 다양하다. 그러므로 그 동기를 잘 파악하여 대처하는 것은 효과적인 신입교도관리를 위해서 필요한 과정이다. 신입교도의 신앙동기를 정리해보면 다음과 같다.

① 인연관계로 인해 나오는 사람
② 인생에 대한 답을 구하고자 나오는 사람
③ 문제해결을 위해 나오는 사람
④ 복 받기위해 나오는 사람
⑤ 기타의 이유로 나오는 사람

교당은 초심자인 새 교도가 스스로 교당분위기를 파악하고 적응하도록 기다리는 소극적 자세보다는 새로운 주인으로서 신앙과 수행의 성장은 물론 교화참여의 기회를 제공하는 적극적 자세로 신입교도를 관리해야한다. 만약 신입교도가 교당의 적극적인 자세를 부담스러워할 경우 적절한 대처가 필요하다. 너무 획일적인 신입교도관리가 아니라 사람 사람에 맞는 내용과 절차가 필요하다.

신입교도가 교당에 정착하기 위해서는 일단 원불교적 정서와 교당분위기에 적응할 수 있는 신입교도 관리시스템이 마련되어야 한다. 아울러 교법에 대한 훈련을 통해서 신앙을 성숙시킬 수 있는 신입교도훈련 프로그램 도입이 병행되어야한다. 기성교도와 신입교도, 혹은 교화단과 신입교도간의 '멘토링'제도를 도입하는 것도 신입교도의 교당적응에 매우 효과적인 한 방법이다. 이는 신입교도뿐만 아니라 신입교도의 멘토가 되는 기성교도의 성장을 위해서도 매우 효과적이다.

새로운 교도가 법회에 참여하였을 경우 다음과 같이 일정한 내용과 절차들이 진행되는 것이 바람직하다.

① 새로운 교도를 맞이하는 담당자, 또는 모임을 통해 교도카드를 작성한다. 입교전일 경우 입교절차를 함께 밟는다. 이를 위해서는 사전에 신입교도를 관리하는 담당자 혹은 담당모임이 결성되고 이에 대한 훈련이 되어 있어야 한다.

② 원불교안내 및 교당안내책자를 제공한다. 교화부에서 발간된 원불교 안내책자뿐만 아니라 각 교당의 법회와 모임, 교화상담을 위한 시간 및 연락처 등이 포함된 개별교당 안내책자를 준비하여야 한다.

③ 교화단 활동에 참여할 수 있도록 교화단에 배정한다. 이때 교화단장이 교화단 활동에 필요한 사항들을 신입교도에게 자세히 안내하는 기회를 갖도록 한다. 이때 교화단장이나 다른 교화단원이 신입교도와 멘토링 관계를 형성하는 것도 도움이 된다.

④ 입교식을 한다. 이때 신입교도가 공식적으로 교도로 소개되는 자리가 된다. 입교식이 형식적인 절차가 되어서는 안 된다. 신입교도에게는 원불교 교도가 됨에 자부심을 갖게 하고, 교도들에게는 환영과 축하의 의식이 되도록 해야 한다.

⑤ 순교(방문, 전화, 혹은 우편순교)를 통해 친밀감을 형성하고 법회에 자연스럽게 참여하도록 인도한다. 신입교도에 대한 순교는 교화단을 통해 기회를 마련하는 것이 좋다. 그러기 위해서는 순교 전에 교화단모임이 이루어져야한다. 순교 이전의 교화단 활동은 신입교도로 하여금 다른 교도에 대해 친밀감과 인간관계를 형성할 수 있는 기회가 된다. 그리하여 교무 혹은 교화단 차원에서 순교가 이루어질 때 신입교도가 느끼는 방문순교에 대한 부담감은 줄어들 수 있다.

(2) 기성교도

기성교도는 원불교에 입문하여 교법을 이해하고 실행하는 교도이다. 기성교도의 경우, 원불교 입문기간과 입문 후 교법을 신앙하고 실행해온 정도에 따라 법위단계를 기준으로 보면, 보통급에서 여래위에 해당하는 다양한 공부차이를 보인다. 대종사는 모든 공부인의 근기(根機)가 천층만층으로 다름을 전제하고, 대체로 상·중·하 세 근기로 구분하여, 각각의 근기에 따른 지도방법에 대해서도 언급(『대종경』 신성품 2장)하였다. 이러한 근기에 따른 단계별 지도방식을 교도 관리를 위해 적용하면 보다 효과적일 것이다.

① 보통급 교도

보통급 교도는 처음 입교하여 법명증과 보통급 십계문과 사종의무를 받은 사람을 말한다. 보통급 교도관리에 있어서 중요하게 생각해야하는 점은 불보살의 뿌리가 처음 싹트기 시작하는 때이므로, 신심과 정성을 다해서 교당을 자주 찾아와 법문 듣기를 좋아하도록 지도하고 선지식을 가까이 할 수 있는 기회를 제공하는 것이다. 또한 입교에서 받은 자신의 법명을 통해 교도로서의 자긍심을 심어주며 특히 교도의 사종의무를 지키도록 지도함이 필요하다. 사종의무란 처음으로 원불교 교도가 된 사람이면 누구나 지켜야 하는 네가지 신성한 의무인데, 조석심고·법회출석·보은헌공·입교연원을 말한다.

② 특신급 교도

특신급교도는 원불교의 교리와 각종 법규를 대강 이해하고, 모든 사업이나 신앙이나 정성이 다른 곳으로 흐르지 않으며, 원불교의 공부와 사업에 열중하고 재미를 갖기 시작하는 단계의 교도이다. 이 단계의 교도는 법문 듣고 염불·좌선·기도 등으로 마음공부 하는 것을 즐겁게 알기 때문에 마음공부에 재미를 붙이고 도량과 스승을 찾아 법을 배울 수 있도록 지도하는 관리방법이 필요하다. 또한 공익사업에 관심을 갖고 이 공부 이 사업이야 말로 가장 가치있는 일임을 아는 단계이므로 교단과 교당의 교화사업에 적극 동참할 수 있는 기회를 제공하는 것도 특신급 교도에 대한 관리의 한 방법이라 할 수 있다.

③ 법마상전급 교도

법마상전급 교도는 마음공부에 큰 취미와 재미를 갖게 되고 원불교적 인간상을 확립되어가는 단계에 있는 교도이다. 이 단계의 교도는 마음공부에도 어느 정도 자신이 생기고, 재주나 능력도 어느 정도 생기기 때문에 자칫 스스로 만족하고 자만하게 될 수 있다. 예를 들어, 공부하는 가운데 역경을 만나면 권태증이 일어나거나 사량 계교심을 내고, 순경을 만나면 공부를 빨리 이루려는 욕속심을 내어 교무 혹은 교도와 갈등을 야기할 수도 있다. 이러한 문제 상황에 놓인 상태를 '중근'이라 하는데 중근병에 걸린 교도를 지도하는 일은 교도관리에 있어서 교무의 중요한 역할이 된다. 이 경우에 교무는 교도가 자신 주견이나 고집을 놓아버리고 특신급의 신성으로 스승의 지도에 다 맡기고 육근동작에 불꽃 튀는 혈성으로 수행 정진할 수 있도록 도와야 한다. 그리하여 속 깊은 마음공부(성리 단련공부), 삼세 제불제성을 닮아가는 공부를 통해 교도가 중근기의 위기를 극복할 수 있도록 돕는다면 성공적인 교도관리를 할 수 있을 것이다.

④ 법강항마위이상교도

항마위 교도는 정사(正師)로 대중을 바르게 인도해 줄 수 있는 바른 스승의 자격을 갖추게 된 교도이다. 항마위 이상의 교도는 법호를 받게 되는데 그에 따른 예우와 상황에 맞도록 하는 것이 교화현장에서의 항마위 이상 교도에 대한 교도관리가 될 것이다.

(3) 잠자고 있는 교도

'잠자고 있는 교도'란 입교만 하고 법회에 출석하지 않는 교도, 또는 과거에 교도로서 활동을 하였으나 어떤 사정으로 인해 교당활동을 하지 않고 있는 비활동 교도를 말한다. 이러한 교도의 경우에는 지속적인 교도관리 혹은 적극적 순교 등의 교화활동에 의해 다시 교도로서 활동할 가능성이 있기 때문에 교화상담과 순교를 통해 지속적인 교도관리를 하는 것이 바람직하다.

(4) 잠재교도

잠재교도란 현재 교도는 아니지만 주변 인연이나 가족 중 교도관련 인연이 있어서 특별한 공을 들이면 입문가능성이 있는 사람들이다. 또는 원불교에 인연은 없지만 원불교라는 종교 혹은 원불교 교무나 교도에게 호감을 가지고 있는 사람을 잠재교도로 정의하고 불공의 관점에서 관리할 수 있다. 나아가 현재 다른 종교를 신앙하고 있더라도 원불교로 전향할 수 있다는 가능성을 염두에 두어야한다. 그리하여 교화현장에서 만나게 되는 모든 사람을 교도의 영역에 포함하여 교화의 방향을 모색하는 적극적 교도관리 방안이 필요하다. 교화현장에서 잠재교도를 만나는데 있어서 그들의 일반적 심리를 파악하여 대처하는 것은 새로운 사람을 만나는 데에 따르는 교역자의 심리적 부담감을 줄일 수 있다. 원불교를 설명하고 신앙을 권하는 교도 및 교역자에게 일반적으로 잠재교도들은 대체로 [표3]과 같은 반응을 보인다.

[표3]잠재교도유형에 따른 관리방법

유형종류	유형별 반응	접근방법
무관심형	"지금은 할 일이 많아서 "	무엇보다 중요하고 시급한 일은 진리적 신앙을 가지고 사는 것임을 강조하는 것
자꾸 미루는 유형	"다음에 기회가 되면..."	아무도 앞으로 일어날 일은 알지 못하므로 자꾸 미루는 습관은 어리석음을 알려주는 것
쇼핑유형	"다른 것도 좀 알아보고..."	교법에 대한 자신감을 피력하고, 지속적인 불공을 통해 기회를 만드는 것

잠재교도들이 신앙권유에 대해 보이는 반응별 유형에 대한 준비가 되어있다면 교화현장의 잠재교도를 신입 교도로 교화하는데 도움이 될 것이다. 잠재교도에 대한 교화방법은 그들의 다양한 특성을 파악하고 이해를 기반으로 모색되어야한다. 앞으로 설명되어질 발달기질, 연령, 성별, 직업별, 그리고 가족상황에 따라 잠재교도의 특성과 욕구가 파악된다면 이를 바탕으로 시기적절한 교화적 대응을 할 수 있기 때문이다.

2) 발달기질 및 성격에 따른 분류

기질이란 사람의 바탕을 이루는 형질(Nature)과 개인의 정서적 반응의 특징으로 나타난다. 대체로 사람의 기질은 어느 정도 환경에 의해 변화할 수는 있으나 근본적인 기질은 존재하여 사람의 성격 및 삶에 영향을 미치고 있다. 우리가 어떤 성격발달단계에 있어서는 이러한 감정이 공통적으로 일어난다는 성격이론을 알게 된다면 그 성격의 사람을 보다 쉽게 이해하게 된다. 발달기질 및 성격유형에 따라 교도를 파악하고 이해한다면 백지상태에서 시작하는 것보다는 훨씬 교도 관리에 있어서 효과를 볼 수 있을 것이다.

대산 종사도 이와 비슷한 맥락에서 "사람을 지도할 때 그 기질을 잘 파악하여 지도해야 한다. 문(文)이 승(勝)한 사람, 무(武)가 승한 사람, 또 문무가 겸한 사람이 있다. 그러니 그 기질을 알고 지도해야 한다." (『대산종사문집3집』 제6편 공도 54) 하여 기질의 차이를 알고 지도하는 교도 관리법을 언급하였던 것이다.

이러한 발달기질과 성격을 객관적으로 파악할 수 있느냐의 문제에 대한 이견이 있긴 하지만 비교적 객관성을 확보하려는 유형검사들이 상당히 유행하고 있다. ① MBTI ②에니어그램 ③TA 등 과 같은 성격유형검사들이 바로 그것이다. 교도의 유형을 파악함에 있어서 그 분석결과를 가지고 '이런 유형의 사람이다.' 라고 확정하여 해석하는 것은 몇 개의 특성을 가지고 전체를 일반화하는 오류를 범하는 것이다. 심리검사 결과로 나타난 각 성격유형들은 통계적으로 일컬어지는 대체적인 성향이기 때문이다. 각 성격검사결과로 분류되는 성격유형별 분류는 [표4]와 같다.

[표4] 성 격 유 형

검사도구	유 형 구 분
MBTI	① ISTJ ② ISFJ ③ INFJ ④ INTJ ⑤ ISTP ⑥ ISFP ⑦ INFP ⑧ INTP ⑨ ESTP ⑩ ESFP ⑪ ENFP ⑫ ENTP ⑬ ESTJ ⑭ ESFJ ⑮ ENFJ
에니어그램	① 개혁가형 ② 조력가형 ③ 성취자형 ④ 예술가형 ⑤ 사색가형 ⑥ 충성가형 ⑦ 낙천가형 ⑧ 지도자형 ⑨ 조정자형
TA	① 부모자아 ② 어른자아 ③ 어린이자아

위 표에 나타난 성격유형을 중심으로 대상교도의 특성을 파악한다면, 서로의 특성에 대한 이해부족에서 발생할 수 있는 실수를 최소화할 수 있다. 특히 교무 자신의 성격유형분석과 함께 대상교도의 성격이 분석된다면, 보다 효율적인 인간관계형성에 도움이 된다.

3) 연령 및 성별에 따른 분류

일반적으로 사람들은 전 생애 동안 발달적 변화를 경험한다. 그 변화는 연령이 증가함에 따라 일어나는 신체적 · 심리적 변화를 포함하며, 남녀의 성별에 따라 변화의 양상이 다르기 때문에 대상 교도의 연령과 성별에 따른 파악 및 발달주기에 따른 연령별 성별 이해는 교도관리에 있어서 중요한 조건이 된다. 예를 들어 인생의 각 발달단계는 그 단계에서 반드시 성취해야할 발달과업을 가지고 있다. 발달과업이란 개인이 환경에 적응하기 위하여 요구되는 기술이나 능력으로써, 만약 한 단계에서 발달과업의 성취가 만족스럽지 못하면 다음 단계의 발달은 지장을 받게 된다. 만일 교무가 이와 같이 전개되어지는 발달단계와 발달과업을 이해하고 있다면 그 단계에 있는 교도의 영적 성장과 정서적 안정을 효과적으로 도울 수 있을 것이다. 나이가 들수록 정서적인 감수성이 예민해지고 표현방식이 세련되어가는 특성이 있지만 신체적으로는 나이가 들수록 점차 쇠약해지기 때문에 각 단계에서 부딪히는 상황은 그 사람의 발달단계에 따라 다를 수밖에 없다. 남자와 여자, 젊은이와 노인에게 기대하는 적절한 역할, 즉 성역할 표준이나 사회역할기대에 따라 서로 다른 특성을 가지고 있기 때문에 효과적인 교도관리를 위해서는 이에 관련한 올바른 이해가 필요한 것이다. 기간연령과 성별에 따른 분류기준은 다음과 같다.

(1) 어린이 교도

영아기와 아동초기에는 부모, 형제자매 그리고 다른 사람과 정서적 관계를 맺는 것을 학습하고, 옳고 그름을 판단하는 것을 배우며 양심이 발달된다. 아동중기에는 놀이에 필요한 신체적 기술을 학습하고 또래친구 사귀는 법을 배우며 양심 · 도덕 · 가치체계가 발달하며, 사회집단과 제도에 대한 태도가 발달한다. 그러므로 이 시기의 특징을 참고한다면 어린이 특성에 맞는 교도관리의 방법을 선택할 수 있을 것이다.

(2) 청소년교도

청소년기에는 자신의 성역할을 수용하여 동성이나 이성의 친구와 새로운 관계를 형성한다. 또한 정서적으로 독립하며 직업에 대한 생각과 지적기능을 획득하는 시기이다. 이러한 특성을 참고한다면 학생회라는 조직을 통해 동성과 이성친구와의 관계 형성을 돕고, 교리에 대한 학습을 통해 신앙성을 고취시킬 수 있는 관리방법을 모색할 수 있을 것이다.

(3) 청년교도

성인초기인 청년기에는 배우자 선택과 가정, 직업, 그리고 사회적 집단 형성에 대한 과업이 이루어진다.

(4) 일반장년교도

이 시기에는 경제적 표준생활을 확립하며 자녀에 대한 교육, 배우자와의 정서적 유대감 등이 그 과업으로 제시된다. 이 경우 배우자와 자녀교육에 대한 관심, 그리고 중년기의 생리적 변화를 인정하고 적응할 수 있도록 교화단 조직 혹은 동년배 교도간의 네트웍을 형성하는 것도 효과적인 교도관리의 한 방법이 될 수 있다.

(5) 노인교도

이 시기에는 신체적 힘과 건강이 쇠퇴해지고, 은퇴와 수입감소, 배우자 사망등의 상황에 처하게 된다. 그러한 상황에서는 동년배와의 유대관계 형성 및 유지가 도움이 되는데 교화단이나 교단 및 교당조직을 활용한 교도관리방법을 활용할 수 있다.

4) 직업에 따른 분류

직업은 제2의 천성이라 할 만큼 그 사람의 성격과 인품을 변화시키고 삶의 대부분을 차지한다. 그 사람의 직업을 보면 그의 심리 · 습관들을 알 수 있다고 하는데, 이는 오랫동안 그 직업에 종사하게 되면 자연히 생각이나 활동이 그와 연관되기 때문이다. 따라서 직업인을 교화하려면 그 직업을 이해하고 그에 따르는 방식을 사용하면 효과적이다. 왜냐하면 개인이나 사회가 직업에 대하여 가지고 있는 태도나 가치관인 직업관, 그리고 특정 직업에 종사하는 사람들이 지켜야 할 행동 규범이나 마음가짐인 직업인의 윤리는 그 사람의 심리와 습관에 반영되기 때문이다.

인력채용기업인 리쿠르트(Recruit)에서 분류한 직업분류는 다음과 같이 크게 직종별 분류와 업종별로 나누어진다.

(1) 직종별 분류

① 사무관리직 ② 마케팅/영업직 ③ 기술/기능직 ④ IT/정보통신/디자인직
⑤ 전문직 ⑥ 노무특수직군 ⑦ 건설 토목 ⑧ 문화 · 예술직 ⑨ 교육직

(2) 업종별 분류

① 서비스업종 ② 제조업종 ③ 정보통신업종

교화현장에서 직종에 따른 교도의 정서적, 심리적 특성을 고려한 교도관리는 그 성과를 기대할 수 있을 것으로 본다.

5) 교당 내 업무분담에 따른 분류

교당의 규모가 어느 정도 갖추어져 있을 경우, 자원봉사 인력과 유급인력에 의해 교당 운영이 이루어진다. 교당 내 운영은 주로 무급 자원봉사 형태로 요인 혹은 재가교도를 중심으로 이루어지며, 큰 교당이나 교당 부설기관의 경우에는 재가교도 혹은 잠재교도를 유급의 형태로 채용하기도 한다.

(1) 교당요인

교화현장에서 교당을 움직이는 주요 직책수행자를 요인이라고 한다. 요인은 교당의 간부교도, 고문, 교도회장단, 주무, 순교, 교화단 단장 중앙 등이 이에 해당된다. 이들은 교당연륜, 법납, 법위 등 각 직책에 해당되는 능력 혹은 자격에 따라 임명되는데 교당운영의 책임을 담당한다. 또한 교단 내 주어진 직책이 없어도 자발적으로 혹은 교역자나 재가지도자의 협조요청에 의해 교당에서 이루어지는 각종 교화활동을 지원하는 일반교도도 자원봉사 인력에 해당된다. 이렇게 자원봉사형태로 교당운영을 책임지거나 지원하는 교도에 대한 관리는 매우 중요한 부분이다. 이러한 재가교도들이 교당의 주인이며 교화의 주역이기 때문이다.

이들에 대한 관리는 업무를 중심으로 지도하고 관리하는 차원을 넘어서서 교화활동에 동참하는 사명감과 성취감을 진작시켜가는 방향으로 진행하여야한다. 궁극적으로는 재가교도를 재가지도자로 육성하여야한다는 의미이다. 현재 이루어지고 있는 사업성적 평가도 중요하지만, 시기적절한 정신적 보상, 즉 성취감과 보람이 함

께 병행될 수 있도록 하는 과정이 요청된다.

(2) 채용일반직

일반적으로 교당이나 유치원, 복지관 등 교당부속기관에 급료를 받고 채용된 사람은 교도일 수도 있고, 그렇지 않은 경우도 있다. 특히 위탁기관의 경우에는 원불교 교도보다는 잠재교도가 더 많은 현실이다. 이 경우 어떻게 인력관리를 하느냐에 따라 지역사회 교화에 미치는 영향은 매우 지대하다. 원불교 교도를 채용한 경우, 소속교당의 교도일 수 있고, 다른 교당소속의 교도일 수 있다. 잠재교도의 경우, 이웃종교의 신자일 수도 있고, 무종교인일 수도 있다. 채용의 자율권이 보장된 상황이라면 교도를 우선으로 채용하며, 그렇지 못한 경우에는 잠재 교도가 될 수 있는 사람을 우선적으로 채용하는 것이 현장을 교화로 연결하는 것이다.

원불교 교도의 경우 과한 부담이나 희생을 요구하기보다는 업무를 통해 더욱 신심과 주인의식이 투철해지도록 공부 방향을 잡아주는 교도관리가 이루어져야한다. 잠재교도의 경우, 업무를 통해 원불교나 원불교 교도에 대한 호감을 느낄 수 있도록 하는 것이 중요하다. 잠재교도에 대하여는 지역사회에 원불교 홍보대사 역할을 수행할 수 있도록 하는 감동관리가 필요하다.

6) 교도의 가족 신앙에 따른 분류

가정은 혼인관계 및 혈연관계로 구성된 가족구성원들이 공동 생활하는 장소 또는 조직체이다. 가족 구성원들이 생활방식과 가치관 등을 서로 공유한다는 의미를 내포한다. 그러나 신앙의 자유가 일반화되고 사회적 활동이 활발해짐에 따라 가족 구성원 간에도 서로 나른 신앙을 가질 가능성이 높아지고 있는 추세이다. 그러므로 가족구성원의 신앙정도를 따라 그에 따른 교화활동이 이루어진다면, 가족 구성원 사이에 일어날 수 있는 종교 갈등을 최소화할 수 있는 한 방법이 될 것이다.

(1) 아내만 교도인 경우

다른 가족구성원이 잠재교도이고 아내만이 교도인 경우에는 교도자신의 가족에게 불공을 통한 교화가 절실하다. 그러나 다른 가족구성원이 이웃종교의 독실한 신자인 경우에는 우선적으로 가족의 화목을 깨지 않는 선에서 일단 교도 혼자만이라도 신앙생활을 지속하도록 하는 과제가 있다. 자녀가 있는 경우에는 어머니의 신앙을 따를 수 있도록 청소년을 포함한 가족구성원과 친밀한 유대관계를 형성하는 등의 교무의 관심과 관심을 집중할 수 있는 교도 관리전략이 필요하다.

(2) 남편과 시부모만 교도인 경우

교도가정에 다른 종교 혹은 무종교인인 며느리가 결혼하여 들어온 경우, 부모님께 효도하는 길이 무엇인가에 대해 생각할 수 있는 기회를 갖도록 상담하며, 원불교라는 종교와 교무에 대한 호감을 느낄 수 있도록 접촉하는 것이 우선시되어야 한다.

(3) 부부가 모두 교도이나 청소년 자녀는 잠재교도인 경우

부모가 교도이기 때문에 그 자녀는 결국 저절로 원불교 신앙을 하게 될 것이라 기대하고 자녀들의 뜻대로 방치해두거나, 청소년의 학업관계로 교당에 출석하는 것을 연기해두는 상태인 경우가 많다. 이렇게 미루게 될 경우, 자녀가 이웃종교로 신앙을 갖게 될 가능성이 높아질 수 있다. 그러므로 부모들이 가정에서 자연스럽게 신앙적 분위기가 전달될 수 있도록 노력해야한다. 또한 일상생활 속에서 교법이 실천되는 모습을 통해 자연스럽게 일원가족이 되어지도록 청소년자녀와 그 부모에 대한 교무의 지속적인 관심과 권유가 필요하다.

7) 가족의 특수 상황에 따른 분류

가족은 일반적으로 혈연 · 결혼 · 입양 등에 의해 묶여진 사람들의 집단으로 인식된다. 가족구성원들은 단독 가계를 구성하여 남편과 부인, 아버지와 어머니, 아들과 딸, 형제와 자매 등 각자의 역할로써 상호작용을 한다. 그러나 가계를 구성하는 배우자의 상실은 필요한 역할의 상실로 다가오게 된다. 특히 급격한 산업화 과정은 생활수준을 향상시킴과 동시에 미혼모, 아동과 노인 등 결손가정의 문제를 발생시켰다.

그러므로 대상교도 가정의 형태에 따른 기준으로 일반가정, 결손가정, 이혼가정, 사별가정 등으로 나누어 각각의 가족상황에 따라 교도관리가 이루어진다면 그 효과를 높일 수 있을 것으로 기대된다. 일반가정에 비해 결손, 이혼, 사별 등의 특수상황에 놓인 가정의 경우 양육이나 경제적 문제 상황에 노출될 수 있는 가능성이 많고, 그에 따른 가족구성원의 정서적 적응과정 또한 일반가정의 경우와 다를 수 있기 때문이다.

질병, 장애, 혹은 특수한 상황에 처한 가족구성원을 둔 사람 역시 그 영향력을 피해갈 수 없다. 그러므로 특수상황에 처한 가족구성원을 둔 교도들에 대한 파악과 이해, 지속적 관심은 중요한 교도관리 방법이 된다.

8) WonTIS(원불교종합정보시스템)에 나타난 분류

(1) 관리교도

관리교도는 공부성적/사업성적 사정대상자 및 교화단에 편성되어있는 활동 교도를 의미한다.

(2) 미관리교도

미관리교도란 성적사정 미대상자로, 교화단에 미편성되어있는 비활동 교도를 의미한다. 오랫동안 '잠자고 있는 교도' 혹은 행불교도로 분류되지 않는 행불교도일 수 있으므로 그에 따른 행정처리와 교도관리가 수반되어야한다.

(3) 행불교도

행불교도란 다른 종교로 개종한 교도, 혹은 이름이 확실하지 않거나 신원이 불분명한 교도를 의미한다. 행불교도의 경우는 잠재교도관리와 같은 차원에서 이루어지는데, 인연의 끈을 놓지 않도록 포기하지 않고 기다려주는 관리방법이 필요하다.

(4) 열반교도

열반교도는 열반한 교도로, 원불교 교도로서 활동을 마친 교도이다. 열반하였다고는 하지만 여전히 교도로서 열반에 관련된 의례 주관, 지속적인 사업관리, 열반교도와 관련된 유가족 및 그 친지에 대한 교화를 통해 교도관리는 계속 지속되는 것이 바람직한 열반교도에 대한 관리라 볼 수 있다.

제 2장 교화상담

1. 교화상담의 필요성

교화상담은 상담을 통한 교화이며, 교화현장에서 다양한 모습으로 실행되는 교화형태이다.

교화상담은 교무가 교도에 대해 개별적인 관심을 가지며, 교도의 개별적 일상사에 대해 관심을 보이는 등의 개별인지행동을 통해 본격적으로 시작된다. 교무의 개별인지를 통해 교도는 교무로부터 인정받았다는 느낌을 갖게 되고, 이에 따라 교무와 교도간의 친밀감이 높아지게 된다. 이러한 인간적 유대감과 친밀감은 교무와 교도로 하여금 교화상담의 장으로 자연스레 나아가게 하는 기반이 된다.

물론 사람의 능력으로 사람의 마음을 변화시킨다는 것은 쉽지 않는 일이다. 그러나 소태산 대종사는 마음공부를 통해 기질변화와 심성변화가 가능하다고 하였다. 이에 근거하여 교무는 교도들이 성숙한 신앙생활을 할 수 있도록 지도하며, 교도들로 하여금 원불교 교법에 대한 신앙과 수행을 통해 기질변화와 심성변화를 이루어 스스로의 문제를 해결해 나가도록 도와야하는 책임과 의무가 있다. 이 과정을 수행하는 과정이 바로 교화상담이라 할 수 있다.

서경전(1997)은 "교역자가 교리에 바탕하고 신행의 승화된 자세로서 내방자로 하여금 스스로 자신을 반조하고 자아를 통찰함으로써 자신을 재체제화시켜 건전한 신행(信行)이 되도록 하는데 있다."고 교화상담의 목적을 밝히고 있다.

그렇다면 교화상담은 왜 필요한가, 어떠한 효과가 있는가에 대해 교도, 교무, 그리고 교화의 관점에서 살펴보는 것이 좋겠다.

1) 교도의 입장

상담은 내담자의 당면 문제해결 뿐만 아니라 내담자의 성장과 발전을 통해 내담자 스스로 문제를 해결할 수 있도록 상담자가 돕는 것이다. 내담자인 교도는 가정문제로 인한 고민이 있을 경우, 교무와 상의하여 해결하고자 하는 경우가 많다. 또한 신앙과 수행과정에서 교무의 조언과 지도를 받아 신앙과 수행의 단계를 높이고자 할 때, 교무의 교화상담을 필요로 한다. 이러한 경우 교역자의 상담능력은 효과적인 교도관리를 위한 핵심 교화역량중의 하나가 된다.

교화상담의 시기는 교화상담자가 판단해야 할 일이지만 일반적으로 다음과 같은 시기에 행해져야한다.

① 교도의 신앙과 수행에 대한 의지가 약해지고 있을 때
② 교도가 요청하여올 때
③ 교도의 가정이나 신상에 이상이 있다고 생각될 때
④ 교도의 애경사
⑤ 인간관계에 문제가 있다고 생각될 때

2) 교무의 입장

교무의 교화활동에 있어서 상담은 선택이 아닌 필수가 되었다. 교도를 만나면 항상 교화상담의 상황에 직면하고 있는 것이다. 이때 상담에 대한 훈련을 통해 교화상담능력을 갖춘 교무는 그렇지 못한 교무에 비해 교화상담의 성과를 더욱 효과적으로 높일 수 있다. 그러므로 교무의 교화능력개발에 있어서 상담교육은 필수적일 수밖에 없다.

이런 관점에서 보면 교화현장에서의 모든 교도관리는 교화 상담차원에서 이루어지는 교화활동이다. 즉 내담자인 교도의 문제를 공감하고 문제 해결에 도움을 줄 수 상담자의 역할 또한 교무의 몫이라는 의미이다. 그러므로 상담자인 교무 본인의 자기관리가 요청된다. 효과적인 교화상담을 위해서는 교무 자신이 가지고 있는 해결되지 않는 문제, 혹 내재해있을 내적상처를 우선적으로 통찰하고 해결해야한다는

의미이다. 이 점이 내담자인 교도가 상담자인 교무를 존경할 수 있는 요건이다. 자기문제로 인해 감정조절이 안되거나 자신의 문제에 빠져있는 교무는 교화상담의 준비가 되어있지 않다고 보아야한다.

3) 교화적 입장

교당은 원불교 교도들이 모여 각종 종교생활을 하는 장소로 많은 사람들이 찾고, 편안함과 안전함을 느끼며, 교법을 생활화할 수 있는 훈련의 장소이다. 그러므로 교당은 교법을 생활화하는 과정에서 발생하는 인간관계 등의 어려움을 해결하면서 마음 공부할 수 있도록 도와주는 장소가 되어야 한다. 교당에서 이루어져야할 사항들에 대해서는 교당내왕시 주의사항에 나타나있는데, 이 가운데 많은 부분이 교화상담과 관련된 문답감정과 관련된 사항임은 놀라운 일이 아니다. 그만큼 교당이 교무와 교도, 혹은 교도들 사이에 자유로운 문답감정과 교화상담이 이루어지는 현장이어야 한다는 의미이다.

교화순교가 교도를 찾아가는 교화형태라면, 교화상담은 교도들이 교당을 찾아오도록 하는 교화형태를 형성해간다. 교도들의 아픔과 상처 그리고 세정을 알아주고 치유해주며, 어려움을 내적 성장의 힘으로 전환할 수 있도록 돕는 교화상담은 현시대의 교화현장의 요청이자 필수과정이다. 그러므로 교화상담을 통한 교화형태는 내적 교도성장을 촉진함으로써 궁극적으로는 교화현장을 살려내는 역할을 할 수 있다. 이웃종교에서는 일찍부터 목회 및 선교 상담이 신도와 교회에 미치는 관계를 파악하고 준비해왔다. 오래전부터 종교관련 상담에 대한 중요성을 절감하고 교회에 상담소를 설치하고 상담활동의 전문화를 통해 선교의 활로를 찾아가고 있음이 그 증거이다.

2. 교화상담의 방법

상담은 효과적인 문제해결이라는 관점에서 반드시 그 방법을 필요로 한다. 대체로 많은 종교성직자들은 교도에 대한 일방적인 조언이나 원리적인 생각을 전하는 것이 상담이라 생각하는 경향이 있다. 그러나 이러한 상담방식으로 인해 내담자들은 상담자인 교무로부터 당연히 충고 혹은 설교를 들을 것으로 예측하고 있어 오히려 내담자를 상담의 장으로부터 밀어내고 있다. 교화현장에서 내담자인 교도들이 필요한 것은 자신의 문제를 드러내보여도 안전하다는 확신을 가질 수 있는 신뢰의 장, 신뢰할 수 있는 교화상담자인 것이다. 그러므로 상담자인 교무에게는 교도들이 자신의 문제를 안전한 마음으로 교화상담의 장에 들고 올 수 있도록 하는, 그리고 그 문제를 효과적인 도움이 될 수 있는 상담방법에 대한 교육이 필수적이다.

1) 관계형성(Rapport)을 통한 상담

모든 상담과정에서 기본적으로 필요한 것은 상담자와 내담자가 신뢰관계를 형성하는 것이다. Paul Torunier(1995)는 "비밀을 지키는 것은 개인형성의 첫 단계이며 그 비밀을 누군가에게 털어놓는 것은 그 두 번째 단계가 된다." 라고 하였다. 살아가면서 누군가에게 자신의 숨겨진 비밀을 말한다는 것, 가장 깊은 감정을 털어놓는 것에 의해 우리는 다른 사람과 강하고 지속적인 유대를 만들어갈 수 있다. 반면에 속내를 털어놓았을 때 듣는 사람으로부터 거부당하거나 듣는 사람을 신뢰할 수 없게 되었을 때, 고통과 상처는 가중되게 된다.

이에 대한 대처방안으로, 교화상담에서는 비밀유지가 보장된다는 확신과 신뢰가 필수적이다. 물론 내담자로서의 교도들은 상담자인 교무의 신앙과 수행정도에 따라 이미 기본적인 신뢰감과 존경을 가지고 있다. 이는 교무가 상담자로서 이미 강점을 가지고 있다는 의미이다. 반면에 혹 신뢰와 존경보다는 엄격한 상하관계로 인식되어있다면 상담관계형성의 벽은 일반상담자보다 더 높을 수도 있다는 약점도 가지고 있다. 교화상담에서 관계형성이 중요한 이유는 다음과 같다.

① 관계형성(Rapport)은 교화상담을 할 수 있는 환경과 여건이다.

교화상담을 위한 상담공간마련은 상담관계의 형성에서 매우 중요한 요소이다. 다른 사람에 의해 상담이 방해받지 않는 공간과 친밀하고 자연스런 분위기가 필요하다.

② 관계형성은 내담자가 상담에 대해 긍정적인 기대감을 갖도록 한다.

내담자인 교도가 상담자인 교무에 대해 느끼는 친밀감과 신뢰는 앞으로 진행되는 상담과정에서의 자발적이고 능동적인 관계에 바람직한 영향을 주게 된다.

2) 비지시적 방법을 통한 상담

일반적인 상담기법은 상담과정에서 상담자와 내담자 중 누가 중심이 되느냐에 따라 크게 두 가지로 나누어진다. 상담자가 중심이 되는 지시적 상담(Directive Method)과 내담자가 중심이 되는 비지시적 상담(Non-directive Method)이다. 이 두 가지 방법 모두를 도입하여 절충한 방법은 절충적 방법(Eclectic Method)이다.

지시적 상담방법은 명령, 훈계, 충고, 격려, 과학적 논리적 설명 등의 방법으로 내담자를 문제해결방향으로 끌고 가는 인상을 다분히 줄 수 있는 상담방법이다. 지시적 상담이 문제해결의 지적과정을 중시하는 데 비해서, Carl R. Rogers를 중심으로 한 비지시적 상담은 획기적인 호응을 얻고 있는 정신치료의 한 입장으로 내담자와 내담자의 정서적 상태에 중점을 두는 방법이다.

교화상담은 비지시적 상담을 바탕으로 하는 것이 효과적이다. 왜냐하면 비지시적 상담은 내담자의 있는 그대로를 수용하고 내담자의 장점과 성장을 위해 내적 잠재력을 활용하도록 도와주며, 가치판단을 하기보다는 내담자가 행위와 신념에 관한 새로운 표준을 가지고 자의식 가운데 자라나도록 돕는데 관심을 갖기 때문이다. 이 과정에서 내담자는 자기 힘으로 문제해결책을 발견하고 그 방법대로 행동함으로써 자신의 삶을 조정하는 일에 있어서 보다 큰 책임과 자유를 누리게 된다.

비지시적 상담은 다음과 같은 특징을 갖는다.

① 개인의 자율성과 통합성을 중요시 여긴다.

② 정서 및 감정적인 면에 중점을 둔다.

③ 개인의 현재장면에 중점을 둔다.

④ 내담자로 하여금 말을 많이 하도록 한다.

반면에 비지시적 상담을 적용함에 있어 지나치게 내담자 자신과 그의 잠재력에 초점을 맞추다보면, 신앙과 종교적인 개입이 쉽지 않게 된다. 절대적 존재에 대한 경외심과 영성을 중심에 두지 않는 상담은 문제해결이라는 현실상황적 개입에 머물 수밖에 없는 한계를 느끼게 된다.

이런 경우에 종종 세 번째 방법인 절충적 방법을 사용하게 된다. 절충적 상담방법은 개인의 인격적, 자율적 능력이 어느 정도 약하여 내담자 스스로의 힘으로는 상황판단이나 통찰력이 생기지 아니할 때 상담자의 주견에 따라서 약간 방향을 제시해주는 것이다. 그래서 서로 의논하는 식의 상담을 하게 되는 것을 말한다. 그러나 이 방법은 바람직하지 않는 상담결과를 가져올 수 있다. 내담자가 스스로 선택하고 결정하지 않았다고 생각되는 부분에 대해서는 변화를 일으키기 어렵기 때문이다.

그러므로 상담의 주도적 역할은 내담자인 교도가 하도록 하고 상담자인 교무는 허용적 분위기를 조성하는 것이 좋다. 이것은 비지시적 상담에 근거한 교화상담자의 철학이며 태도로, 이를 통해 내담자인 교도는 스스로 자신의 문제에 대한 통찰에 도달할 수 있게 된다.

3) 자기 통찰을 위한 상담

통찰이란 인지의 재조직화 또는 새로운 관계의 파악이다. 자신존재에 대해 새로운 관점에서 생각해보고, 자기문제를 새로운 관점에서 바라볼 수 있는 것은 통찰에 의해서 가능하다. 내담자는 통찰을 통해서 지금까지의 모든 관계를 새로운 관점에서 파악하게 된다. 이는 자기를 이해하는 힘이 커 나감을 의미한다.

교화상담에서의 상담과정은 상담자인 교무가 내담자인 교도로 하여금 자신의 문제에 대한 통찰을 얻어가도록 돕는 것이다. 교화상담에 있어서 자기이해를 통한 통찰은 자신의 삶의 방향을 재조정하는 힘이 있기 때문에 '내가 조불수', '내가 곧 부처'라는 자각을 통해 스스로를 억압하는 충동에서 자유로워지고 새로운 관계를 개선하는 진급의 경험을 하게 된다.

교화상담에서 이루어지는 통찰과정은 자연스럽게 이루어지는 것이 좋다. 상담과정을 통해 내담자인 교도 스스로가 어떻게 통찰력을 발휘할 수 있도록 할 것인가는 교화상담자의 역량에 따라 차이가 있을 수밖에 없다. 통찰력을 발휘하도록 하기 위해서 교화상담자가 염두에 두어야할 상담방법은 다음과 같다.

① 내담자인 교도가 가지고 있는 문제의 상태와 그와 관련된 감정을 자유로이 표현하도록 한다.

이를 위해서 교무는 교도가 하는 말을 잘 들을 줄 알아야한다. 유능한 상담자는 말을 많이 하지 않는다. 말을 지나치게 많이 하게 되면 자연히 다른 사람의 말을 성의 없이 듣게 되거나 남의 입장을 이해하기보다는 자기주장을 하게 된다. 교화상담자로서 교무는 교도가 자신의 감정을 자유로이 표현하도록 잘 들어주고, 설교는 불단에서 하는 것이 효과적인 교화상담을 위한 명확한 역할분배이다.

② 내담자인 교도가 가지고 있는 방어적 기제를 해소하도록 한다.

일반적인 상담에 있어서 내담자의 개방성을 억제하는 모든 감정과 태도는 방어기제로 나타나게 된다. 자신이 가지고 있는 문제의 책임을 다른 사람에게 찾는다거나 자기합리화를 통해 변명을 하는 것은 모두 방어성에 속한다. 특히 교화현장에서 교무와 교도의 관계가 가지고 있는 특수상황이 내담자인 교도의 방어기제를 강화하게 할 수 있음을 염두에 두는 것이 좋다. 그렇지 않으면 교화상담을 위해 함께한 교도의 방어기제를 이해하지 못하게 되고, 결국 상담의 실패로 이어지기 때문이다.

또한 내담자의 적대감이나 반항의 표현이 침묵으로 나타날 수도 있다. 내담자 본인의 생각이 아닌 영향력 있는 다른 사람의 권유나 교무의 의견에 의해 이루어진 상담의 장이라면 침묵을 통해 자신의 거부감과 반항을 표현할 것이기 때문이다. 그렇다고 해서 모든 침묵을 방어성으로 해석하는 것은 바람직하지 않다. 친밀한 관계형성이 이루어진 후의 침묵은 스스로 통찰을 해가는 과정으로 이는 상담의 진행과정에서 매우 중요한 순간이며 기회이기 때문이다.

③ 교무는 조력자일 뿐, 내담자인 교도의 문제는 결국 내담자 자신이 해결해야 한다는 것을 알도록 한다.

어떤 내담자는 상담자에게 성급한 해답을 요구할 때가 있다. 그런 경우, 교화상담자는 내담자가 해답을 요구하는 이유를 알아보고 내담자 스스로 통찰할 수 있도록 해야 한다. 어떤 문제이든지 그 해결은 해답을 얻는데 있는 것이 아니라 마음속의 감정적 전환이 이루어져서 새로운 인격을 형성할 수 있는 통찰에 있음을 알려주는 것이 바람직하다.

④ 교법에서 해법을 찾도록 하고, 자타력이 병진되도록 법신불 전에 상담을 위한 기도를 하도록 한다.

원불교는 교법을 생활화함으로써 신앙과 수행이 생활에서 증명되어야한다. 이를 위해서 교화상담자는 신앙과 수행을 쉬지 않아야 하고, 교화상담을 위해 끊임없이 기도해야하는 자세가 필요하다. 또한 교도로 하여금 상담의 시작과 과정에서 기도를 통해 진리적 감응을 기원하도록 하는 것은 교화상담의 효과를 높일 수 있다. 법신불에 대한 기도는 진리와의 상담이자 자신과의 상담과정이다. 자신의 문제를 스스로 통찰해가는 법을 배우도록 돕는 것이 교화상담의 궁극목적이기 때문에 기도는 교화상담의 중요한 관점이 된다.

4) 교화상담의 과정

교화상담의 중심은 상담자인 교무가 아니다. 그렇다고 해서 완전히 내담자인 교도도 아니다. 상담의 중심은 상담자인 교무와 내담자인 교도사이에 진행되는 만남속에 있다. 즉, 교화상담의 중심은 상담의 진행과정이라 볼 수 있다. 진행과정 속에 관계형성도 있고, 상담목표도 설정되고, 상담기술도 발휘되고, 상담효과가 얻어지는 것이기 때문이다. 교화상담에서는 다음과 같은 과정이 이루어진다.

(1) 상담 원리와 방법을 이해한다.

다양하면서도 반복적인 경험과 훈련과정을 통해 숙련된 기술이 만들어지듯이 상담의 기술 또한 경험과 훈련을 통해 습득되고 다듬어진다. 이러한 경험과 훈련과정에서 반드시 필요한 것이 기술의 원리를 배워가는 것이다. 그러므로 교무는 교화상담의 원리와 방법을 배우고 다듬어 교화상담을 위한 준비과정을 거쳐야한다.

(2) 상딤목표를 설정한다.

교도와 교화상담을 시작함에 있어서 장 · 단기 목표설정은 필수적이다. 교화상담의 중요한 주제로 대두되는 신앙과 수행에 관한 주제는 끝나지 않는 여정일 수 있으므로 구체적인 목표를 설정하지 않으면 교화상담 관계가 지지부진한 관계로 이어질 수 있다. 효과적인 상담진행을 위해서 단계적 상담목표를 설정하고 각 단계에 따른 목표에 도달하면 상담을 마무리하는 것이 좋다. 그 다음 단계의 상담이 필요하다면 상담목표를 재설정하고 교화상담을 진행하는 것이 효과적이다.

(3) 시간과 장소를 정한다.

형편과 처지에 따라 달라지겠지만 경우에 따라서는 1주일에 한두 번 정도로 하고, 1회 상담시간은 40분에서 1시간내외로 하는 것이 좋다. 장소는 교무와 교도사이에 원만한 관계(Rapport)가 형성되는데 도움이 되는 장소를 택한다.

(4) 교화상담관계를 형성한다.

기본적으로 교화상담은 사제관계에서 시작되는 경우가 많다. 교무의 가르침을 전적으로 수용해야하는 교도와 가르침을 주는 교무의 입장에서는 이상적인 상담관계가 형성되기 어렵다. 교무는 교도에 대해 일종의 거울 같은 역할을 해야 하는데, 이러한 관계형성은 교화상담에 지대한 영향을 미친다.

(5) 교도에 대한 기본지식을 인지한다.

대상교도에 대한 구체적인 파악이 교도관리를 효율적으로 하는 효과적인 방법이라고 앞서 언급하였다. 이와 함께 내담자가 생각하는 문제 상황들이나 문제를 노출하고 해결하는 내담자유형을 파악하는 것은 매우 중요한 교화상담과정이다.

(6) 문제 분석

내담자인 교도가 가지고 온 문제 상황을 파악하는 과정은 상담의 전문적 이해와 지식이 요청되는 과정이다. 예를 들어 교도 자신이 교무에게 드러내놓은 문제 상황과 실제 교도가 느끼고 있는 문제 상황이 다를 수 있기 때문에 교도가 호소하는 문제 상황 뒤에 놓인 방어기제를 통찰하는 문제분석은 교화상담을 성공적으로 이끌 수 있는 요건이라 할 수 있다. 교도가 가지고 온 문제를 파악한 후 다음의 문제분석과정을 거친다면 전문적 분석에 대한 교육을 받지 않은 교무의 경우에 범할 수 있는 교화상담 과정의 오류를 최소화 할 수 있을 것이다.

① 내담자가 가져오는 문제영역을 구체화하여 축소시켜 적용한다.
② 발달과정에 오는 문제인지를 파악한다.
③ 주변에 대화상대자가 있는가를 파악한다.

정리해보면, 교무는 교화 상담의 준비와 계획에 있어서 내담자인 교도에 대한 기본지식을 될 수 있는 대로 많이 습득하는 것이 중요하다.

(7) 상담의 한계를 인지한다.

교화상담자는 자신이 상담관계를 맺을 수 있는 사람과 그렇지 못한 사람을 가려내야한다. 그리하여 상담과정에서 상담자 자신의 능력과 책임의 한계성을 명확하게 알아야한다. 혈연관계나 이해관계로 연결된 사람을 상담하는 것은 피함이 좋다. 또한 교화현장에서 만나게 되는 특별한 상황의 경우, 예를 들어 육체적인 질병이 있는 사람, 갑자기 인격 장애가 생긴 사람, 신경 정신적 장애가 있는 사람, 사회부적응 증세가 있는 사람 등 정신치료를 받아야할 경우나 특수한 치료를 요하는 경우의 사람은 전문교육을 받지 않은 교무가 상담하기 어렵다는 한계를 인정하고 상담전문가에게 연결하여야한다.

(8) 상담마무리

상담종결은 내담자인 교도의 요구나 상담자인 교무의 필요성에 의해 이루어진다. 상담의 종결은 상담을 받고 있는 교도 스스로가 새로운 삶의 변화로 나아갈 준비가 되었을 때 이루어진다. 교화상담이 성공적이었다면 교도는 교화상담 과정을 통해 자신의 문제를 표현하고 승화시키고, 통찰을 통해 자신을 이해하고 자각하는 동안 새로운 변화가 일어나게 된다. 그리하여 새로운 사고를 가지고 변화된 삶을 살아갈 수 있는 준비를 하게 된다. 그러므로 상담의 종결시점은 내담자인 교도의 새로운 삶의 시작에서 비롯된다. 즉, 전에 힘들게 했던 문제들을 극복하고 "범부가 변하여 성현이 되고, 믿음이 없는 사람이 바른 믿음을 갖게 되고, 악한 사람어 변하여 착한 사람이 되는" 교화된 삶을 살 수 있다는 확신의 장이 상담종결이다.

제 3장 교화순교

순교(巡教)는 교도를 방문하다는 말로, 단순한 방문(visit)의 의미만이 아니라 상담(counseling)과 교화의 요소를 포함하고 있다. 원불교에서 순교의 의미는 "교무 혹은 교도가 교도를 찾아가는 교화행동으로 교도의 신앙과 수행을 도와주며 교화에 도움이 되는 방법"이다. 이러한 의미에서, 단순히 순교라는 말보다는 교화순교라는 의미로 이해하고 사용하는 것이 바람직하다.

1. 교화순교의 필요성

교화순교는 교무가 교도와의 인격적 관계를 형성하고 발전해가는 한 방법으로 직접 교도를 찾아가는 과정을 통해 교도의 신앙과 수행을 높는 교무의 교화역량이다. 교화순교대상은 신앙이나 공부가 약하거나 문제 상황에 처해있는 사람들에게 한정되어있는 것이 아니라 가족애경사, 개업, 승진 등의 경조사 전반에 대한 교화활동이 된다.

교화순교의 성공모델은 교무의 교화의지, 열정, 시간투자를 통해 교무가 만들어 가는 것이다. 교화순교는 교당의 관리나 운영의 효율성을 위해 교도를 관리하는 시스템이 아니라 법신불의 대리인, 주세불 대종사님의 포부와 경륜을 실현하는 대행자로서 교도의 신앙과 수행을 돕기 위해 인격적으로 만나는 과정이기 때문이다.

교화순교의 목적과 필요성에 대한 의식공유, 그리고 순교과정에서 나타나는 교무와 교도들의 정성과 열정은 교화순교의 목적을 효과적으로 수행할 수 있도록 한다. 교무는 1주일 중 2일 이상을 온통 교화순교활동에 시간을 배정하여 적극적으로 교화순교에 임해야 한다. 이와 더불어 교도의 특성과 지역에 적합하고, 교당실정에 맞는 순교단계와 방법을 개발하고 실행하여 발전시키는 것은 효율적인 교도 관리를 위해 끊임없이 연구되어야 할 중요한 과제이다. 교화순교자가 지켜야할 원칙은 다음과 같다.

1) 공평성

소태산 대종사께서 교도를 택하실 적에 남녀노소 선악귀천에 차별을 두지 않으셨던 것처럼 교화순교의 경우, 공평한 순교의 원칙을 적용해야한다. 차별이 존재하는 것은 교법에 어긋난다. 신심 있고 교당에 충실한 교도보다는 오히려 잠자고 있는 교도, 혹은 스스로 소외당한다고 느낄 수 있는 사람들을 우선순위로 놓고 순교함이 중요하다.

물론 교도의 상황적 고려, 혹은 순교하는 교무의 필요인식정도에 따라 순교대상이나 순교빈도는 모든 교도에게 있어서 동일할 수는 없다. 그러나 교도의 경제정도나 교무의 선호도나 편리성에 의해 순교대상이 차별되어서는 안 된다는 의미이다. 만일 순교하는 교무가 호기심 있는 교도나 어느 가정을 중점적으로 방문하게 된다면 "우리 교무님은 돈 있고, 지위가 있는 가정에는 자주가면서 나처럼 가난한 교도는 찾지 않는다."는 구설수에 오르게 될 수도 있기 때문이다. "너는 교도를 챙기는데 무엇을 표준해서 챙기느냐? 모자라고 미천한 사람을 더 챙기는 것이 교화자의 본분이다."(『한울안 한이치에』, 제1편 법문과 일화,7:46절)라 한 정산종사의 법문도 방문순교의 원칙을 제시한 것이다. 교무가 순교대상에 대한 공평성을 상실할 때, 교무의 인격은 물론 교법실행에 큰 손상이 되므로 특별한 주의를 요한다.

2) 비밀보장

대체로 한국사회에는 자신의 문제나 가족의 문제를 다른 사람에게 알려지길 원하지 않는 본능이 매우 강하게 자리 잡고 있다. 그런데 교무들이 교도가정을 방문하면서 교도들의 가정사뿐만 아니라 고민꺼리, 혹은 다른 교도에 대한 이야기까지도 듣게 되는 경우가 많다. 이러한 경우 교무가 반드시 염두에 두어야할 것은 비밀보장에 대한 문제이다. 순교과정에서 알게 되는 교도의 사생활 및 가정사, 그리고 교도가 교무를 믿고 이야기했던 내용에 대한 비밀보장은 성직을 걸고 지켜야할 부분이며 교무의 인격과 교화에 직접 관련되는 매우 중요한 사항이다. 이 부분은 교화상담에서도 적용되는 교무에 대한 신뢰와 관련이 있다.

2. 순교의 종류

1) 간접순교와 직접순교

(1) 통신매체를 통한 간접순교

그동안 원불교 교도 분포에 있어서 남자보다는 여성교도의 수가 월등함에 따라 주로 낮 동안에 이루어지는 교화순교가 가능했다. 그러나 시대의 변화에 따라 많은 여성들이 직업을 가지게 되었고, 아울러 근래에 들어 남자들의 실직문제가 사회적으로 대두됨에 따라 개인적인 이유, 혹은 시간 관계상 낮 동안의 순교방문조차 불편할 수 있는 상황에 놓여있다. 이렇듯 시간의 제약 및 교도의 형편으로 직접 만남이 어려운 경우, 전화 및 우편을 통한 통신 순교의 형태는 매우 유용하다.

통신수단을 통한 순교의 장점은

① 직접순교보다 시간을 절약할 수 있다는 점이다.

② 종종 교무의 관심과 위안, 그리고 교당소식을 전하는 통로역할이 된다는 점이다. 예를 들어 예회결석 교도나 멀리 있는 교도를 위해 교당주보, 혹은 소식지를 동봉한 친필서신은 교도에게 큰 힘이 되는 경우가 많다.

③ 방문순교를 위한 전 단계과정에서 효과적이다.

방문 순교여부를 타진하는 전화 혹은 우편 순교를 통해 순교대상 교도의 상황을 미리 파악함으로써 직접 방문순교로 연결할 수 있다.

(2) 직접순교

현대사회는 늘 바쁜 일상 속에서 살아가는 사람들로 직접적 만남의 기회를 갖기란 쉽지 않다. 그러나 아무리 바쁜 일정이라고 해도 만나야 할 사람은 계속 만나게 되는 것인데, 만남의 장소는 주로 바로 가정과 직장이 된다.

직접순교방문의 장점은

① 교도의 형편을 직접 파악할 수 있다는 점이다.

가정 또는 직장방문교화를 통해 교도의 가족구성원 또는 직장상황과 자연스럽게 만나질 수 있다. 특히 교도가정문제를 좀 더 구체적으로 파악할 수 있는 기회가 된다.

② 잠자고 있는 교도를 방문하여 교당으로 인도할 수 있다.

③ 잠재교도의 교화기회를 찾을 수 있다는 점이다.

비록 핵가족화의 영향으로 함께 생활하는 가족 구성원의 숫자가 적어지고 있긴 하나 여전히 2대 혹은 3대가 함께 생활하는 가정이 많다. 그러므로 가정방문을 통한 직접방문순교는 교도당사자뿐만 아니라 잠재교도인 가족구성원과도 자동적으로 만날 수 있는 기회가 된다. 따라서 직접방문순교의 경우, 기성교도와의 만남뿐만 아니라, 잠재교도에 대한 만남을 염두에 두고 미리 대비하고 준비하여야 한다.

직접 방문 순교의 주체에 대해서는 정확히 정의내리기는 어려우나, 대체로 상담을 위한 순교는 교무 혼자 가는 것이 좋으며, 기타 정기적인 순교 혹은 애경사를 위한 순교는 다른 교도들이 함께 동참하면 좋다. 순교대상가정 혹은 개인의 상황에 따라 비밀이나 상담을 요하는 경우에는 출가자만 가는 것이 좋으며, 애경사의 경우는 다른 교도들이 동참하기도 한다. 출가자만 가는 경우, 불필요한 오해 상황을 만들지 않기 위해 홀로 가는 것은 피하는 것이 좋다.

2) 정기순교와 비정기순교

(1) 정기순교

특별한 일은 없으나 교화성장과 교도의 상황을 파악하기 위해 모든 교도들을 대상으로 기간을 정해 일반적으로 시행되고 있는 순교를 정기순교라 한다.

원불교의 경우, 연례 정기순교는 음력 설날을 전후로 하는 가정독경을 통해 이루어진다. 독경순교가 어려운 상황의 교도가정에 대해서는 대각개교절 등의 다른 교단적 행사를 기점으로 정기순교를 행하는 것이 좋다. 또한 [표6]에서 제시한 바와 같이 연례행사로서의 순교과정 뿐만 아니라 월별로 순교대상에 따른 계획을 세워 시행해보는 것도 교도 관리차원에서 효과적인 방법일 수 있다.

월별로 이루어지는 순교는 주로 지역별로 잠자는 교도와 노인교도들을 대상으로 한다. 또한 주별로 이루어지는 순교의 경우는 주로 예회에 결석한 교도들을 대상으로 이루어지는데 이 경우에는 주보를 지참하여 전해줌과 동시에 설교를 간단히 요약하여 전해주는 것이 보다 효과적이다.

다음의 경우에 해당되는 사람이 잠재교도 혹은 잠자는 교도로 분류된다.

① 전에 한번이라도 법회에 참석했던 사람
② 가족 중 교당에 나오는 이가 있는 사람
③ 다른 지역에서 이사 온 교도
④ 직장 등의 관계로 대화가 가능한 사람
⑤ 교도와 인연으로 교화의 대상이 된 사람
⑥ 어려움에 처해 있는 사람

(2) 비정기순교

비정기순교는 애경사 등 교도에게 특별한 일이 있을 경우 행하는 순교이다. 교도가정과 교도직장의 애경사가 바로 교화순교를 위한 기회이다. 교무는 수시순교의 기회가 오면 그 기회를 놓치지 않도록 그에 대한 만반의 준비와 대비가 필요하다. 애경사를 중심으로 하는 순교방법은 『예전』 축하하는 법과 조위하는 법을 참고하여 진행하는 것이 바람직한 방향이다.

[표6]순교 대상 분류 유형		
1급 순교대상	매주 순교 방문해야할 교도	법회에 결석한 교도, 신입교도
2급 순교대상	월1-2회 순교 방문해야할 교도	가족 중 노인 혹은 청소년이 있는 교도 잠재교도 및 잠자는 교도
3급 순교대상	년 1-2회만 순교방문해도 되는 교도	법회에 빠지지 않는 교도

3) 직장 및 학교 교화순교

항상 시간에 쫓기는 현대인을 위해서, 그리고 가정순교가 여의치 않거나 원하지 않는 교도들을 위해서 직장 및 학교로 찾아가는 교화순교형태는 좀 더 관심을 가지고 개발해야할 순교방식이다.

(1) 직장교화순교

시간의 여유가 부족하면서도 법회는 물론 교당행사에 열심히 참여하는 교도, 많지 않는 봉급 중 일부를 기꺼이 유지비 및 보은사업을 위해 희사하는 교도들을 좀 더 이해하고 감사할 수 있는 장이 바로 직장이다.

직장방문순교의 적절한 시간은 근무시간을 피한 점심시간이나 퇴근시간이 좋다. 미리 전화를 하고 순교방문을 하는 것이 바람직하며 직장사무실에 놓을 수 있는 작은 화분이나 꽃꽂이를 선물로 가져가는 것도 도움이 된다.

교당에 잘 나오지 않는 교도의 경우 순교방문을 피하려할 수 있다. 그러한 상황에서는 지나던 길에 잠시 들른 것처럼 사전 통보 없이 방문을 시도해보는 것도 필요하다. 직장순교의 시간은 근무시간이나 다른 동료에게 방해가 되지 않는 선에서 짧게 잡는 것이 좋으며 직장과 관련하여 대상교도의 자존심이 손상되지 않도록 배려함이 우선이다.

(2) 학교교화순교

대상교도가 학생인 경우, 시간적 상황으로 인해 가정순교를 통해 만나기 어려울 수밖에 없다. 이 경우 가능하다면 학교로 방문 순교갈 수 있는 기회를 만들어 보는 것이 필요하다. 물론 교립 학교의 경우 이외에 학교방문순교의 기회를 만들기는 쉽지 않다. 혹 방문순교가 어려운 경우, 엽서나 편지, 혹은 소식지, 문자메시지 등의 통신 순교수단을 통해 학교에서 다른 교우들과 함께 읽을 수 있는 기회제공이 효과적일 수 있다. 특히 사연이 드러나 보이는 엽서를 사용하면 다른 친구와 원불교 교무와 관련된 이야기꺼리를 제공할 수 있어 원불교에 대한 호감도를 높일 수 있는 간접교화의 효과를 볼 수도 있다. 청소년을 대상으로 한 학교 순교의 경우, 다양한 접근방법에 대한 연구가 필요하다.

3. 순교의 과정

1) 순교를 위한 준비

다른 모든 교화활동과 마찬가지로 교화순교 역시 준비가 필요하다. 순교주체자인 교무, 순교보조자인 보좌 교무 및 교도, 그리고 순교대상교도는 순교를 위해 자신의 역할을 준비함으로써 교화순교의 목적을 효과적으로 성취할 수 있다.

(1) 교화순교를 위한 심고와 기도

교무는 순교를 위한 심고와 기도를 통해 순교를 준비하고 시작하여야한다. 심고와 기도의 내용은 순교기간중의 무사고, 순교대상교도의 가정의 평화와 건강, 순교조력자의 협력에 대한 감사 등을 포함한다.

또한 순교 방문 장소에서는 교무의 주관에 의한 즉석 설명기도가 좋다. 대상교도만이 아니라 교도가정의 화목과 복을 기원함과 동시에 가족 구성원 개인의 이름을 호명하며 관심사를 이루어지도록 기원해주는 것이 좋다.

(2) 설교 및 봉독할 법문준비

순교는 단순방문이 아니다. 그러므로 순교가정과 순교대상교도에게 적절한 약식 설교를 하게 되는 데 이를 대비한 설교준비가 필요하다. 관련된 법문을 찾아 준비하고 설교함으로써 순교가정이 바로 교법을 설하는 가정법당이 되기 때문이다. 또한 대상교도와 순교보조자가 함께 부를 수 있으면서 방문가정과 관련된 성가를 선정하는 것도 순교의 준비과정에서 빠뜨려서는 안 되는 사항이다.

(3) 순교관련 준비물

교당의 규모에 따라 순교에 필요한 서류양식이나 종류는 달라질 수 있다. 현재의 교도관리를 위해 필요한 것이라 생각하여 상황과 경우에 맞게 임의로 적용할 수 있으나 앞날을 위해 필요한 것이라 생각하고 세밀하게 정리해 두어야한다. 다른 교무의 부임이나 업무의 변화 또는 일의 중첩으로 인해 야기될 수 있는 문제들을 해결하는 데에도 관련 자료의 정리는 매우 중요한 사항이다.

교화순교관련서류는 다음과 같다.

① 교도명부

전체교도를 대상으로 각 개인의 정보를 기재하여 자료화한 파일로, 수기자료와 함께 전산정보(WonTIS) 자료를 함께 사용한다.

② 순교카드

순교 할 때 교도명부를 들고 다니기 불편하고 설사 휴대할 수 있더라도 분실이나 훼손의 가능성이 있으므로 순교 방문 시에 휴대 가능한 순교카드를 만들어 다니고, 평소에는 사무실에 보관하여 참고하는 것이 좋다. 특히 순교대상자를 적절히 구분하여 (예: 재가지도자, 일반교도, 신입교도) 색깔을 달리하는 것도 사용하는데 편리하다. 순교카드에는 대상교도의 가족관계, 역대 순교사항, 순교 장소의 약도, 사용가능한 모든 연락번호 등이 포함되어야한다.

특히 가족의 이름을 기억하고, 그 이름을 불러주며, 해당되는 가족의 애경사 및 관심사를 미리 알아 관심을 표현하게 되면 친밀감과 신뢰감을 줄 수 있기 때문에 순교카드의 준비는 필수적이다.

순교의 횟수에 대해서는 일정하지 않다. 1년 동안 순교가지 않아도 될 교도가정도 있고, 거의 매주 순교를 통해 챙겨야할 교도가정도 있기 때문이다. 이런 경우, 순교필요 횟수를 기준으로 교도 및 교도가정을 분류 및 정리하면 계획성 있는 순교활동을 통한 교도 관리를 할 수 있다. 그러므로 계획성 있는 순교를 위해서는 반드시 순교카드의 제작, 활용이 중요하다.

③ 순교 메모장

순교 방문 시 대상교도를 만나지 못하였을 때, 적어서 남기고 오는 카드를 준비하여 사용한다. 메모장의 내용에는 대상자의 이름, 순교 왔다가 못 만나고 가는 아쉬움과 다음기회 기약, 법문 구절, 순교날짜, 교당이름 및 연락처, 교무 이름이 포함되어야한다.

④ 교패

원불교 교도의 가정임을 나타내는 표식으로, 순교 방문시 교패가 부착되지 않는 가정을 위해 소지해야한다.

⑤ 순교보고서

나중에 참고하기 위하여 순교를 마치고 기록하는 것이 좋다. 보고서 내용에는 매 순교 때마다 기재하는 여분기재란, 순교사유, 순교자의 이름이 포함되어야 한다.

⑥ 휴대용 불전도구

목탁, 준비, 휴대용 경종, 독경집 등.

(4) 사전공지

순교일정표는 최소한 2주전에 공지되어서 준비에 만전을 기해야 교화순교의 효과를 최대화할 수 있다. 과거에는 교무들의 상황에 따라 언제 어느 때 방문하여도 교도들의 환영을 받았었다. 하지만 이제는 시대적 상황에 따라 생활이 복잡해져서 바쁜 시기를 계산하여 피하고 순교일자를 미리 공지하여 방문함이 예의일 뿐만 아니라 효과적인 방문순교의 요건이 되었다. 그러므로 순교 일정이 정해지면 사전공지가 되어져야하는데, 예회보나 안내엽서, 전화를 통한 직접 공지안내 혹은 단장 혹은 인연을 통한 간접 공지안내를 통해 이루어진다. 교화순교를 위해서는 사전 공지를 원칙으로 하는 것이 좋으나 간혹 순교를 의도적으로 회피하는 사람들을 위해서는 예외적으로 사전통지 없이 순교방문하기도 한다.

2) 순교의 진행

예정된 순교 당일, 교무는 순교가정과 순교보조자를 위한 기도로 하루를 시작한다. 순교를 위한 준비물을 점검 한 후 충분한 휴식과 함께 가벼운 아침식사를 하는 것이 좋다. 순교대상자에게 부담을 주지 않는 음식접대에는 응하는 것이 통상적이므로 이를 감안하는 것이 건강과 방문예의를 위해 바람직하다.

(1) 방문순교 시간

순교하기 좋은 시간은 주부교도의 경우, 가족구성원들이 출근 혹은 등교한 후 집안정리를 마친 이후부터 저녁식사 준비시간 전까지의 시간이 좋으며 점심시간은 피하는 것이 좋다. 즉, 오전 10-12, 오후 2-5시 정도가 좋다. 순교보조자들과 함께 교당에 모여 기도 후 이 시간에 맞추어 도착되도록 시간배정에 주의를 해야 한다. 직장으로 방문할 경우는 점심시간 혹은 퇴근시간에 맞추는 것이 좋다. 시간배정에 있어서 여유를 가지고 준비하고 진행하는 것이 중요하다.

방문순교의 경우에는『예전』의 방문하는 법을 참고하며, 상황을 고려한 예의절차에 따라 진행하면 큰 무리가 없을 것이다.

(2) 방문순교 식순

법신불이 모셔진 가정이나 직장을 방문하는 경우에는 도착 즉시 법신불전에 사배 올리는 것으로부터 방문순교를 시작함을 원칙으로 한다.

① 상호인사 : 상호 대례로 인사하는 것은 원불교의 아름다운 전통이므로, 가능하면 대례로 상호인사를 교환하는 것이 좋다. 대례로 인사할 수 있는 상황이 되지 않으면 합장경례로 인사를 해도 된다. 이때 집안에 어른이 있는 경우, 별도의 선물과 인사를 챙기는 것이 예이며, 방문의 사유를 전한 후 교도 아닌 경우 동석을 권해본다.

② 개식 ③ 심고/기도 ④ 설교 ⑤ 성가 및 법어봉독 ⑥ 폐식

(3) 순교 후 평가단계

순교보고서를 기재하여 정리보관하고, 가능하다면 교당으로 돌아와 순교시의 환대에 감사하는 전화를 하는 것도 필요하다.

4. 교화순교의 효과

교화순교를 통한 교무와 교도와의 인격적인 만남은 교도관리에 있어 매우 중요한 과정이다. 한 인간이 다른 인간과의 만남을 통해 인격적인 관계를 형성하고 서로에게 따뜻한 배려를 해줄 수 있는 분위기를 조성할 수 있기 때문이다.

교화순교를 통해 교도는 물론 교무와 교화현장에 영향을 미치는 효과에 대해 다음과 같이 정리해볼 수 있다.

1) 교무에게 미치는 효과

(1) 교도들의 형편을 파악하게 된다.

정기법회를 통한 교도와의 만남만으로는 교도들의 삶을 이해하기는 어렵다. 그러므로 교도들을 직접 순교 방문하는 것은 교도들의 상황과 말하지 않고 보여 지지 않는 부분들을 알 수 있게 되어 교도들을 적절하게 지도하고 관리하는데 현실적인 접근을 가능하게 한다.

(2) 교무 자신을 성찰할 수 있다.

순교방문을 위해 교무는 성직자로서의 자세 및 마음가짐을 더욱 챙기게 되는데, 이는 교무의 내적 수행 및 기도의 힘으로 나타나게 된다.

(3) 설교의 자료를 수집할 수 있다.

교화순교상담과 교무의 설교는 서로 밀접한 관계가 있다. 교화상담과 교도면담을 통해 설교에 필요한 자료를 얻을 수 있으며, 설교를 통해 순교 및 상담의 기회를 열어갈 수 있다. 정산종사의 "사람을 교화하는 이는 자신이 먼저 실지로 느끼고 체험하여 신념에서 우러나오는 말로 설교하라."(『정산종사 법어』 공도편50장)는 법문도 생활 속에서 설교의 자료를 찾으라는 의미로 보여 진다.

2) 교도 및 교화에 미치는 효과

(1) 신입교도를 주인 만드는 과정이다.

아직 교당분위기에 익숙하지 않은 신입교도의 경우 교무의 순교방문은 교무로부

터의 인정과 관심을 확인하게 함은 물론 교법과 신앙 및 수행에 관한 문답감정을 개인적으로 할 수 있게 되기 때문에 교당의 주인역할을 하는데 효과적이다.

(2) 법회출석하지 못한 교도에게는 신앙과 수행의 지속, 그리고 소속감을 유지할 수 있도록 한다.

여러 가지 개인사정으로 인해 법회에 출석하지 못하는 교도들에게 교무의 순교방문은 그들의 신앙적 정체성을 지속하게 하는 원동력이 된다.

(3) 교단과 교무로부터 공감과 위로를 느끼는 상담의 장이 된다.

노약자, 환자, 장애자 교도를 찾아가는 순교를 통해 교도들의 형편을 공감하여 위로하고 안아주는 역할을 한다. 특히 가족 내 다른 종교 신앙인이 있는 경우, 교무의 순교상담은 교도의 신앙적 정체성을 찾아주고, 그 가족들도 교화할 수 있는 가능성을 열어두는 활동이 된다. 이러한 장을 통하여 마음속 깊은 곳에 있는 일들을 말할 수 있고 문제를 함께 파악해가는 과정에서 깊은 신뢰를 형성하는 효과를 거둘 수 있다.

(4) 공부방향을 바로잡을 수 있도록 한다.

교무의 순교방문은 교도로 하여금 교단의 방향이나 교무의 교화방향을 구체적으로 인식할 수 있는 기회를 제공한다. 또한 순교를 통해 자신의 신앙 및 수행에 대한 개인적 문답감정의 기회를 갖게 되고 이에 따라 교법에 줄 맞는 공부를 해나갈 수 있게 된다.

〈참고문헌〉

[단행본]
이주영, 강문석 공저, 『개인전도학』, 성광문화사, 1993.
오윤표, 『심방의 원리와 실제』, 한국로고스연구원. 1994.
Christian A. Schwarz, Natural Church Development, 정진우 역, 『자연적 교회성장』, 서울 NCD. 2000.
Insoo Kim Berg & Scott D. Miller, 가족치료연구모임 역, 『해결 중심적 단기가 족치료』

[논문류]
김만형(1997). 구도자예배란 무엇인가. 목회와 신학(4).
방원태(2003). 교회성장에 있어서 새신자양육, 고신대, 석사학위.
최기용(2004). 불교지도자의 리더십이 사찰성장에 미치는 영향에 관한 연구, 동국대. 박사학위.
Ho Jun Kang(1998). Church Growth Through Small Group Activities, Cohen Theological Seminary.
Soon Bok Choi(1998) Pastoral counseling through a visiting. Faith Theological Seminary.

제6부 교도훈련

제 1장 원불교 훈련의 의미와 성격

1. 훈련의 일반적 의미

훈련(訓練)은 사전적으로 "익숙하도록 가르치거나 되풀이하여 연습하는 일"로 밝혀져 있다. 그 대상은 보통 무예나 기술 등이며 이를 실지로 활용할 수 있도록 되풀이하여 연습하는 일을 훈련이라 한다. 훈련이라는 단어가 언제부터 쓰이기 시작했는지는 알 수 없으나 1392년 조선의 건국과 함께 병사의 무재(武才)시험, 무예연습 병서(兵書)강습을 맡아보던 관청으로 훈련원(訓練院)이 설치된 것으로 보아 훈련은 군사훈련과 깊은 연관성을 가지고 사용되어 온 것으로 볼 수 있다. 실제 군사훈련은 "규정된 동작의 연습, 예행연습을 통하여 평상시나 전시에 군인들이 그들의 임무를 수행할 수 있도록 준비시키는 것"을 말한다. 그렇다고 해서 훈련이라는 단어가 군대용어로 한정되지는 않는다. 예를 들어 '감수성훈련'은 심리학 분야에서 사용되는 등 그 용어의 사용범위는 매우 넓다. 한편 훈련을 교육학적 의미로 해석하면, "일정한 목표 또는 기준에 도달케 하기 위하여 실천(實踐)시키는 실제적 활동 · 학습 활동의 한 부분"으로 밝히고 있다. 정신적인 것과 기술적인 것이 그 대상이 된다.

이상의 내용을 정리하자면, 훈련은 '지도', '연습', '반복', '익힘', '준비'의 의미를 갖는다. 즉, 훈련은 육체와 정신을 단련하고 필요한 기술을 익히는 데 있어 체계적이고 반복적으로 단련함으로써 실제 활용할 수 있도록 준비하는 과정이라고 할 수 있다.

2. 원불교 훈련의 의미

아무리 훌륭한 가르침이 있다 할지라도 이를 실행하는 훈련이 없다면 그 외침은 공허할 수밖에 없다. 훈련은 배워 익히는 것이다. 참다운 인격은 앎과 실행이 일치해야 하는데, 앎과 실행의 일치과정이 훈련이라 할 수 있다. 특히 원불교에서의 훈련은 교법의 인격화 과정으로 자리한다. 즉 모든 공부인이 배우고 익혀서 불보살의 인격을 갖출 수 있도록 체계적으로 단련시키는 공부법이다. 이는 인격의 요소인 삼대력(三大力)을 갖추기 위한 삼학공부의 실제적 단련이다.

소태산 대종사는 좀 더 구체적으로 「개교의 동기」에서 '사실적 도덕의 훈련'을 밝히고 있다. 사실적 도덕의 훈련이란 도덕의 사실화로 이념이나 관념에 머무는 도덕이 아니라 실제적으로 인간의 삶속에 적용되고 활용되는 도덕이다. 또한 도덕의 훈련은 도를 닦고 덕을 쌓는 반복적인 수행과정을 말한다. 다시 말하면 원불교 훈련은 인생의 요도인 사은사요와 공부의 요도인 삼학 · 팔조를 실제 단련함으로써 현실 속에서 복되고 지혜로운 삶을 살고자 함을 목적한다.

교법상 훈련의 강조는 종전의 '수행'이라는 단어보다 좀 더 체계적이고 실질적이다. 이와 같이 훈련은 개벽시대의 새로운 수행방법론이며, 이는 과거 종교의 도덕이 이념이나 관념에 머물렀던 폐해를 비판하고 인간의 삶속에서 실제로 적용됨을 의미한다.

원불교 훈련은 지도, 변화, 익힘, 준비 등 네 가지의 의미를 갖는다.

1) 지도

훈련은 익힘에 앞서 가르침이 선행된다. 가르침은 '교법'으로 달리 표현될 수 있는데, 원불교 교리의 핵심은 주지하듯이 일원상의 진리와 이에 바탕한 인생의 요도 사은사요, 공부의 요도 삼학팔조이다. 가르침에는 가르치는 사람과 배우는 사람이 있고 가르치는 내용과 가르치는 방법이 있다. 이를 통틀어 지도라고 할 수 있으며, 가르침이야 말로 훈련에서 가장 중요한 위치를 차지한다.

2) 변화

훈련은 변화를 목적한다. 소태산 대종사는 훈련을 소 길들이는 것에 비유하여 "범부 중생의 무절제한 생활을 법도 있는 생활로 길들이는 것"이라고 했으며, "쇠를 풀무 화로에 집어넣고 달구고 또 달구며 때리고 또 때려서 잡철은 다 떨어버리고 좋은 쇠로 만드는 것"과 같다고 하였다. 이와 같이 훈련은 변화된 인격을 목적한다. 중생이 변하여 불보살의 인격을 가져오는 것이 훈련을 통한 변화의 의미이다. 대산 종사(大山 金大擧, 1914-1998)는 "훈련이란 수련이요, 수련은 심신단련이요, 심신단련은 기질변화를 하게하고 기질변화하면 마음에 혁명이 일어나서 훈련하기 전과는 판이한 새 사람이 되므로 어리석은 인생이 변하여 성인이 될 수 있고 무능한 약자가 변하여 강자가 될 수 있다."고 하였다.

3) 익힘

훈련이란 배워 익히는 것이다. 『논어(論語)』 첫 구절에 나오는 "배워서 때때로 익힌다."는 '학이시습(學而時習)'은 바로 훈련의 의미이다. 특히 습(習)은 어린 새가 수많은 날갯짓을 통해 드디어 하늘을 나는 형상을 표현한 글자라고 한다. 소태산 대종사는 이를 구체적으로 '소 길들이기'로 표현했는데, 목우십도(牧牛十圖)야 말로 소가 길들여져 가는 실제적인 과정이며, 이는 중생이 변하여 불보살이 되는 과정인 것이다. 이를 통해 볼 때 익힘에는 수많은 반복 연습이 필요함을 알 수 있다. 익힌다는 것은 자유자재로 할 수 있는 경지까지 한다는 의미이다.

4) 준비

훈련은 준비의 과정이다. 준비는 미래를 목표한 현재의 노력이다. 즉 준비는 실제 활용을 위한 준비이다. 군인이 훈련하는 목적은 실제 전쟁에 나가 승리로 이끌기 위함이 목적이듯이 훈련이라는 준비과정을 통해 실제의 삶에서 지혜롭고 복된 삶을 실현하는 것이다. 훈련법의 구조를 보더라도 정기훈련은 상시훈련의 준비과정으로 이해할 수 있으며, 상시훈련 또한 이와 마찬가지이다. 소태산 대종사는 가령 일이 없을 때에는 항상 일 있을 때에 할 것을 준비(수행품 10장)할 것을 강조하였는데, 훈련이야 말로 동 · 정간에 끊임없는 준비과정이다.

3. 원불교 훈련의 특징

일반적으로 훈련이란 가르쳐서 익히고 연습한다는 의미로서 일정한 목표를 향한 의도적인 인간의 조성활동을 말한다. 훈련이라는 용어는 종래 자아완성을 위한 구체적 방법을 말할 때 흔히 사용했던 '수행(修行)' 혹은 '수기(修己)'란 말에 견주어 훨씬 더 '사회적(집단적)이며 실천 중심적'인을 알 수 있다. 즉 집단적인 자아완성을 이루려는 뜻이 들어 있으며, 개인의 주관적 세계에 머무는 자아완성이 아니라 그 완성의 경지를 사회적으로 널리 드러내어 가치를 발휘하도록 하려는 실천적 의지가 강조되고 있다.

원불교 훈련은 신앙에 기초한 깊은 수행을 위한 훈련이며, 동과 정, 정기와 상시로 끊임없이 병진하는 훈련이며, 성불제중의 서원과 능동적 수행을 위한 훈련이며, 자신의 내부에 잠재해 있는 무한한 능력을 개발하는 훈련이다.

원불교 훈련의 특징을 한마디로 정리하면 '사실적 도덕의 훈련'으로 특징지을 수 있다. 이를 구체적으로 살펴보면 다음과 같다.

1) 동 · 정간 삼학을 병진하는 훈련

원불교 훈련은 일원상 진리에 기초하여 동 · 정간 삼학을 병진하는 훈련이다. 정기훈련은 정할 때, 상시훈련은 동할 때의 훈련이다. 삼학수행이 병진의 원리이듯이 훈련법 또한 수양, 연구, 취사 삼학의 병진을 통한 인격(심성 · 기질)의 변화를 목적한다. 삼학병진은 인간생활 전반에 걸쳐 전인적 인격, 원만한 인격을 이루는 데 필수요건이다.

2) 유 · 불 · 도 삼교의 수행을 활용한 훈련

원불교 사상은 동양의 유 · 불 · 도 삼교사상이 배경을 이루고 있다. 수행과 관련하여 견성은 불교, 양성은 도교, 솔성은 유교와 밀접하게 관련되어 있다. 정기훈련 과목을 보더라도 염불 · 좌선 · 의두는 불교의 성향으로, 경전 · 성리 · 조행은 유교적 성향으로, 상시일기 · 주의는 도가의 성향으로, 정기일기 · 강연 · 회화는 새로운 공부법으로 당시 신학문의 영향을 받은 것으로 파악된다. 소태산 대종사가 밝힌 훈련법은 삼교의 수행법을 시대에 맞게 활용한 종합성과 원만성이 돋보인다.

3) 대중적이고 사회적(집단적)인 훈련

원불교 교법은 불법의 시대화, 생활화, 대중화를 지향한다. 훈련법 또한 마찬가지이다. 소태산 대종사는 누구든지 쉽게 할 수 있고, 아무라도 행할 수 있는 대중적인 훈련법을 밝히고 있다. 또한 원불교 훈련은 개인훈련을 벗어나 공동체 속에서 함께 어우러지는 집단적 훈련, 사회적 훈련의 성격을 띤다. 이는 과거 수행 또는 수양이 개인 차원에 머물렀던 것을 비추어 볼 때 이는 훈련받는 이, 즉 수행인의 양적인 변화로 볼 수 있다. 이러한 집단성은 인간상호간 자리이타의 상승법으로 작용한다. 소태산 대종사는 집단훈련의 방법으로 교화단을 통한 훈련을 강조하고 있다.

4) 유기적 관계를 통한 효율의 극대화

정기훈련과 상시훈련은 동 · 정간 상호 유기적 관계를 통해 공부의 최대효과를 낼 수 있도록 구성되어 있다. 이 관계에 대해 소태산 대종사는 "이 두 훈련법은 서로 서로 도움이 되고 바탕이 되어 재세 출세의 공부인에게 일분 일각도 공부를 떠나지 않게 하는 길이 된다."고 하였다. 정기훈련 11과목을 보더라도 각 과목 간 상호 연관성을 띠고 있으며, 상시훈련법중 상시응용 주의사항과 교당내왕시 주의사항 또한 상호 유기적으로 연결되어 훈련의 최대 효과를 목적하고 있다.

5) 바람직한 도덕훈련의 평가 체계

소태산 대종사는 훈련 실행의 구체적인 방법뿐만 아니라 평가를 통해 그 실행의 결과와 다시 새로운 계획까지 면밀한 체계를 갖추게 하였다. 그 평가방법은 일기법이다. 일기법은 그날그날의 공부와 사업의 정도를 점검하여 기재하는 실천적인 수행 방법이다. 일기법은 삼학을 점검하는 공부법이며, 구체적으로는 정기훈련 11과목을 점검하는 공부법이다. 일기를 통한 합리적인 평가방법은 실행 - 평가 - 적용이라는 순환적 상승효과를 가져올 수 있으며, 스스로 점검, 지도인 으로부터의 감정 평가, 또한 1년의 공부를 신분검사를 통해 죄복을 결산하는 매우 합리적인 수행평가 체제를 갖추고 있다.

제 2장 원불교 훈련법의 구조

훈련법은 일원상의 진리를 수행의 표본으로 한 정신수양, 사리연구, 작업취사 삼학의 구체적인 실천방법이다. 소태산 대종사는 삼학을 보다 더 구체적이고 전문적으로 단련할 수 있도록 '훈련법'을 제시하였으며, 이 훈련을 통해 일원상 진리에 부합되는 원만한 인격완성을 목적하고 있다.

1. 정기훈련법

정기훈련법은 공부인에게 정기로 법의 훈련을 받게 하기 위한 훈련법이다. 정기훈련 과목으로는 염불 · 좌선 · 경전 · 강연 · 회화 · 의두 · 성리 · 정기일기 · 상시일기 · 주의 · 조행 등의 과목이 있다. 염불 · 좌선은 정신수양 훈련과목이고, 강연 · 회화 · 의두 · 성리 · 정기일기는 사리연구 훈련과목이며, 상시일기 · 주의 · 조행은 작업취사 훈련과목이다.

2. 상시훈련법

상시훈련법은 공부인에게 상시로 수행을 훈련시키기 위한 것으로, 상시응용주의사항 6조와 교당내왕시 주의사항 6조가 있다. 상시훈련법은 일상시(동,유사시) 삼학을 병진케 하는 훈련으로 정기훈련에서 체득되는 삼학의 근본원리를 실생활에 응용하는 것을 주안점으로 삼고 있다. 그러므로 상시훈련은 취사공부가 주체가 된다.

상시훈련법에서 상시응용주의사항은 공부인이 언제 어디서나 스스로 실생활속에서 삼대력을 얻어나가는 삼학수행의 일상적 방법이라면, 교당내왕시 주의사항은 지도와 감정(勘定)과 훈증(薰蒸)하는 방법이다. 소태산 대종사는 "상시응용주의사항은 유 · 무식, 남녀노소, 선악귀천을 막론하고 인간생활을 하여가면서도 상시로 공부할 수 있는 빠른 법이 되고 교당내왕시 주의사항은 상시응용주의사항의 길을 도와주고 알려주는 법이 된다."고 하였다. 상시훈련 중 교당내왕시 주의사항 공부를 하는 것은 교당과 가정, 교당과 직장, 교당과 사회일반을 연결시켜주기 위함이다. 이와 같이 원불교 훈련법은 종교와 사회, 성과 속 등을 이원화하지 않고 종교와 생활을 일치시키고 있다.

3. 정기훈련과 상시훈련과의 관계

정기훈련법은 정할 때 공부로서 수양 · 연구를 주체삼아 상시공부의 자료를 준비하는 공부법이 된다. 반대로 상시훈련법은 동할 때 공부로서 작업취사를 주체삼아 정기공부의 자료를 준비하는 공부법이다. 소태산 대종사는 "이 두 훈련법은 서로서로 도움이 되고 바탕이 되어 재세 · 출세의 공부인에게 일분 일각도 공부를 떠나지 않게 하는 길이 된다."고 하였다. 정기훈련과 상시훈련의 관계를 좀 더 밝히면 다음과 같다.

① 정기란 특정한 기간과 처소를 의미함에 비하여 상시란 평시의 때와 처소를 뜻한다. 이는 훈련에 있어 형식과 비형식의 문제로써 형식이란 외부적인 규범이나 조건을 갖춘 상태로서 의도적인 목적을 가진 개념이다. 그러나 비형식은 특별한 규범이나 의도적인 목적을 갖지 아니한 자연상태 그대로를 말한다.

② 정기와 상시는 정(靜)과 동(動)이다. 정기는 정이며, 상시는 동이라고 할 수 있는데, 이는 진리의 양면성을 나타낸다. 뿐만 아니라 정과 동은 생명의 양태로서 정정(定靜)과 활동(活動)을 의미하기도 한다. 정은 활동하지 않을 때, 즉 무사시(無事時)를 칭하며, 동은 활동하는 때, 즉 유사시(有事時)를 칭한다. 정과 동은 인간생활을 둘로 나눈 것으로 인간생활 전체를 말한다.

③ 정기와 상시는 상호간 공부 자료를 준비하는 과정이다. 정기는 상시의 응용공부를 위한 준비이며, 상시는 정기의 전문공부를 위한 준비이다. 그러므로 정기와 상시의 훈련구조는 연속의 순환시스템을 형성한다. 예를 들어 소태산 대종사는 정기훈련의 해제를 상시훈련의 결제로 의미 짓는데, 이는 인간의 모든 생활 자체를 훈련이라고 보는 관점이다. 따라서 훈련법은 모든 공부인에게 일분 일각도 공부를 떠나지 않게 하고 있다.

④ 정기와 상시는 출세간과 세간을 의미한다. 이는 종교의 개인구원과 사회구원의 양면을 다 반영하고 있다. 정기는 출세간적 의미로, 상시는 세간의 의미를 갖는다. 특히 정기의 출세간적 공부는 재래 불교의 안거(安居)에 영향 받은바 크다고 할 수 있는데, 실제 소태산 대종사는 동 · 하(冬 · 夏) 삼 개월씩 6개월의 정기훈련을 실시하였다. 정기훈련을 통해서는 전문공부를, 상시훈련을 통해

서는 응용공부가 중심을 이루고 있다.

제 3장 교당에서 훈련의 적용

교당은 법회, 의식, 상담 등이 행해지는 교화도량임과 동시에 '훈련도량'의 성격을 갖는다. 교무가 교당을 훈련도량으로 인식하느냐, 그렇지 않느냐는 매우 중요한 사안이다. 특히 '훈련'하면 특정한 훈련기관을 생각하기 쉬운 데, 교당을 훈련원화 한다는 것은 교도훈련의 책임을 교무가 담당하는 것이 된다. 최근 상시훈련의 강조는 "교당은 훈련도량이다."라는 인식을 확고하게 한다.

1. 상시훈련

원불교 훈련은 일이 있을 때나 없을 때나 한결같이 삼대력(三大力)을 얻어 원만한 인격을 얻어나가는 길이다. 특히 생활 속의 교리실천을 중시하는 원불교의 교법적 특징을 생각할 때, 동할 때의 훈련을 밝힌 상시훈련법은 교도들에게 매우 중요하다. 왜냐하면 교도들은 세간생활, 즉 상시생활이 중심이 되기 때문이다. 상시기간 중 교법적 표준에 의해 자기 스스로 자율적 훈련을 실행하는 것은 자력 있는 공부인, 줄 맞는 공부인으로 성숙할 수 있다. 상시훈련법에 기초하여 교도들의 공부표준과 상시훈련의 핵심내용을 제시하면 다음과 같다.

1) 상시응용 주의사항

① 매일 수행정진의 시간을 갖는다.

공부인 에게는 매 순간이 수행 아님이 없다. 수도인의 하루 일과는 아침은 수양정진시간, 낮은 보은봉공시간, 저녁은 참회반성의 시간으로 이루어진다. 수행자는 아침에 일어나 좌선을 시작으로 저녁에 염불과 일기를 마치는 시간까지 공부와 사업을 끊임없이 해야 한다. 일을 하기 전에는 미리 연마하고, 일을 당해서는 온전한 생각으로 취사하기를 주의하고, 시간을 정하여 경전 · 법규연습, 의두 연마, 좌선과 염불 등 수도인의 수행일과이다. 단순히 하루를 살아가는 것이 아니라, 1일 훈련의 각오와 다짐으로 사는 것이 중요하다.

② 수행일기를 기재한다.

수도인의 하루일과는 일기를 통해 점검된다. 이는 대조공부로 상시일기와 정기일기를 통해 점검할 수 있다. 유 · 무념 처리와 학습상황, 계문의 범과 유무는 상시일기를 통해 점검되고, 작업 시간 수와 수입지출 심신작용처리건과 감각감상의 기재는 정기일기를 통해 점검된다. 교도의 신심의 정도와 공부의 정도에 따라 단계별로 지도할 필요가 있다.

2)교당내왕시 주의사항

① 문답 · 감정공부를 한다.

교당은 마음공부 하는 학교이다. 학교는 가르침과 배움이 이루어지는 곳이다. 배움에 있어 가장 중요한 요소 중 하나가 바른 스승을 통해 가르침을 받는 것이다. 배움의 첫 출발은 묻는데 있다. 공부길이 옳은지, 그른지 스승(교무)에게 끊임없이 묻고 배워야 한다. 스승(교무)은 올바른 감정을 통해 교법에 맥을 대고, 줄 맞는 공부를 할 수 있도록 지도해야 한다.

② 법회에 빠지지 않고 각종 훈련에 참석한다.

교당내왕의 주요 통로는 법회이다. 교도는 교당에서 이루어지는 정기적인 법회를 통해 오직 공부에만 전념해야 한다. 이를 위해서는 교당에 오기 전에 공부에 방해가 되는 모든 일을 처리해야 한다. 교도는 법회 외에 교당에서 이루어지는 각종 훈련에 참석함으로써 짧은 법회시간에 배울 수 없는 전문훈련을 받아 공부를 성숙시켜나갈 수 있다.

③ 실생활에 활용한다.

구슬이 서말이라도 꿰어야 보배가 되듯 훈련은 실생활에 활용되어야 한다. 실생활에 활용되지 않는 공부는 보기 좋은 납도끼와 같아서 아무 쓸모가 없게 된다. 활용은 취사가 중심이 되는데, 실행이 따르지 않고 입과 귀만 보살이 될 경우 참된 복락을 수용할 수 없게 된다. 실생활의 활용을 통해 참다운 앎이 되고 공부가 진급의 길로 나아가게 된다. 또한 생활 속에서 은혜를 창출하고 복된 삶을 이끌 수 있다.

상시훈련은 정기훈련과 달리 교도들로 하여금 훈련에 자력을 얻도록 도와주어야 한다. 이를 위해서는 법회, 교화단회 등을 통해 상시훈련의 중요성에 대해 강조하고 점검하는 작업이 필요하다. 좀 더 세밀히는 전화순교, 편지(메일)순교, 방문순교 등을 통해 상시훈련을 지도할 수 있다.

2. 정기훈련

1) 교당 정기훈련에서 고려되어야 할 사항

① 정기훈련기간의 설정

훈련은 연습과 반복을 통한 익힘과 실행과정이다. 따라서 훈련은 일회성이 아니라 반복 수행이 가능할 수 있는 시간의 확보가 요구된다. 교단 초창기 동·하선 3개월의 정기훈련기간이 있었음을 착안할 때, 교당에서 정기훈련 기간을 설정하는 것은 매우 중요한 의미를 갖는다. 훈련기간의 길고 짧음을 떠나 정기훈련기간의 설정은 교도들에게 훈련의 중요성을 인식할 수 있는 계기가 되며, 미리 훈련을 계획할 수 있다는 점에서 의미가 있다.

② 신앙과 수행의 병진

흔히 훈련하면 수행적 관점에서만 접근하기 쉽다. 그러나 "일원상의 진리를 신앙하는 동시에 수행의 표본으로 삼으라."는 교법적 관점에서 보면 훈련 또한 신앙과 수행이 함께 병진되어야 한다. 종교생활의 목적은 광대무량한 낙원의 건설이며, 개인의 입장에서의 낙원은 혜복(慧福)에 있다. 신앙이 복을 창출한다면, 수행은 혜를 창출한다. 그런데 혜와 복은 별개가 아니라 상호 밀접한 연관성을 가지면서 상승작용을 일으킨다. 인생의 요도가 약재이며, 공부의 요도가 의술이 된다고 할 때, 훈련에 있어 신앙적 접근은 매우 중요하다.

③ 대상과 단계에 따른 훈련

대산 종사는 과거의 법이 기성복이라면 원불교의 교법은 맞춤복과 같다고 했다. 이에 따르면, 훈련 또한 사람 사람에 맞는 훈련법이 되어야 한다는 것으로 해석할 수 있다. 사람 사람에 맞는다는 것은 대상과 단계에 따른 훈련방법을 필요로 한다. 어린이, 학생, 청년, 일반 등 각 대상에 맞는 훈련과 보통급, 특신급, 상전급 등 법위단계에 맞는 훈련방법의 모색은 '맞춤훈련'을 통한 훈련효과의 최대화를 이끌어낼 수 있다.

④ 훈련의 실행과 생활 속에서의 활용

정기훈련은 훈련으로 끝나는 것이 아니라 상시로 연결되어 실제 활용되어야 한다. 정기훈련에서의 다짐과 익힘이 상시를 통해 확인되고, 더욱 심화되어야 한다. 생활 속에서 활용할 수 있게 하기 위해서는 훈련이 좀 더 구체화되어야 함을 말한다. 관념화된 훈련이 아니라 실천 가능한 실용훈련이 필요한 것이다. 예를 들어, 훈련을 통해 다짐한 내용을 실제 생활에서 어떻게 실행할 것인가 구체적인 실행방법을 찾아보게 하는 것이다.

2) 정기훈련의 방향성 모색

(1) 교당에서 이루어지는 정기훈련

① 훈련위주의 법회운영 : 설교위주의 법회운영에서 훈련위주의 법회운영으로의 전환을 생각해 볼 수 있다. 기간은 하루, 일주일, 더 나아가 정기훈련의 의미를 살려, 여름 1개월, 겨울 1개월 동안 실시해 보는 것도 좋을 것이다.

② 정기훈련 프로그램 운영 : 정기훈련 11과목을 연중 운영한다. 실제로 선방, 교리공부방 등이 운영되고 있는데, 이를 좀 더 훈련법에 맞게 체계화할 필요가

있다.

(2)외부훈련 기관을 통해 이루어지는 정기훈련

① 각종 훈련정보의 제공 : 교단 내에는 수많은 훈련원이 있다. 각 훈련원마다 특성 있는 훈련 프로그램이 운영되고 있다. 교도들로 하여금 훈련의 중요성을 일깨우고, 자신의 취향에 맞는 훈련 프로그램을 이수할 수 있는 기회를 교무는 끊임없이 제공해야 한다.

② 교도법위단계별 훈련 : 교단적 합의에 의해 교도법위단계별 훈련이 시행되고 있다. 단순히 이수과정이 아니라 훈련을 통한 실제적인 신앙 수행의 변화를 이끌어 낼 수 있는 교단훈련 프로젝트이다. 특히 단계별 훈련의 중요성을 감안할 때, 교당 교무는 실질적인 법위향상을 가져올 수 있도록 책임 있는 지도가 필요하다.

제 4장 훈련 프로그램의 이론과 실제

1. 훈련 프로그램의 정의

프로그램은 "어느 집단이 그 집단의 목적을 달성하기 위하여 어떤 사업을 구체화하여 조직적으로 시행하는 과정"이라고 정의할 수 있다. 이를 훈련프로그램으로 재정의 하면, 훈련프로그램은 "모든 공부인으로 하여금 교화목적을 달성하기 위하여 훈련의 내용과 방법을 계획, 실행, 평가할 수 있도록 구체적으로 조직화하는 과정"이다.

2. 훈련 프로그램의 특성

1) 프로그램은 그 자체가 목적이 아니라 목적달성을 위한 매개 수단이다. 아무리 훌륭한 목적도 수단이 잘못되면 그 목적을 달성할 수 없다.

2) 집단의 구성원이 프로그램의 전 과정에 자율적으로 참여하여 상호 협동할 때 충분한 성과를 기대할 수 있다.

3) 집단 내외의 인적·물적 자원을 조직적으로 활용하여 최소의 투입으로 최대의 효과를 거두는 능률성이 요구된다.

4) 현실에 기초를 두고 실천이 전제되어야 한다. 현실성이 없는 프로그램은 무가치한 공상에 불과하다.

5) 항상 적절한 평가와 점검이 병행되어야 한다. 예측하지 못한 상황이 자주 발

생한다.

3. 프로그램의 과정

프로그램은 준비-기획-진행-평가정리 4단계의 과정으로 이루어진다. 이 4단계의 프로그램 과정은 반복적인 순환과정의 형태를 띤다. 훈련의 성격이 반복과정을 통해서 변화를 목적하기 때문에 이벤트성 프로그램 보다는 그 효과가 지속될 수 있는 프로그램 과정이 필요하다.

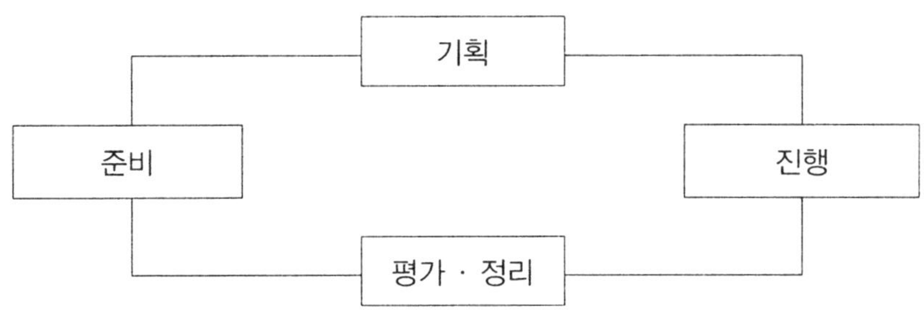

4. 프로그램 준비

단위 훈련 프로그램에서 첫 단계는 사전 탐색 또는 조사과정이다. 즉 자료수집의 단계이다. 이 단계에서 조사 검토해야 할 내용은 ① 훈련생 집단의 이념과 목적 ② 전통 ③ 훈련을 의뢰하는 집단의 요구 ④ 사회적인 기대와 요구 ⑤ 지도자 및 훈련생의 능력 ⑥ 재정적인 여건 ⑦ 시설 등 물적 여건 ⑧ 기존 유사 프로그램 및 그 평가보고서이다. 프로그램 준비에서 우선적으로 살펴볼 사항은 다음의 세 가지이다.

1) 목표 정립

목표정립은 가야할 목적지를 정하는 것이다. "왜 이 프로그램을 해야 하는가?" 라는 물음을 통해 필요성을 인식하고 분명한 목표를 확립하는 것이 중요하다. 개인과 집단에 어떠한 변화를 목적하는지 구체적으로 접근해야 한다. 이를 생각에 머물지 않도록 명문화해야 한다. 목표는 가능한 구체적인 것이어야 하며 현실적이고 필요성이 있는 것이어야 한다. 또한 목표는 시간적이고 단계적으로 정립되어야 한다.

2) 타당성 검토

아무리 이상적인 목표도 현실과 동떨어질 경우 실행 자체가 불가능하다. 타당성을 검토하기 위해서는 현재 우리가 처한 상황을 정확하게 파악해야 한다. 훈련생들의 수준과 요구도, 프로그램을 수행할 집단의 능력과 수준 등이 고려되어야 한다. 이후 프로그램을 시행한 뒤 그 결과에 대해 예측해 본 후, 실행에 대한 타당성을 판단해야 한다.

3) 가능한 대안들의 비교 검토

목적 달성과 프로그램을 실행하기 위해서 가능한 방안들을 열거하여 비교 검토해야 한다. 각 대안들의 장애요인과 해결방안 등을 비교 검토하여 장 · 단점을 파악함으로써 최적의 프로그램을 완성할 수 있다.

5. 프로그램 계획

이 단계는 준비과정에서 충분히 검토된 대안들 중에서 최적안을 선택하여 그 실행 내용과 방법을 구체화하는 단계이다.

1) 기본계획

프로그램 내용에 관한 기본적인 사항, 즉 프로그램의 개요를 말한다.

(1) 명칭 : 프로그램의 종류나 내용을 집약적으로 표현한 제목이다. 명칭을 통해 무엇을 할 것인가를 알 수 있다.

(2) 목적 : 프로그램의 취지, 목표, 주제 등을 정리한다. 이에 따라 부수적으로 구호, 표어 등이 제정되기도 한다.

(3) 시기 : 예정일시와 기간을 표시한다.

(4) 장소 : 어느 곳, 어느 지역에서 수행할 것인가를 표시한다.

(5) 주최 : 이 일을 책임지고 시행할 사람이나 부서 또는 기관이 누구인가를 표시한다. 또한 주관부서, 후원처 등이 결정된다.

(6) 대상 : 참가 대상은 누구이며 인원은 얼마인가를 표시함으로써 누구를 위한 프로그램인가를 표시한다.

2) 세부계획

세부계획은 프로그램을 어떠한 방법과 과정을 통하여 수행할 것인가(HOW)를 구체적으로 정리하는 과정이다.

(1) 임원조직 및 책임분담

프로그램의 준비에서 평가정리에 이르기까지 일의 순서와 중요한 업무를 나누고 이에 따른 책임자를 선정하는 일이다. 특히 훈련주관자는 개인의 능력을 발휘하는 것이 아니라 조직원들을 조직화하고 훈련의 목표나 각 과정을 공유해서 다 같이 참여하는 훈련이 될 수 있도록 노력해야 한다.

(2) 일정표

프로그램 진행이 시작되는 날부터 끝나는 날까지의 과정을 도표로 정리한 것이다. 일정표는 한눈에 들어올 수 있도록 하되 구체적인 사항까지 기록할 필요는 없다. 주의할 것은 시간과 과정이 일치할 수 있도록 유념해야 한다.

(3) 진행계획

일정표의 과정을 구체화하고 세분화하여 진행 책임을 맡은 사람들의 지침이 되도록 하여야 한다. 훈련과정을 점검하고 평가할 수 있도록 가능한 자세히 계획하는 것이 좋다. 대체로 이 계획표는 지도자훈련 또는 임원 교육과정에서 완성된다.

〈예시1〉 진행 계획표

과정	시간	세부사항	담당	준비물	비고

(4) 세부활동계획(PROJECT)

진행계획과는 별도의 계획이 필요한 부분에 대한 세부계획이다. 진행계획은 프로그램 전체의 흐름을 중심으로 정리한 것이라면, 세부 활동계획은 약간은 독립성을 갖는 한 부분을 구체적으로 계획하는 것이다. 세부 활동계획은 예상되는 모든 사항이 점검될 수 있도록 해야 한다.

(5) 비상시 계획

예측되는 상황의 변화에 대비하여 대체할 수 있는 프로그램을 말한다. 야외 프로그램인 경우 우천 시 계획 등이 대표적인 예이다. 비상시 계획은 일정표와 진행계획표를 작성하여 대비한다. 또한 부분적으로도 상황변동 시에 대체할 프로그램을 준비해 두는 것이 현명하다.

(6) 예산(재정)계획

프로그램의 준비와 수행을 위하여 필요한 경비의 조달과 지출의 내역을 미리 예상하여 계획을 작성한다. 예산의 분류는 일의 내용에 따라서 기능별로 분류할 수도 있고, 담당 부서별로 분류할 수도 있으나 전자의 경우가 일반적으로 사용된다.

〈예시2〉 예산계획 양식

가)수입부

구분	과목	금액	산출근거	비고

나)지출부

구분	과목	금액	산출근거	비고

(7) 홍보계획

프로그램에 대한 인식도와 참여도를 높이고 취지를 널리 알리기 위하여 필요한 홍보 방법을 구체화한 것이다. 예를 들면 포스타 제작, 안내물 및 홍보물 배포, 언론기관 활용 또는 방문, 면접 등 다양한 홍보방법에 관한 계획이다.

(8) 준비과정 계획

프로그램의 준비과정에 필요한 사항, 즉 하여야 할 일을 미리 계획하여 점검하고 추진하기 위한 계획표이다. 일정한 양식이 있는 것은 아니고 필요한 양식을 개발해서 사용한다. 1년 이상 장기간 준비하는 계획은 월별로 작성하거나 1년 정도 계획은 주단위로 작성하며 1~2개월 정도 준비 일정은 일별로 작성한다.

〈예시3〉 준비과정 계획

월일	요일	준비사항	책임부서	실행자	점검사항		D.co
							−25
							−24
							−23
							−22
							−21

(9) 물품조달계획

한 프로그램을 진행하기 위해서는 여러 가지 물품들이 필요하다. 이 많은 물품들을 조달할 계획을 미리 준비하지 않고 사전에 점검하지 않으면 프로그램이 허사로 끝나버릴 가능성이 있다. 따라서 필요한 물품을 준비하여 기간 내 계속 사용할 물품과 단위과정에 필요한 물품을 상자에 포장하여 과정 명칭과 내용물을 기입하여 포장한 상자에 부착한다. 구입계획은 구입처별로 분류하여 구입계획을 작성하는 것이 편리하다. 준비한 물품은 한곳에 잘 정돈하여 담당자의 확인과 적절한 절차에 따라 반출하고 사용 후에는 곧 반납하도록 해야 한다.

(10) 각종 지원계획(지원활동계획)

이는 훈련의 진행을 효율적으로 하고, 기대한 목표에 도달하게 하는데 보이지 않게 지배적인 영향을 주는 부분들이다. 아무리 좋은 내용의 과정이 계획된다 하여도 그 과정을 진행하기 위한 갖가지 지원활동이 손발처럼 움직이지 않으면 성과를 거두기 어렵기 때문이다.

이 부분에는 참가자 모두가 기간 동안에 생활하는데 필요한 모든 내용들이 치밀하게 계획되고 실행되어야 한다. 식사에 관한 것으로는 주 · 부식, 간식 등의 차림표를 비롯해서 이에 필요한 물품의 구입 및 정도에 적절한 영양과 건강을 고려해야 한다. 숙소에 관해서는 인원수를 고려한 숙소배정 침구대책, 난방 및 조명대책 등이 계획되어야 한다.

설비 및 시설 부문에는 각종 과정의 진행에 필요한 도구의 제작 장소 설치, 또한 생활에 필요한 설비로는 숙식에 관한 제반 설비, 급수시설, 화장실 등이 계획되어야 한다. 안전 위생 부문에는 불의의 사고에 대한 예방 및 대비책, 각종 질병 및 환자 치료 및 후송방법, 지역의 방역 및 소독, 해충구제 등이 계획되어야 한다.

3) 파생계획

파생계획은 본 프로그램을 수행하기 위해서 파생되어 나타나는 활동을 별도로 계획하는 것이다. 예를 들면 교육훈련 프로그램의 수행을 위해서 필요한 현장답사계획, 지도자훈련계획, 교재발행계획, 평가계획, 보고서(평가집) 발행계획 등을 들 수 있다.

6. 프로그램의 시행

이 단계는 제작된 프로그램을 직접 진행하는 과정으로, 이때에 프로그램 지도자가 유의할 사항을 열거하면 다음과 같다.

1) 목표에 접근상태를 계속적으로 파악하고 검토 교정하는데 유의한다. 하나하나의 과정이 착실하게 그 목표에 도달함으로써 전체 목표를 달성할 수 있다.
2) 구성원 참어도를 파악한다. 참여자들 의견에 귀를 기울이는 한편 소외된 사람들에게 참여 동기를 부여하고, 창의력을 발휘하는 사람에게 격려하며, 모두가 솔선하여 자발적으로 참여하도록 유의한다.
3) 상황 변동에 대해서 적절한 대안을 제시한다. 진행할 때 상황은 계획할 때 예측했던 상태로만 되지는 않는 것이 보통이기 때문에 융통성 있는 적절한 대안

을 제시하는데 유의한다.

4) 준비 상태를 파악하고 계획 시 예측했던 상황과 비교하여 기록 보존하는데 유의해야 한다.

5) 사고 발생 요인을 미리 파악하여 이를 배제함으로써 사고예방에 유의해야 한다. 전체적으로 아무리 훌륭한 프로그램이 되었다 할지라도 불의의 사고로 인하여 전체를 그르치게 되므로 모든 분야의 사고 예방이 무엇보다도 중요하다.

6) 지도자에게는 항상 많은 비판 소리가 있는 것이다. 이 때 본래 목표와 거리가 멀거나 이미 합의된 기본 방침을 뒤엎는 비판에 과민하지 말아야 한다. 들어두고 여유 있게 검토한 후 대처해야 한다. 그러나 본래 목표로 접근하기 위한 건전한 비판이나 기본방침을 이행하기 위한 건의나 비판은 신속히 대처하여 수용하도록 한다.

7. 훈련프로그램의 예(자료출처: 『교당청년회 운영안』, 원불교청년회)

청년회 하계 정기훈련

▶ 훈련주제 : 진리와 함께하는 생활

▶ 훈련목표

1. 일원상 진리에 대한 이해
2. 진리관 확립
3. 회원간 친목

▶ 일시 : 원기○○년 7월 25(토) - 26일(일) - 1박 2일

▶ 장소 : 원불교 만덕산 훈련원

▶ 일정표

시 간	25일(土)	26일(일)
04:00	훈련원 도착	기상 및 정리
05:00		좌선실습
06:00		요가. 체조. 청소. 세면
07:00		명상의 시간
08:00		아침공양
09:00		성가 배우기
10:00		강의(일원상의 신앙. 수행)
11:00		회화
12:00		강연
13:00		점심공양
14:00		해제식
15:00		교당으로
16:00	결제식	진목활동
17:00	마음을 합하여	
18:00	저녁공양	
	명상시간	
19:00	강의(일원상의 진리)	
20:00	회화	
21:00	염불. 일기	
22:00	내일을 위하여	

첫째 날(25일-토)

시 간	과정활동	세부 프로그램	진행자	준비물
14:00 ~16:00	이동 및 정리	- 교당이 아닌 별도의 장소에서 훈련을 실시할 경우 일단 교당에 모여 함께 출발하도록 한다. - 훈련장소에 도착하면 숙소배정 및 개인정리를 마치고 결제장소에 참석하도록 안내한다.	교무 회장단	차량준비 숙소배정표 메가폰
16:00 ~16:40	결제식	- 식순 ① 불전헌배 ② 경종10타 개식 입정 교가 설명기도 법어봉독 일상수행의요법 입선인 보고 결제법문 훈련규정 및 과정설명 결제가 폐식 - 결제법문은 주제를 중심으로 간단히 설법하도록 요청한다.	사회 (회장) 교무	마이크점검 경종 죽비 설명기도문
16:40 ~17:30	마음을 합하여	- 전체 프로그램 진행상 여유의 시간으로 배정한다. - 훈련에 참석한 청년교도 모두가 마음을 열고 훈련에 임할 수 있도록	담당 청년	
18:30-19:00	명상의 시간	- 조용히 산책하거나 동지간 대화를 나누는 개인시간으로 운영한다. - 다음 날 진행되는 강연을 준비하지 못한 훈련생은 이 시간에 준비하도록 안내한다.		
19:00 ~19:40	강의	- 주제:일원상의 진리 일원상의 진리에 대해 개괄적으로 설명하고 회화시간 진행을 위한 문제 제기도 한다.	교무 회장단	
19:40 ~21:00	회화	- 강의에 바탕하여 단별회화를 진행한다. 단장이 사회를 맡는다. - 식순: ① 개식 ② 묵상심고 ③ 법어봉독(일원상의 진리) 회화 교무님 말씀 폐식 - 회화의 마무리는 회화진행의 느낌 발표를 중심으로 교무가 하고, 회화 도중 질문은 회화시간에 설명한다.	단장 · 중앙	죽비
21:00 ~22:00	염불 및 일기	- 일기를 시작하기 전 전체 모임장소에 모여 저녁심고를 함께 올린다. - 진행순서: ① 개식 ② 염불(10분) ③ 입정(2분) 법어봉독 일기기재(10분) 공지사항(내일 일정안내) 저녁기도의 노래 폐식	회장단 (교무)	죽비 목탁
22:00 ~	임의활동	- 취침할 수 있도록 안내한다. 단, 청년교도간 상호 대화의 시간을 가질 수 있도록 한다.		

둘째 날(26일)

시간	과정활동	세부프로그램	진행자	준비물
04:30 ~06:00	좌선 및 요가	- 05:00에 기상하여 05:15까지 전체모임장소에 모여 심고를 올린다. - 좌선진행순서 ① 개식 ② 일상수행의요법 ③ 좌선법 안내(5분) 좌선실습(30분) 독경(일원상서원문, 반야심경, 휴휴암좌선문) 법어봉독 폐식 -좌선을 마치면 구보 및 체조, 요가를 한다.	교무 회장단	죽비 목탁
08:30 ~09:00	성가 배우기	- 성가를 배우는 시간을 갖는다. - 훈련분위기를 밝게하기 위하여 성가뿐 아니라 건전가요 등도 함께 부른다. - 진행자는 성가도중 가사에 대한 설명도 함께 하며 진행한다.	반주자 지도청 년	
09:00 ~09:50	강의	- 주제:일원상의 신앙과 수행 - 원불교 신앙과 수행의 특징이 충분히 드러나도록 한다. - 다음 회화시간의 문제 제기도 아울러 한다.	교무	
10:00 ~10:40	회화	- 강의에 바탕하여 단별회화를 진행한다. 중앙이 사회를 진행한다. - 주제:진리적 종교란? 진리적 종교의 신앙방법은? - 교무는 회화에 같이 참석하고 마무리 설명을 한다.	단장 · 중앙	숙비
10:40 ~12:00	강연	- 훈련전에 훈련참석 교도에게 미리 강연제목과 내용을 주어 연마하도록 한다. - 강연내용은 솔성요론과 계문의 내용으로 정한다. - 발표시간은 5분을 기준으로 한다. - 발표가 끝나면 교무가 강평을 하여 교리의 바른 이해가 되도록 한다.	청년 교도 교무 회장단 (신호)	
13:00 ~13:40	해제식	- 식순 ① 불전헌배 ② 경종10타 ③ 개식 입정 교가 설명기도 법어봉독 일상수행의요법 법문 또는 담임회고 해제가 폐식 - 담임회고 시간은 모두가 교당청년회 발전에 책임을 다하도록 당부하는 내용으로 한다.	사회 (회장) 교무	

	친목활동	- 훈련을 마치면 교도간 친목을 다질 수 있는 별도의 시간을 갖는다. 예)산행, 볼링대회, 영화 관람 등 - 너무 늦게까지 활동이 연장되지 않도록 유의하여 진행한다.		

8. 프로그램의 평가 및 보고(자료정리)

1) 평가의 중요성

프로그램에서 흔히 빠뜨리기 쉬운 것이 평가 및 보고 그리고 자료정리이다. 프로그램이 발전하고 집단이 더욱 발전하기 위한 기본 자료가 이 평가를 통한 것들이기 때문에 평가 및 보고의 단계는 매우 중요하다.

2) 평가 자료 소재

프로그램 지도자들이 유의하여야 할 평가자료 소재는 다음과 같은 것들이다.

(1) 참가자들의 반응과 성취도를 본다. 이 프로그램에 참가한 사람들이 참가하기 전보다 얼마나 목표로 접근되었는가를 조사한다.
(2) 지도자나 보조요원들의 반성을 평가회나 설문조사 등으로 정리한다.
(3) 관심이 있는 주위 사람들, 또는 영향을 받는 사람으로부터 사회적인 반응과 여론을 조사하는 것이다.

3) 평가 내용 및 준비

(1)프로그램 목적에 따른 기준

① 소기의 목적이 얼마나 달성되었는가?
② 참가자의 성장에 도움을 주었는가?
③ 훈련생의 단결력과 소속감을 증진시켰는가?
④ 훈련생의 욕구를 충족시켰는가?
⑤ 이웃과 지역사회 또는 국가발전에 기여한 바가 있는가?
⑥ 참가자의 창의력 증진, 개성 발전, 교제 증진에 도움을 주었는가?

(2)프로그램 진행에 따른 평가 기준

① 지나치게 형식적인 진행은 되지 않았는가?
② 훈련생중심(고객위주)으로 진행되었는가?
③ 여건이 변화되었을 때 융통성 있는 적절한 대응책을 마련했는가?

④ 사고 위험을 사전에 점검하고 예방책을 강구했는가?
⑤ 진행방법이 민주적이었는가?
⑥ 세부 방법이 답습적이었는가?
⑦ 각자에게 주어진 책임을 완수했는가?
⑧ 서로 공감대와 상호 협조가 원활했는가?
⑨ 목적이 변질되거나 쉽게 포기되지는 않았는가?

4) 평가방법

평가방법은 시험을 치루는 방법, 설문지법, 면접법, 관찰법, 자기평가방법, 논문, 평가회를 통한 방법, 또는 일기, 감상문, 생활기록 등을 통한 방법 등 여러 가지가 있다.

5) 평가 기록 및 보고서

프로그램 준비, 계획, 시행, 평가의 모든 것을 기록하여 정리하는 것은 다음 프로그램 발전과 역사 자료를 위해 매우 중요한 일이다. 이 단계는 준비과정에서 논의 검토된 사항, 최적 안으로 선택되어 입안된 사항, 시행 과정에서 변경사항 및 지도자의 느낌, 평가단계의 모든 자료 등을 체계적으로 정리하는 것이다.

이상에서 프로그램이란 것을 하나의 반복 순환되는 과정으로 파악 정리하여 보았다. 십단 지도자들은 프로그램의 저해 요인을 제거하기 위해서 다음과 같은 사항들을 유의해야 한다.

① 집단목표에 집근과 달성을 위한 신념
② 동기 부여와 태도 변경을 위한 노력
③ 상호 관계 개선을 위한 노력
④ 높은 사기 형성
⑤ 집단 외부 상황에 대한 이해
⑥ 집단 조직 안정성 유지

제 5장 교도법위 단계별 훈련*

1. 단계별 훈련의 목적

소태산 대종사는 『정전』 마지막 장에 법위등급(法位等級)을 밝히고 있다. 법위등급은 공부인의 수행 정도에 따른 공부표준을 밝힌 것으로, 보통급에서 출발하여 대각여래위에 오르는 법의 사다리이다. 이에 바탕하여 교단에서는 정기적으로 법위사정을 통해 공부를 점검하고 공부분위기를 진작시키고 있다. 특히 법위사정의 기준이 될 수 있는 공부의 정도, 즉 훈련의 정도를 측정하는데 그 기준이 되는 것이 교도단계별 훈련이라고 할 수 있다.

교도단계별 훈련은 법위등급에 따라 단계적이고 체계적인 훈련과정으로 원불교의 교법정신의 실현으로 볼 수 있다. 교도단계별 훈련이 중요한 이유는 단지 법위사정의 기준이 된다는 것을 넘어 '교법의 인격화'의 실제적인 내용이며, 원불교 교화의 사실적인 접근이라는 데 그 의미가 있다. 좀 더 구체적으로 단계별 훈련의 목적을 열거하면 다음과 같다.

① 원불교 교법의 특징 중 하나인 훈련법을 실제화 하는 것으로 교도에게 교법의 정체성을 체득하게 한다.
② 교도들에게 단계별로 법위를 접근시켜 법위를 향상시킨다.
③ 교단에 공부풍토를 조성하여 교화의 근본을 세운다.(교화단 활성화)
④ 교단의 각 훈련기관을 활성화시킨다.
⑤ 교역자와 교도들의 의식을 교법실천 방향으로 집중시킨다.

2. 단계별 훈련의 방향

1) 훈련과정 구성과 법위단계별 참석대상 교도

(1) 훈련과정 구성(20과정)

① 훈련과정은 법위등급 중 출가위와 대각여래위를 제외하고 시행하며, 법위별 명칭은 보통부, 특신부, 상전부, 항마부로 한다. 훈련 및 교육과정은 보통부 8과정, 특신부 4과정, 상전부 4과정, 항마부 4과정 등 총20과정으로 한다. 과정별 훈련자료는 [중앙총부 홈페이지 교역자광장/교화정보센타/훈련]에 올려져 있다.

② 신입교도를 제외한 전 교도는 본인의 법위에 해당하는 각 단계의 훈련을 받는다. 특신부 이상은 1박2일 훈련 이상을 원칙으로 하되 특신부는 교구 주관으로 1일 과정으로 가능하도록 한다. 상전부 이상은 훈련원에서 1박2일 과정

---

*자세한 내용은 교화훈련부의 「교도법위단계별훈련」 책자를 참고할 수 있다.

으로 이수하는 것을 원칙으로 한다. 훈련원에 개설된 2박 3일 이상의 정기훈련을 이수한 교도는 본인의 법위에 관계없이 훈련을 이수한 것으로 인정한다.(단, 이 훈련프로그램 중 법위등급에 대한 내용을 1시간 이상 포함시켜야 한다.) (훈련위원회 결의사항)

(2) 법위단계별 참석대상교도

① 법위단계별 참석대상 교도 기준은 아래와 같다.

· 보통부: 신입교도 또는 입교한지 오래되었지만 법위사정에서 아직 예비특신급에 사정되지 않은 교도

· 특신부: 예비특신급, 정식특신급 교도

· 상전부: 예비법마상전급, 정식법마상전급 교도

· 항마부: 예비법강항마위, 정식법강항마위 교도

② 훈련시 교도들의 참석기준은 해당 법위를 원칙으로 한다. 만약, 자신의 법위보다 낮은 단계부터 훈련받고자 하는 교도가 있다면 본인의 의사를 존중한다.

③ 법사단 훈련은 법강항마위 훈련에 흡수하여 진행한다. 매 법위사정시, 정식항마위에 새로 승급하는 교도들을 대상으로 한 훈련이 중앙중도훈련원 주관으로 실시한다. (원기85년 훈련위원회 결의사항)

④ 법호인 훈련은 그 특성을 살려 법위단계별 훈련과 별개로 진행할 수 있다.

2) 단계별 훈련이수기간, 연치별 개설 과정

(1) 단계별 훈련이수기간은 6년으로 한다.

보통부는 1년치에 1~5과정(신입교도 교육과정), 2년차에 6과정, 3년차에 7~8과정의 훈련을 이수하도록 한다.

(2) 특신부는 예비특신급과 정식특신급이, 상전부는 예비법마상전급과 정식법마상전급이, 항마부는 예비법강항마위와 정식법강항마위가 함께 참석하는 만큼, 해당 법위단계부문에 개설된 1~4과정까지의 훈련에 참석하면 된다.

(예) 만약, 원기90년에 예비특신급인 교도가 4년간 연이어 특신부 과정훈련을 이수하였다면, 이후 정식특신급를 거쳐 예비법마상전급에 이르기까지는 특신부 훈련은 받지 않아도 된다.

· 원기91년 법위사정에서 상위등급의 예비급으로 승급한 교도는 원기92년부터는 상위급 1과정부터 훈련에 참석하면 된다.

(예) 현재 정식특신급인 교도가 원기91년 법위사정에서 예비법마상전급으로 승급하면 원기92년부터는 상전부 훈련에 참석한다. 이후 예비법강항마위가 되기 전까지의 기간동안에는 상전부 4과정까지만 참석하면 된다.

(3) 도표로 보는 훈련원 훈련과정 개설

	1차년(87)	2차년(88)	3차년(89)	4차년(90)	5차년(91)	6차년(92)
보통부	15과정 (신입교도교육과정, 매년 상설)	15과정 6과정	1~5과정 7,8과정	1~5과정 6과정	1~5과정 7과정	1~5과정 8과정
특신부	1과정	2과정	3과정	4과정	1,2과정 (미이수교도 대상)	3,4과정 (미이수교도 대상)
상전부	1과정	2과정	3과정	4과정	1,2과정 (미이수교도 대상)	3,4과정 (미이수교도 대상)
항마부	1과정	2과정	3과정	4과정	1,2과정 (미이수교도 대상)	3,4과정 (미이수교도 대상)

〈참고〉

* 〈원기85년 법위사정통계〉를 보면, 특신부(예특, 정특) 57%, 상전부(예법상, 정법상) 21.5%, 항마부(예항, 정항) 6.3%, 보통부 0.5%, 보류 14.7%이다.

3) 훈련 수료 보고, 훈련결과 반영, 법위사정과의 관계

(1) 각 단계 훈련과정을 이수하면 훈련에 참여한 교도들의 명단과 훈련 내역을 원티스를 통해 주관처에서 입력하는 것으로 보고를 완료한다.

(2) 훈련참석 여부를 92년 법위사정시부터 중요 사정 자료로 삼았다.

(3) 단, 훈련참석 여부가 사정대상에 포함되는 요건은 되지만, 훈련을 모두 이수했다고 해서 반드시 승급시키는 것은 아니다.

4) 단계별 프로그램, 훈련 주관, 훈련결과 기록

단계별 훈련 프로그램과 강의안 초록은 교화훈련부에서 개발 · 작성하여 각 훈련기관에 보급하였으며, 훈련 진행은 법위에 따라 훈련기관 혹은 교구 주관으로 진행한다. 교당 교무는 해당 과정에 속하는 교도를 해당 일정에 참석하도록 안내하고, 훈련참석결과는 훈련 주관처에서 원티스에 입력한다.

5) 훈련비용 : 훈련기관연수회에서 협의해서 확정

6) 훈련 진행과정

(1) 훈련공고 및 훈련 접수

① 훈련원은 해당 교구의 훈련대상인원을 감안해서 교구사무국과 협의, 법위단계별로 훈련기간을 2월경에 홍보물을 통해 공고한다.

② 교당은 교도들의 법위별 명단을 파악, 훈련원에서 공시한 일정을 참고하고 교당의 연간 일정을 감안, 확정하여 교도들이 훈련일정별로 참석하도록 안내한다.

③ 훈련원은 교당별로 참석인원수를 접수한 후, 훈련수용 인원에 맞게 조정한다.

④ 훈련원은 해당 훈련기간 1주일 전, 신청교당에 참석 명단을 최종 확인한다.

※ 해외교당은 이 훈련안을 기초로 하되, 현지 사정을 감안해 진행할 수 있다.

<참고문헌>

[경전 및 단행본]

원불교 정화사 편, 『원불교 전서』, 원불교출판사, 1999.

원불교 정화사 편, 『원불교 교고총간』 4, 원불교 출판사, 1994.

대산 종사, 『정전대의』, 원불교출판사, 1996.

, 『법문집 Ⅲ』, 원불교출판사, 1980.

박정훈 편, 『한 울안 한 이치에』, 원불교출판사, 1987.

신도형, 『교전공부』,원불교출판사, 1974.

오선명 편, 『정산종사 법설』, 월간원광사, 2000.

원불교 교정원 교화훈련부, 『교화단 마음공부』 원기90년 7-9월.

이공전 편, 『대종경 선외록』, 원불교출판사, 2001.

이성택, 『원불교 훈련의 이론과 실제』, 도서출판 동남풍, 1994.

______, 『자기 완성의 길잡이』, 도서출판 동남풍, 1994.

[논 문]

김선명, 「염불· 좌선」, 『마음공부 잘 하여 새 세상 주인 되라』, 정산종사 탄생 백주년 기념학술 세미나 발표 초록, 소태산사상연구원, 2000.

김영민, 「원불교 성리에 관한 연구」, 원광대학교대학원 박사학위논문, 1999.

박선태, 「정전 마음공부」, 『마음공부 잘 하여 새 세상 주인 되라』, 정산종사 탄생 백주년 기념학술 세미나 발표 초록, 소태산사상연구원, 2000.

백광문, 「경전· 강연· 회화」, 『마음공부 잘 하여 새 세상 주인 되라』, 정산종사 탄생 백주년 기념학술 세미나 발표 초록, 소태산사상연구원, 2000.

______, 「원불교 훈련법의 활성화 방안」, 『원불교사상』 26집, 원광대학교 원불교사상연구원, 2002.

이성택, 「정기훈련 11과목의 교도 훈련 적용 방안」, 『마음공부 잘 하여 새 세상 주인 되라』, 정산종사 탄생 백주년 기념학술 세미나 발표 초록, 소태산사상연구원, 2000.

______, 「훈련사」, 『원불교 70년 정신사』, 원불교 창립 제2대 및 대종사 탄생 백주년 성업봉찬회, 1989.

전홍배, 「원불교 훈련법의 구조 이해를 통한 시대적 활용의 접근」, 원불교대학원대학교 석사학위논문, 2001.

정현숙, 「원불교 재가 교도의 상시훈련 실태조사」, 원불교대학원대학교 석사학위논문, 2003.

최희공, 「정전실습· 수요선방· 새삶마음공부 프로그램과 실천 사례」, 『마음공부 잘 하여 새 세상 주인 되라』, 정산종사 탄생 백주년 기념학술 세미나 발표 초록, 소태산사상연구원, 2000.

______, 「원불교 훈련관」, 『원불교 사상시론』 3, 원불교출판사, 1998.

제7부 교화마케팅성장

제 1장 교화마케팅성장

본장은 교화마케팅성장에 대한 전반적인 이해를 목적한다. 크게 교화성장과 교화마케팅으로 나누어 설명된다. 교화성장에서는 교화성장의 개념와 유형, 핵심요소를 다루고 교화마케팅에서는 경영학에서 말하는 마케팅의 개념과 이에 바탕하여 교화마케팅의 개념과 목표, 그리고 교화마케팅관리자로서의 교무의 역할을 다룰 것이다. 마지막으로는 「교화마케팅성장론」의 전체 흐름을 읽을 수 있는 교화마케팅성장의 진행과정을 다룰 것이다. 따라서 이 장은 전체적인 흐름상 서론에 해당한다.

1. 교화성장의 개념

'교화성장'이 왠지 생소한 단어로 다가올 수 있다. '교화발전'이 우리에게 익숙해져 있기 때문이다. 교화성장은 교화발전보다 좀 더 적극적이고 생기 넘치는 교화의지의 표현으로 볼 수 있다. 발전은 '널리 뻗어 나감'을 말하고, 성장은 '자라서 점점 커짐'을 의미한다. 이러한 의미적 차이를 비교해 볼 때 성장은 성숙을 지향해야 한다. 성숙은 양적인 면과 더불어 질적인 면을 동반하기 때문이다. 양과 질을 모두 포함한 교화성장의 의미는 "원불교의 올바른 가르침을 통해 지혜롭고 복된 낙원의 생활을 하는 사람들이 계속 늘어나는 것"을 말한다.

교화성장이라는 용어는 교화조직인 교당을 조직생명체로 인식한데서 비롯된다. 하나의 생명체가 생 · 로 · 병 · 사의 생의 주기를 갖듯이 조직 또한 수명주기(life cycle)를 갖는다. 조직의 수명주기는 일반적으로 도입기 → 성장기 → 성숙기 → 쇠퇴기의 과정을 거친다. 이는 곧 그 조직의 역사가 되기도 한다. 한 생명이 태어나서 죽을 때까지의 전 과정을 삶의 연속으로 보듯이 교화성장 연구의 대상은 조직의 수명주기 모두가 이에 해당된다.

수명주기에 대한 인식이 중요한 이유는 그에 맞는 교화전략이 달라지기 때문이다. 이는 교당이 처한 상황과 나아가야할 방향을 충분히 제시해 준다는 장점 때문에 교화마케팅 계획 및 전략을 결정하는 데 중요한 보조수단이 된다.

2. 교화성장의 유형

교화가 성장한다는 것은 교당의 미래가 희망적이며 건강하다는 것이다. 교화성장은 다음의 세 가지 유형이 있다.

1) 양적성장(Quantitative Growth)

양적성장은 교도의 숫자적인 성장을 말한다. 이는 교화성장을 객관적으로 평가하는 기준이 된다. 입교한 교도수의 증가, 교화단원 수의 증가, 출석교도 수의 증가 등 계량적으로 측정이 가능하다는 장점이 있다. 이는 교화성장의 첫 출발임과 동시에 기본이 된다는 점에서 매우 중요하게 인식해야 한다.

2) 질적성장(Qualitative Growth)

질적성장은 교도의 숫자가 아니라 원불교 교법으로 무장되어 지혜롭고 복된 삶을 사는 알뜰한 교도가 얼마나 많은가에 대한 관심이다. 즉, 낙원세계로 인도받은 자의 수가 늘어나는 것이다. 교도들의 신앙적 자세, 수행인으로서의 모습 등을 살펴볼 수 있다.

3) 조직적성장(Systematic Growth)

조직적 성장이란 구성원들의 협력을 바탕으로 펼치는 조직적 교화활동능력을 말한다. 종교조직 또한 일반 사회조직과 마찬가지로 유기체적 조직구조를 띠고 있다. 그 조직에는 사람과 제도, 시설, 재화 등이 유기적으로 연결되어 하나의 조직생명체로 활동하게 된다. 조직적으로 우수한 교당은 교화과제 수행에 있어 뛰어난 역량을 발휘한다.

3. 교화성장의 참다운 의미

교화성장의 참다운 의미는 양적, 질적, 그리고 조직적인 수준에서의 발전을 모두 포함한다. 양적성장만을 지향할 경우 한순간 일어났다가 사라지는 거품성장만을 남기게 될 것이다. 질적성장만을 추구할 경우 교화의 대상이 축소될 수 밖에 없다. 조직적성장을 도외시한다면 효율적인 교화성장으로 나아가는 데 어려움을 겪을 수 있다. 교화성장과정에서 위의 세 가지 유형중 단계설정이 필요하겠지만 양적, 질적, 조직적 수준에서 상호 조화와 균형을 이룰 때 이상적인 교화성장을 가져온다는 것은 분명한 사실이다.

많은 사람들이 교화성장을 '수적 성장'으로 이해하기도 한다. 그러나 수적 성장이 교화성장의 최종목표일 수는 없다. 중요한 것은 "원불교가 이 사회에 교화의 사명을 다하고 있는가?" 라는 근본적인 접근이 필요하다. 근본적인 접근이란 많은 사람들이 원불교가 우리 사회에 없어서는 안 될 종교라고 인식하게 하는 것이다. 또한 우리를 지혜와 복이 충만한 낙원의 세계로 인도하는 종교가 바로 원불교라는 확신을 심어준다면 교화성장은 자연스러운 결과가 될 것이다.

이러한 점에서 볼 때 교화성장은 특별한 방법을 찾는 일이 아니다. 단지 교화의 기본에 충실하자는 것이다. 교화를 담당하는 교역자가 교화의 사명을 얼마나 실천하느냐에 따라 자연발생적으로 교도수가 늘어나고 시설과 기관이 확장된다. 특히 교화성장의 핵심이 시설이나 재물에 있지 아니하고, 법의 혜명(慧命)을 받아 전하는 사람에 있음을 직시할 때 그 답은 더욱 명확해진다.

4. 교화성장의 핵심요소

교화성장을 이루는 데 있어서는 여러 가지 요소가 있다. 사람, 시설, 재화 등 유형적 요소뿐만 아니라 이러한 유형적 요소를 교화성장으로 이끌어내는 방법 등 교화와 관련한 모든 자원과 활동이 이에 해당된다. 이 가운데 교화성장의 핵심은 사람에 대한 관심과 투자라고 할 수 있다.

조선후기 최고의 무역상으로 유명한 임상옥은 장사는 "이문을 남기는 것이 아니라 사람을 남기는 것" 이라는 말을 신봉하고 노력한 거상이었다. 교화를 '법장사'로 쉽게 달리 표현했을 때, 사람이야 말로 교화성장의 핵심요소인 것이다. 교화는 사람이 하는 것이며, 교화의 중심에 있는 교무와 교도, 그리고 지역사회의 주민은 교화성장의 열쇠를 쥐고 있는 사람들이다.

1) 교무의 리더쉽이 교화를 성장시킨다.

리더쉽이란 집단 속의 리더가 공동목표를 달성하기 위해 다른 집단 구성원(부하)에게 영향력을 행사하는 과정을 말한다. 리더(leader, 指導者)로서 교무는 "교화의 바람직한 방향을 주위 사람들에게 '가르치고', '이끌고', '가르치는' 구실을 하는 사람"이다. 따라서 교화성장을 이끄는 주체로서의 교무는 교도들이 공동의 목표달성에 적극 참여할 수 있도록 목표에 대한 인식을 명확히 할 수 있도록 돕고, 동기를 부여하며, 사기를 높이고, 그들의 능력을 최대로 발휘할 수 있도록 해야 한다.

교무의 리더쉽은 교화성장의 기본이며 첫 출발이다. 그만큼 교무는 교당의 정신적 리더일 뿐만 아니라 지역사회를 올바른 방향으로 이끄는 사회의 리더이다. 이러한 점에서 교무의 자질과 능력의 정도에 따라 교화성장이 결정된다 해도 과언이 아니다. 교무의 질적인 성장은 교화의 성장과 비례하는 것이다.

교화현장에서 특히 교무의 지도력은 사람을 권면하고 그러면서도 감동시켜 변화를 촉진시켜야 하기 때문에 더욱 어려운 동시에 그만큼 중요하다. 종교지도자가 가져야 할 지도력은 일반적인 것에 더하여 영적인 것이다.

2) 재가교도가 현장교화의 주역이다.

교화성장은 교무의 지도력에 정비례한다. 여기에서 한 가지 간과할 수 없는 사항은 교역자를 출가교역자와 재가교역자로 나눌 때, 재가교역자의 협력적 지도력 또한 교화성장의 중추적인 역할을 담당하게 된다. 좌산 종사의 "앞으로의 교화는 재가교도가 교화현장의 주역으로 나서야 한다."는 의미는 그만큼 재가교역자의 역할이 교화성장에 필수적이라는 사실을 강조한 것이다.

이제 재가교도가 현장교화의 주역으로 활동할 수 있도록 교화의 폭을 넓혀야 한다. 그들이 만나는 인연이 교무가 만날 수 있는 대상에 비해 훨씬 다양하고 많다. 이러한 교도의 광범위한 활동영역을 생각했을 때 이들을 교법으로 무장해서 이들이 만나는 곳, 머무르는 곳이 모두 교화의 장이 될 수 있게 유도해야 한다. 교도들을 단순히 교화하여야 할 대상으로만 볼 것이 아니라 '제생의세'의 경륜을 실현시키는 주역으로 보는 사고의 대전환이 필요하다. 성장하는 교당은 교무의 리더십이 탁월할 뿐만 아니라 뛰어난 재가교역자들이 많다는 특징을 가지고 있다.

3) 지역사회에 주민에 대한 교화적 관심이 필요하다.

교당과 교무는 지역사회의 일원이다. 반대로 지역사회와 주민은 교화의 2차 대상이다. 따라서 교화성장을 위해서는 교당 중심의 교화활동 뿐만 아니라 지역사회를 위해 보다 적극적이고 구체적인 노력이 병행되어야 한다. 예를 들어 주말마다 지역사회를 위한 청소를 한다든지, 지역 복지기관에 자원봉사를 나간다면 지역사회에서 원불교의 이미지는 높아가고 호감도 또한 격상될 것이다. 이를 통해 지역사회의 교화가 성장할 수 있다. 더 나아가 사회 · 국가 · 세계를 위한 노력이 함께 이루어져야 한다. 환경 · 통일 · 정치 · 경제 등의 문제는 이제 이러한 일들을 담당하는 사람만의 몫이 아니다. 국민 모두의 숙제이고 함께 해결해 나가야 할 문제이다.

많은 사람들이 조직의 변화를 위해서 구조나 시스템적인 문제들을 해결하고자 한다. 그러나 가장 기본은 그 중심에 있는 사람, 즉 우리의 성품과 역량을 개발해야 한다. 어떤 프로그램을 개선하고자 할 때는 먼저 그 프로그램을 만드는 사람이 개선되어야 한다. 어떤 조직에서건 그 조직의 전략, 구조, 시스템, 스타일을 만들어내는 것은 바로 사람이다. 조직의 구조나 시스템 등은 결국 사람들의 정신과 마음에 의해 움직이는 팔이나 손에 불과하다. 이러한 점에서 볼 때 교화성장의 핵심요소는 사람에 대한 지극한 관심과 투자이다.

5. 마케팅의 개념

마케팅(Marketing)이란 용어는 판매자, 즉 기업이 주도하는 시장에서 구매자, 즉 소비자가 주도하는 시장으로의 전환에서 비롯되었다. 소비자의 욕구를 알아내어 이를 충족시킬 수 있는 제품을 만들어서 판매해야만 치열한 경쟁에서 살아남을 수 있다는 의식의 전환이 소비자 중심의 경영철학으로 바뀌게 된 마케팅 출현의 배경이다.

2002년 KMA(한국 마케팅 학회 Korean Marketing Association)에서 정의한 마케팅의 개념은 다음과 같다. "마케팅은 조직이나 개인이 자신의 목적을 달성시키는 교환을 창출하고 유지할 수 있도록 시장을 정의하고 관리하는 과정이다." 위 내용에 따르면 창출과정과 유지를 위한 시장의 정의와 관리과정으로 나누어 볼 수 있다. 이 정의에 따라 오늘날에는 고객 중심의 마케팅인 CRM(Customer Relation Management)이 중요하게 부상되고 있다. 이상의 내용을 종합해 보면 마케팅은 소비자의 욕구와 필요, 그리고 생산자의 목표와 목적을 충족시킬 수 있도록 상품과 서비스가 생산자에게서 소비자에게 전달되도록 하는 사업 활동의 수행이다.

고객의 욕구를 파악하여 그것을 충족시켜줌으로써 적절한 대가를 얻고자 하는 마케팅적 접근은 근래에 와서는 기업뿐만 아니라 비영리부분에서도 많은 관심을 보이고 있다. 비영리조직이란 이윤추구 내지 영리추구를 목적으로 설립된 조직이 아니라 공공이익의 실현을 최우선 과제로 삼고, 설립 운영되는 모든 조직을 말한다. 이 경우 마케팅활동의 주체는 이윤의 극대화보다는 공공이익의 실현이라는 조직의 목적달성을 지향한다. 이러한 비영리기관으로는 정부, 공공단체, 교회를 비롯한 종교단체, 지역사회단체, 사회복지기관 등이 이에 해당한다.

예를 들어 대한적십자사에서 국민의 헌혈을 증진시키기 위해 가두헌혈을 실시하거나, 헌혈에 대한 잘못된 인식을 바로잡고 헌혈의 중요성을 고취시키기 위해 홍보 프로그램을 실시하는 것은 비영리조직에서의 마케팅 운용 사례이다.

6. 교화마케팅의 개념

최근 마케팅 개념이 비영리단체인 종교집단에까지 적용되고 있다. 특히 기독교의 경우 '교회마케팅'이라는 용어는 낯설지 않은 용어가 되었다. 마케팅을 원불교 교화에 적용시켜 보면 '교화마케팅'으로 표현할 수 있다.

경영학에서 쓰이는 마케팅의 정의를 빌어 교화마케팅의 개념을 정의하면 다음과 같다. "교화마케팅은 교당이나 교무가 교도와의 관계 속에서 교화목적을 달성시키기 위해 교환관계를 분석하고, 기획하며, 경영하는 것이다." 여기에서 교환은 교무를 포함한 교당과 교도간 각각의 욕구충족을 말한다. 따라서 교화마케팅은 교도들의 욕구를 분석하고, 이 욕구들을 충족시키기 위한 프로그램을 개발하며, 이 프로그램들을 올바른 시간과 장소에 제공하도록 하고, 교도들과 효율적인 의사소통을 하며, 그리고 조직의 활동들을 지원하는데 필요한 자원들을 끌어들이는 데 초점을 맞춘다.

7. 교화마케팅의 목표

교화마케팅을 교도숫자 늘리는 기술로만 인식해서는 안 된다. 교화마케팅에서 항상 고려되어야할 것이 있다면 그것은 교화의 질적 성장이다. 교화마케팅은 교화성장을 위한 가장 효과적인 접근방법중 하나로 생각할 수 있다.

교화마케팅의 제1의 목표는 우선적으로 교도를 비롯한 다양하고 폭넓은 고객만족을 극대화하는 데 있다. 더 나아가 지역사회에 좀 더 공헌할 수 있는 방향으로 나아가야 한다. 교당에서 제공하는 교화서비스가 교도만족을 이끌어낼 때 교화의 양적 · 질적 성장은 당연한 결과로 나타나게 될 것이다.

교도는 교도로서의 의무뿐만 아니라 권리 또한 있다. 교도의 권리는 교당에서 높은 교화만족도를 얻는 것이다. 교도의 교화만족도는 교화력으로 이어진다. 교화성장에 있어 교도의 교화력은 제2의 교무의 역할이다. 교화만족도의 제1의 원천은 교무가 교법정신으로 몸소 실천하는 모습을 통해 얻는 감화력이다. 교도들은 이에 감동하고 만족하여 교도 스스로가 제2의 교무가 되어 가정, 사회, 국가, 세계에서 일원화를 꽃피우게 된다.

이제 교도들에게 교도의 책임과 의무를 일방적으로 요구할 수 없게 되었다. 따라서 교무는 교도들이 무엇을 원하는지 정확한 분석과 진단을 통해서 그에 맞는 교화서비스를 제공함으로써 교도만족, 교도감동을 이끌어내야 한다. 또한 원불교의 교법을 필요로 하는 사람들에게 그에 맞는 맞춤형 서비스로 교법을 전달함으로써 교도 또는 비교도에게 교법으로 만족과 기쁨을 가져오게 해야 한다. 더 나아가 지역사회에서 원하는 것을 파악하고 이에 맞는 지역사회교화를 펼칠 때 원불교의 위상은 높아지고 지역주민들에게 좋은 이미지로 다가설 수 있다. 이렇게 될 때 교화성장은 자연스러운 결과로 나타날 것이다.

이상의 교화마케팅이 실현되었을 때 얻을 수 있는 이점을 정리해 보면, ① 숫자적인 성장 ② 커뮤니케이션 능력의 증대 ③ 교화에 대한 깊은 이해 ④ 자원들에 대한 뛰어난 활용 ⑤ 지역사회와 밀접한 접촉 ⑥ 지역사회를 향한 교화 확산 ⑦ 교도들의 교화능력 향상 ⑧ 새로운 지도자 훈련 ⑨ 분위기 쇄신 등이다.

8. 교화마케팅 관리자로서의 교무

교화자로서의 교무는 많은 능력을 요구받고 있다. 교무는 수도인, 봉공인으로서의 본연의 임무뿐만 아니라 교화성장을 이끌어 내는 교당의 관리자요, 경영자이어야 한다. 더 나아가 사회적으로는 종교지도자로서의 역할을 담당해야 한다. 개인의 수양, 설교, 상담과 같은 교무의 능력은 교무 개인에 초점이 맞춰 있다면, 교당 관리 및 교당 경영은 조직적 관점에서 접근해야 한다.

현대사회는 한 개인에 있어 아무리 인격적으로 성숙되고, 개인적 능력이 있다하더라도 조직관리 능력, 즉 조직의 경영에 전문능력이 부족할 때는 조직의 발전에 한계를 보이기 마련이다. 교무는 교도들을 훈련시키고 교화단을 관리하며, 다양한 프로그램을 통해 교도들로 하여금 종교생활에 대한 만족을 주어야 하는 일 등, 조직의 관리와 수많은 일속에서 교화성장을 이루어내야 한다. 따라서 교무는 조직관리능력, 기획능력, 실행능력, 평가능력 등 일과 조직에 관련하여 전문가가 되어야 한다. 이것이 교화성장을 위한 교무의 교화마케팅적 시각과 이를 실행할 능력이 필요한 이유이다.

이제 교화는 교무의 일방적 교화가 아니라 교도중심의 교화활동을 해야 성공하는 시대이다. 교화마케팅은 교도중심의 교화에 초점이 맞추어져 있다. 이러한 교화마케팅에 대한 새로운 시각과 마인드가 형성될 때 현장교화는 교화성장의 새로운 전기를 마련할 수 있다. 교화마케팅은 좀 더 효율적인 교화방법론을 지향하기 때문이다.

9. 교화마케팅의 진행과정

교화마케팅은 경영학에서 말하는 마케팅의 모든 과정과 내용을 다 포함할 수 없다. 그 이유는 아직 교화마케팅이 이론적 체계를 갖추지 못한 점과, 교화마케팅을 적용하는 데 있어 많은 제한을 받기 때문이다. 따라서 교화마케팅은 교화현장에 맞게 필요요소만 선택적으로 운용할 필요가 있다.

아래의 교화마케팅 흐름도는 교화마케팅의 진행과정이다. 교화마케팅이 실현될 수 있는 교당을 임의적으로 설정한 뒤 이 흐름도에 따라 마케팅이 진행될 수 있다. 그 진행과정은 교화진단 → 교화비전 → 교화전략 → 교화프로그램 → 교화평가 순이다.

〈교화마케팅의 흐름도〉

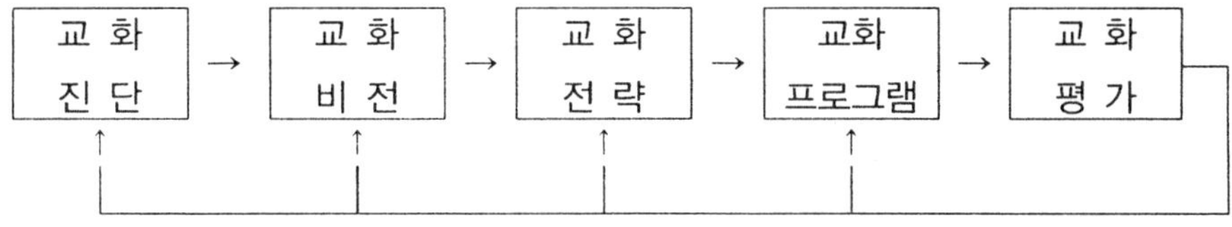

간략히 설명하면, 교화진단은 교화의 제반요소를 파악 점검하는 작업이며, 교화비전은 교화진단을 바탕으로 교화의 미래를 설계하는 1차 작업에 해당되고, 교화전략은 교화비전을 선명하게 전략화하는 것이며, 교화프로그램은 교화전략에 따른 구체적인 방법론에 해당된다. 마지막으로 교화평가는 비전의 성공여부와 진행과정에 대한 점검과정이다. 따라서 교화마케팅의 과정은 개별화되지 않고 전체적으로 하나의 연결고리를 갖고 있다.

제 2장 교화진단

본장에서는 교화마케팅의 첫 출발인 교화진단을 다룰 차례다. 먼저 교화현장에서 교화진단의 필요성과 그 의미와 목표를 살펴보고, 이어 교화진단의 실제편인 교당과 지역사회의 교화진단의 방법론을 다룰 것이다. 마지막으로 교화진단의 이해를 돕기 위해 실제 행하였던 한 교당의 교화진단 사례를 소개하고, 이에 바탕하여 교화진단시 고려사항을 참고로 서술할 것이다.

1. 교화진단의 필요성

'교화진단'은 교화성장에 관련된 자료를 체계적으로 수집, 객관적으로 분석, 보고하는 일련의 과정을 말한다. 정확한 정보의 수집과 이에 바탕한 교화의 현실적 진단은 교화의 비젼 제시 및 발전계획의 수립에 기초가 된다는 점에서 매우 중요하다.

교화진단은 교당 내 교도를 포함한 지역사회의 잠재교도들의 욕구를 파악하는 일이다. 최근에 고객욕구충족(customer needs/wants satisfaction)내지 고객지향(customer orientation)의 마케팅 이론이 설득력을 얻고 있다. 교화마케팅의 관점에서 볼 때, 교화자의 주관과 성향에 따라 일방적으로 교도들을 끌어들이는 것이 아니라 교도 및 잠재교도들의 관심과 욕구를 잘 파악해서 교화활동에 반영하는 것이 매우 중요하다.

대부분의 교당이 소수의 교도로 운영되고 있는 상황에서 교화진단이 무슨 필요가 있을까라는 반문이 있을 수도 있다. 그러나 다변화, 다양화되어 가는 현대사회의 흐름에서 현재의 교당 교화의 평가를 숫자에서만 찾을 것이 아니라 내·외부적 상황(환경)을 파악, 진단하는 일이야말로 교화성장의 필수적 요소라 할 수 있다. 특히, 교도 100명 이상 교당의 경우, 표출된 교도들의 욕구나 교도들의 심리상태, 신앙 수행에 대한 모든 종교적인 태도들은 물론 파악되지 않은 교화발전 요소를 발견, 개발, 성장시키는 일이야말로 무엇보다 중요하다.

많은 교무들이 자신의 짐작과 개인 성향, 그리고 주관적 판단으로 교화상황을 진단하고 이를 바탕으로 교화계획을 세우는 경향이 있다. 결국 이로 인해 나타나는 결과는 교도들의 요구가 교화활동에 반영되지 못함으로써 교화 프로그램과 교당 발전계획에 대해 무관심 내지 반대 입장을 불러 왔고, 결국 교화의 침체·퇴보의 결과를 가져왔다고 본다. 중요한 것은 객관적이고 과학적인 교화진단을 통해 교도들의 교화요구를 측정하고 이를 교화활동에 반영하는 일이다.

2. 교화진단의 의미와 목표

교화진단이 갖는 의미는 크게 두 가지로 정리된다. 첫째는 '지도자의 의사결정'을 좌우하게 된다. 지도자의 의사결정에 필요한 기초자료의 제공과 보다 나은 의사결정을 위한 실행 가능한 정보 제공을 목적으로 교화진단이 수행된다. 둘째, '체계적으로 획득하고 객관적으로 분석하여 보고하는 과정'으로 인식할 수 있다. 교화진단은 자료를 단순히 획득하는 데 그치지 않고 자료수집 이후 그 자료를 분석하여 유용한 정보로 만들어야 함을 의미한다.

교화진단을 통해 교당과 교화자는 교도들의 욕구를 어떻게 분석하는지 그 방법을 터득하게 된다. 교화진단이 교화자에게 주는 시사점은 교화진단 필요성에 대한 마인드이다. 직접 진단능력이 없을 경우 마케팅 실행능력이 뛰어난 교도를 활용하거나 외부 전문기관에 교화진단을 의뢰할 수 있기 때문이다.

교화진단의 궁극적인 목표는 장 · 단기 교화전략의 수립에 있다. 계획은 효율적인 경영을 통해 조직의 목표를 성공적으로 달성하기 위한 것이다. 장 · 단기 교화계획의 수립은 교화의 목표점을 설정한다는데 커다란 의의가 있다.

계획 없는 실행은 나침반 없이 항해하는 배와 같다. 교당의 장 · 단기 계획에서 필요한 것은 무엇보다도 현 상황에 대한 객관적인 진단이다. 진단이 있은 뒤에 처방이 있을 수 있기 때문이다. 이젠 교화진단이 좀 더 객관적이고 사실적으로 이루어져야 한다.

3. 교화진단의 단계

교화진단은 다음의 6단계의 절차를 거친다.

1) 문제의 제기와 조사목적의 설정

교화진단의 첫 단계는 무엇이 문제인지 문제점을 확실히 아는 것이 중요하다. 문제정의와 조사목적의 정의는 전체 조사과정을 이끌어 가게 되므로 조사의 목적과 기대되는 결과에 동의할 수 있도록 조사목적을 문장으로 표현해 두어야 한다.

2) 계획의 수립

두 번째 단계는 요구되는 정보를 결정하고 필요한 정보를 수집하기 위한 가장 효율적인 조사계획을 수립하는 것이다. 조사계획은 건물 건축의 설계도와 같은 위치의 중요성을 갖는다.

계획은 구체적이며 전문적으로 설계되어야 한다. 교화진단계획을 설계하는 데는 자료원천, 조사방법, 표본설계 및 접촉방법에 대한 결정을 해야 한다.

(1) 자료원천

자료는 1차 자료와 2차 자료가 있다. 1차 자료는 현재의 특별한 목적을 위해서 직접 수집된 본래의 정보를 말한다. 2차 자료는 이미 어느 곳에 존재하는 정보로서 다른 목적을 위해 수집된 것을 말한다.

(2) 진단방법

진단방법에는 관찰조사와 질문조사가 있다. 관찰조사는 관련된 사람, 상황, 행동 등을 직접 관찰하여 자료를 수집하는 방법을 말한다. 질문조사는 마케팅 관리자가 알고 싶은 정보를 직접 응답자에게 질문(설문지)을 통하여 자료를 획득하는 방법으로 널리 사용되는 방법이다.

(3) 표본설계

표본설계란 누구를 대상으로 조사하고, 조사 대상자의 인원은 몇 명으로 하고, 조사 대상자는 어떻게 선정하는가를 결정하는 절차를 의미한다. 대부분의 마케팅 조사는 관심의 대상 전체를 조사하지 않고 관심의 대상 중에서 표본을 추출하여 조사를 하게 된다.

(4) 자료수집방법

이것은 자료수집 대상에게 어떻게 정보를 얻느냐를 결정하는 것으로서 그 선택 방법에는 우편조사, 전화조사, 및 대인조사가 있다. 우편조사는 직접면접을 피하는 가장 좋은 방법으로 응답자들의 응답 내용이 면접자에 의해 왜곡되거나, 편견이 주어지지 않는 방법이다. 그러나 자료 수집에 너무 많은 시간이 걸리며, 응답률이 매우 낮은 단점을 가지고 있다. 전화조사는 빨리 정보를 입수할 수 있는 좋은 방법으로 면접자는 피면접자가 이해하지 못하는 질문을 명확히 설명할 수 있다. 응답률이 우편질문보다는 높지만, 비용이 우편질문보다 많이 들고 면접자의 편견이나 면접방법으로 인한 오류가 나타날 수 있다. 대인조사는 가장 융통성이 있는 방법으로서, 면접자는 많은 질문을 할 수 있으며, 또한 응답자에게 추가적인 조사 등을 할 수 있다. 대인 면접은 가장 비용이 많이 드는 방법이며, 또한 관리적인 계획과 감독이 필요하다. 이 방법은 자필 기재방식과 면접(interview)방식이 있다.

3) 자료의 수집

질문지가 완성되고 조사목적에 맞는 표본이 추출된 후에는 실제의 자료를 얻는 과정인 실제조사가 이루어지게 된다. 2차 자료만으로 분석이 이루어지는 경우에는 이 과정이 생략되지만 대부분의 마케팅 조사는 실사의 과정을 거쳐 1차 자료를 얻는다. 실사는 바로 결과 도출을 위한 자료수집 과정이므로 전체 조사에서 차지하는 비중은 매우 높다.

4) 정보분석

다음 단계는 수집된 자료에서 관련되는 자료를 추출하는 것이다. 수집된 자료를 편집하고, 입력하고 저장하고 나면 조사는 분석의 과정을 거친다. 주의할 것은 분석결과에 대한 의미 있는 해석이 이루어져야 한다. 동일한 과정으로 얻어진 동일한 자료도 분석자에 따라 다르게 해석되어 상반된 결론이 유도될 수 있으므로 최종적인 자료 해석은 신중하게 이루어져야 한다.

5) 조사결과의 보고

조사절차의 요점은 마케팅 관리자에게 조사결과를 유용하게 전달하는 데 있다. 조사결과를 명확하게 표현하기 위해 그래프, 챠트 등을 이용할 수 있다. 여기서 주의할 사항은 의사결정자와 조사담당자 사이의 원할한 의사소통이 이루어져야 한다는 것이다. 조사내용과 결과가 아무리 좋아도 그것을 정보의 이용자가 이해하지 못하면 아무런 효과가 없는 것이므로 이용자의 이해도와 조사에 관한 지식 정도를 고려하여 보고서를 작성해야 한다.

6) 사후관리

조사자들은 마케딩 관리자에게 보고서를 제출한 후, 관리자들이 이를 어떻게 이용하는지를 보기 위해 사후관리를 해야 한다. 조사자는 그 보고서를 어떻게 개선시키며, 보다 유용하게 만들지에 대해 검토해야 한다. 또한 마케팅 관리자는 조사자들에게 어떻게 하면 보고서가 향상될 수 있으며, 또 미래의 보고서가 더 유용할 것인지에 대해 일깨워 주어야 한다.

4. 교당교화진단

진단의 주체에 따라 자체진단과 외부진단으로 나눌 수 있다. 자체진단은 예산이 적게 든다는 장점이 있는 반면, 진단의 내용이 세한적이며 주관에 흐를 위험이 있다. 외부진단은 전문적인 진단(평가)기관에 진단을 의뢰하기 때문에 비용이 많이 소요되기는 하나 전문적이고 객관적인 교화진단을 얻을 수 있다. 그러나 피상적이거나 목적에 맞지 않는 조사 가능성 또한 있다.

현 교당교화 현황을 볼 때, 자체진단이 실효성이 있는 것으로 판단되기에 자체진단을 중점적으로 서술하고자 한다.

1) 여론 주도자를 찾는다.

여론 주도자는 교화의 협력자인 재가교역자라 할 수 있다. 재가교역자 중에는 여론을 주도하는 핵심인물이 있기 마련이다. 또한 이들은 지역사회의 정보에 밝을 뿐만 아니라 교도 또는 지역사회에 영향을 미칠 수 있는 사람들이다. 따라서 교무는 이들과 정기적인 만남을 가짐으로써 필요한 정보를 얻을 수 있으며, 교당이 교도 및 지역사회에 깊은 관심을 가지고 있다는 인상을 심는 효과를 얻을 수 있다.

2) 교도조사를 실시한다.

출석교도, 비출석교도를 대상으로 실시한다. 조사목적은 교도의 교당에 대한 만족도를 조사하는 것이다. 교도들은 교당이 성장하는 데 바탕이 되는 사람들이다. 교당 안에 있는 교도들이 먼저 만족하고 있지 않으면 다른 사람들을 끌어들일 희망을 갖기는 어렵다.

교도조사를 통해서 교당이 얼마나 잘 활동하고 있는지를 알 수 있으며, 교도들의 욕구를 제대로 충족시켜 주지 못하고 있는 영역도 분명하게 알 수 있다. 또한 어떤 종류의 사람들이 교당에 출석하고 있는가를 조사해야 한다. 교당에 오는 목적, 교당에 대한 호감도 등을 조사할 수 있다.

5. 지역사회 조사

1) 2차 자료를 통한 조사

우리 주변에는 교화에 활용할 수 있는 많은 2차 자료가 있다. 2차 자료는 다른 사람이나 조직이 이미 수집해 놓은 것으로 우리에게 유익한 통찰력을 줄 수 있다. 무엇보다도 2차 자료는 아주 적은 비용과 적은 시간을 들여서 얻을 수 있다는 장점이 있다. 2차 자료의 예는 다음의 것들이 있다.

* 통계청에서 나온 인구통계 자료 - 지방 자치 단체를 통해서 얻을 수 있다.
* 지역주민의 태도와 생활방식에 대한 정보 - 지방단체 또는 지역신문에서 얻을 수 있다.
* 신문 및 잡지 - 최근의 주요 관심사와 욕구에 대한 전반적인 경향을 알 수 있다.

2차 자료의 수집 및 분석 시 유의사항

① 2차 자료는 정기적으로 체크할 필요가 있다. 주요 통계는 1년 단위로(국가나 지방자치 단체에서 제공하는 통계는 그 년차에 따름) 조사하고, 반드시 중앙 일간지와 지방신문, 지역사회 신문을 정기 구독한다.

② 교화에 꼭 필요한 정보 리스트를 작성해서 이를 수집한다. 자료의 분석을 통한 정보의 추출방법도 나름대로 확립해 놓는다.

③ 정보수집에 필요한 책임자를 선정한다. 교화에 가장 중요한 주제와 그러한 정보를 담고 있을 가능성이 가장 큰 정보 원천에 집중케 한다.

지역사회를 총체적으로 분석하기 위한 접근방법

① 지리적 접근 : 사람들이 어느 지역에 분포되어 있는가에 대한 연구

② 인구통계적 접근 : 사회적으로 어떤 종류의 사람들이 얼마나 있는가에 대한 연구

③ 지리통계학적 접근 : 지리적 접근과 인구통계학적 접근을 조화시켜 어떤 문화를 가진 사람들이 어떤 지역에 거주하는 지에 대한 연구

④ 교화학적 접근 : 그 지역의 교당이나 종교기관이 다른 지역과는 어떻게 비교되는지에 대한 연구

2) 설문을 통한 조사

이 조사방법은 교당이 지역사회에서 어떻게 교화마케팅을 하여 왔는지를 정확하게 알 수 있는 방법이다. 그 방법은 지역사회 주민을 임의로 무작위 추출하여 응답하도록 함으로써 이루어지는 조사이다. 지역사회에서 교당의 이미지, 교도들에 대한 인상, 교화가 추구하는 방향, 교당 출석 가능성, 잠재적 호감도 등, 교당이 행하고 있는 현재의 교화활동에 대해 평가하고, 어떤 것을 다시 바꾸거나 더 장려시켜야 할 것인지에 대한 안내를 받을 수 있다.

마케팅 조사를 통한 여러 가지의 자료를 수집, 정리, 분석하여 유익하고 적절한 정보로 분류한 뒤에 이를 교화와 교당의 관리에 적절하게 사용하지 않는다면 애써 준비한 정보는 아무런 도움이 되지 않는다. 정보는 교화가 성장하는 데 적극 활용되어야 하며, 정보는 그 자체가 목적이 아닌 교당교화의 개선을 위한 도구가 되어야 하기 때문이다.

6. 교화진단의 예

아래는 ○○○○년에 실시되었던 ○○교당 교화진단의 예이다.

1. 진단내용

1) 사회 인구학적 특성: 성, 연령, 학력, 가구 월수입, 직업, 거주지
2) 교당 생활: 입교 및 본격적 교도 활동 기간, 현 교당에서의 활동, 법회 생활, 교당활동, 신앙생활, 헌공・교화 활동, 기타
3) 태도: 교역자에 대한 평가, 원불교에 대한 이미지, 교당에 대한 평가, 법회 의식에 대한 평가 및 태도, 일반적인 사회적 태도

2. 조사 방법

1) 조사대상 교당: ○○교구 ○○교당
2) 조사기간: ○○○○년 11월
3) 조사방법: 구조화된 설문지에 의해 자기 기재 설문조사
4) 응답자: ○○교당 일반교도 전체

3. 분석 방법

분석은 SPSS 프로그램에 의해 빈도분석, 교차분석, 평균비교, 요인분석 등을 사용

4. 조사결과 요약 및 제언(일부분)

1) 조사결과의 요약

(1) 교도의 사회인구학적 분포

① 여성 대 남성 비율은 3:1
② 연령별로는 35세 이하의 연령층이 매우 적은 편(19%)
③ 학력별로는 중/고졸이 대다수(2/3 정도:고연령층 때문)
④ 교당 경력은 10년 이하가 약 1/2, 11년 이상이 1/2

(2) 교화활동

① 교화활동이 매우 미약한 편이고
② 현재까지, 그리고 향후 교화활동은 주로 가족 대상, 그리고 주위 가까운 인연(친구, 이웃, 직장동료, 친척)에 한정
③ 교화 부진 이유는 주로 "신념 부족"인데 "나이가 젊고", "고학력자" 이며, "화이트칼라" 직종 종사자 남성들이 교화에 다소 소극적(교당생활이 자기만족 차원에 그치는 경향이 있음
④ 가족교화의 부진 이유는 주로
(ⅰ) 당사자를 설득할 수 있는 신념 부족(젊은 층)
(ⅱ) 설득할 수 있는 능력, 기술 부족 때문(나이든 층)

(3) 신앙생활

① 신앙 이유는 주로
(ⅰ) 젊고, 고학력자이며, 화이트칼라는 인지적 이유(깨우침)

(ⅱ) 나이 들고 저학력인 사람들은 정서적 이유(마음 안정)

② 젊고, 고학력, 화이트칼라 층은 신앙이 약하다는 지각을 갖고 있음. 그리고 신앙생활에서 불만족 이유는 "공부가 어렵다"는 사실

(4) 현 교당 교무에 대한 평가

① 교무의 인격에 대한 만족도 매우 높음(4.55점)

② 교무의 능력(지도력, 솔선수범, 설교능력, 행정능력) 차원에서 4.77점으로 "매우 좋은" 평가

③ 교역자의 업무 휴식의 필요성에 대해 4.44점으로 "꼭 필요"함을 인식

④ 교무들과의 인간적 소통 점수는 낮은 편: 서로를 잘 모르고 있다(3.61점)

5. 향후 교화전략 제언

1) 교화 프로그램의 운영은 위 결론에 따라 두 집단에 초점을 맞추어 기획, 운영

2) 교당성장 사이클로 볼 때, 현재 교도 구성상 비교적 젊고 학력수준이 높은 교도층이 형성되어 있으므로 이 집단을 교당의 주인으로 육성할 필요가 있음.

3) 교당은 교도들의 신앙과 수행의 심화에 초점을 맞추고, 특히 교도들로 하여금 교화활동(교당 인도, 전법)을 적극적으로 할 수 있는 신념화 작업에 노력해야 함.

4) 위 조사를 배경으로, 교당은 구체적인 교화전략을 수립하고 그 교화전략이 교도들의 요구가 적절히 반영되었는지를 점검하는 과정을 다시 거쳐야 함.

7. 교화진단 시 고려사항

현장교화에 있어 교화진단이 전혀 없는 것은 아니다. 얼마만큼 전문성과 객관성이 있는 교회진단이냐의 차이가 있을 뿐이다. 위에서 제시한 교화진단의 방법을 실제에 적용하는 데는 많은 제한점이 있다. 따라서 교당 상황을 감안하여 필요부분만 선택하여 교화진단을 실시할 수도 있다.

1) 적용 가능한 교당수가 제한적이다.

원불교 교화상황을 감안할 때, 과학적 통계를 요하는 교당은 전국에서 30~50여 개 교당(출석교도 100명 이상의 교당)에 불과하다. 그러나 향후 원불교의 교화발전을 전제할 때 교화진단의 과학적 접근은 매우 중요하다.

2) 교역자들의 통계에 대한 인식이다.

굳이 시간과 비용을 들여 교화진단을 할 필요를 느끼는 교화자가 과연 얼마나 될 것인가 라는 문제이다. 이와 같은 문제는 교화진단을 통해 교화성장을 가져오는 교당이 생기고 늘어난다면 극복될 수 있을 것이다.

3) 프로그램 운영의 전문성이다.

과학적 방법에 의한 교화진단은 전문성을 요한다. 특히 자료를 분석하여 정보화하는 능력은 전문적인 지식이 필요하다. 따라서 교화자가 직접 교당교화를 진단하는 것은 매우 어려운 일이다.

4) 지역사회 조사와 함께 이루어질 때 정확한 교화진단이 될 것이다.

지역사회의 환경이 정확하게 파악될 때 교당의 교화전략이 실효를 거둘 수 있다.

5) 비활동 교도의 교화욕구 파악이다.

대체로 교당출석이 양호한 교도들을 대상으로 한 설문은 비교적 용이하다. 그러나 비활동 교도를 교당에 끌어들이기 위해서는 비활동 교도의 교화욕구를 파악해야 한다.

제 3장 교화비전

본장에서는 교당교화의 미래를 설계하는 교화비전을 다룰 것이다. 먼저 교화비전의 의미, 수립의 필요성, 수립의 기본원칙을 살펴볼 것이다. 이어 비전을 어떻게 공유하고 실행하는지를 알아본 뒤 실제 문화교당, 안암교당, 가락교당의 예를 통해 교화비전이 어떻게 전개되는지 살펴볼 것이다.

1. 교화비전의 의미

교화비전이 없는 교당은 결코 교화성장의 사다리를 오를 수 없다. 막무가내로 사다리를 오를 수는 없다. 교당교화의 바람직한 방향을 설정하고 전력 질주할 때 그 비전은 미래가 아니라 현실로 나타나게 된다.

비전(vision)이란 우리가 지금 어디에 있으며, 어디로 갈 것이며, 어떻게 거기에 도달할 수 있는지에 대한 전체적인 사고를 말한다. 누구나 현재보다 나은 미래를 원한다. 비전을 갖는다는 것은 희망찬 미래에 대한 선명한 그림을 마음속에 그리는 것이다.

비전은 미래에 대한 꿈 이상의 의미를 갖는다. 비전은 역동적으로 활동하는 리더 또는 사람들의 활동 배후에 있는 원동력을 가리킨다. 비전은 예측할 수 없는 난관에 부딪쳤을 때 그것을 뚫고 나가도록 만들고, 너무 지쳐있을 때 다시 일어설 수 있는 용기가 된다.

비전이 없는 사람들은 소멸한다는 말이 있다. 이는 사람들이 자신의 개인적 사명

(자기 사명서(personal mission)는 자신의 인생목표를 확립하고 행동하기 위한 전제로서, 다른 말로 하면 자신의 인생철학 내지 신조를 뜻한다)을 정의하거나 자신의 가치기준을 확립해 놓지도 않은 채 우선 목표부터 정하고 그것을 위해 전력 질주하는, 다시 말해 막무가내로 성공의 사다리를 기어오르는 실수를 범한다는 뜻이다.

교화비전이란 원불교 교화사명에 따른 교당의 미래 모습이다. 원불교 교화사명은 '낙원세계 건설'이라는 개교의 동기이다. 교당의 교화사명 또한 이에 바탕하여야 한다. 교당의 교화사명은 교당 내 · 외의 변화에 따른 정확한 교화진단을 통해 좀 더 사실적으로 제시되어야 한다.

2. 교화비전 수립의 필요성

교도들은 교당에서 교화적 욕구를 충족하고자 한다. 교화적 욕구란 개인적으로는 지혜롭고 복된 삶의 모습이며, 교도가 속한 교당은 제생의세의 경륜을 실현하는 모범적인 교당의 모습이다.

교도의 교화욕구는 교화비전으로 뚜렷하게 반영되어야 한다. 교당교화의 리더인 교무는 비전을 품고 이것을 사람들에게 전달하며, 교도들은 이 비전을 받아들여서 실현시키는 활동을 해야 한다. 합리적이고 믿음성 있는 교화비전은 교도들로 하여금 교화활동에 자발적으로 참여하게 된다. 교무는 혼자 교화의 사명감을 떠안고 고뇌하는 것이 아니라 교도들로 하여금 기쁜 마음으로 교화사업에 일할 수 있는 희망을 갖게 하고 그러한 여건을 조성해야 하는 책임이 있다.

1) 교화비전은 교화에 대한 희방을 찾는 것이다.

교화비전 수립을 통해 교당의 구성원들로 하여금 동기유발을 가져올 수 있으며, 동일한 목표 설정에 따른 행동을 유발시킬 수 있다. 교무는 교당의 장점을 최대한 찾아 교당 발전의 희망요소로 부각시키면서 의욕을 되살리는 일에 초점을 모을 필요가 있다. 교화비전은 전 교도들이 교당에 대한 사랑과 열정을 쏟아 부을 수 있는 공동목표 설정이다.

2) 교화비전은 교화를 위한 전반적인 계획을 제시해 준다.

비전에 따라 도출된 교화의 목적과 목표를 성취하기 위한 계획의 수립은 교당이 지향하는 방향을 안내해 준다. 또한 이를 구체적으로 실행하고 교당의 교화에 적용할 수 있는 마케팅 방법을 필요로 하게 된다.

3. 교화비전 수립의 기본원칙

교화비전은 교화성장의 목표설정이며, 이념화의 작업이다. 따라서 교화진단에 바탕하여 치밀하게 구성되어야 한다. 이에 비전수립의 기본원칙과 효과적인 비전의 특징을 소개하면 다음과 같다.

1) 교화비전 수립의 기본원칙

(1) 가능하면 교당의 전교도가 참여할 수 있도록 해야 한다.
(2) 교단의 교화방향과 일치해야 하며, 교법적(敎法的)으로 수립되어야 한다.
(3) 미래지향적이어야 하며 목표 설정이 가능해야 한다.

2) 효과적인 비전의 특징

(1) 상상할 수 있는 것이어야 한다. 미래에 교당이 어떤 모습이 될 것이라는 그림을 보여주어야 한다.
(2) 모두 원하는 것이어야 한다. 교당교화와 관련된 교무, 교도, 잠재교도, 지역사회 주민들의 요구가 함께 반영되어야 한다.
(3) 실행할 수 있어야 한다. 실제로 달성할 수 있는 목표로 만들어야 한다.
(4) 구체적이어야 한다. 의사결정에 도움을 줄 수 있도록 명료해야 한다.
(5) 융통성이 있어야 한다. 환경변화에 유연하게 대처할 수 있어야 한다.
(6) 쉽게 전달되어야 한다. 5분 이내에 알아들을 수 있는 내용이어야 한다.

4. 교화비전의 공유

아무리 훌륭한 비전이 수립되었다 하더라도 교도들에게 전달되지 않으면 아무 소용이 없다. 비전실행은 전교도가 함께 참여하는 것이다. 또한 교화비전은 널리 확산되어야 한다. 이에 교화비전의 홍보방법과 확산과정을 소개하면 다음과 같다.

1) 교화비전의 홍보방법

(1) 예회보, 홈페이지 등을 이용하여 지속적으로 홍보한다.
(2) 교당내 시선이 집중되는 곳에 액자 또는 홍보문구로 널리 알린다.
(3) 기념품 등을 만들어 홍보한다.
(4) 교화비전 선포식 같은 이벤트를 통해 홍보한다.

2) 교화비전의 확산과정

(1) 교무는 교화비전을 지니고 있어야 한다.

교무는 교화 전체를 위해 정의 될 수 있는 비전을 다듬어야 한다.

(2) 교도들이 비전을 이해하도록 준비해야 한다.

교도들은 비전의 목적과 그것이 실생활에 어떤 모습으로 나타나는지를 이해하여야 한다.

(3) 인내하는 것이다.

비전을 실행하기 위해서는 새로운 기반을 갖추어야 하기 때문에 어렵고 힘든 일이 생길 것이다. 그러므로 비전을 실행하는 데는 헌신과 인내가 필요하다.

(4) 비전은 교당 자체 내의 비전으로 머물지 않고 확산되어야 한다.

다른 교당에 영향을 줄 수 있어야 한다. 보다 역동적인 교화비전으로 자리할 수 있으며, 주변의 협력을 이끌어 낼 수 있다.

(5) 교단 전체적으로 희망찬 교화를 펼쳐야 한다.

교화비전이 실현되는 교당이 많으면 많을수록 신바람나는 교화상승효과를 가져올 수 있다. 교당과 교구, 그리고 교단이 유기적인 관계속에서 교화성장의 시너지 효과를 창출할 수 있다.

5. 교화비전의 실행

모든 교화활동은 교화비전과 연결되어야 한다. 교화비전과 연결되지 않는 이벤트성 교화활동은 교화의 지속적인 성장을 가져오는 데 한계가 있다.

1) 비전에 맞는 프로그램을 개발하라.

비전과 관계없는 프로그램은 과감히 없애야 한다.

2) 비전에 따라 교도들을 훈련시켜라.

교도의 훈련은 교화의 비전을 이루는 데 초점이 맞추어져야 한다.

3) 비전에 따라 조직을 운영하라.

교당의 모든 조직들이 공동의 비전속에서 활동해야 한다.

4) 비전에 따라 설교하라.

목적을 가지고 설교하는 것이 교화성장의 지름길이다.

5) 비전에 따라 예산을 세워라.

돈과 시간은 가장 중요한 것부터 투자해야 하기 때문이다.

6) 비전에 따라 행사를 계획하라.

1년 열두 달을 교화비전을 달성하는 달로 채색하라.

7) 비전에 따라 평가하라.

평가를 통해 목표를 재확인 할 수 있으며, 책임의식을 높일 수 있다.

6. 교화비젼 모색의 예

교화에 비전을 갖는다는 것은 종합적이고 체계적인 과정을 거치기도 하지만, 하나의 사건이 계기가 되기도 한다. 조그마한 씨앗을 키워 눈에 보이는 희망의 비전으로 키워나갈 수 있다. 아래에 소개하는 문화교당의 비전모색 사례가 이에 해당된다.

문화교당 교화비전 모색

19년이라는 오랜 개척 역사에 도량을 갖추지 못한 채 교도님들의 피로감은 눈에 확연히 띄었고, 무엇보다 절망스러운 것은 "우리 교당은 그럴 수밖에 없어."라는 무기력함과 포기 태도였다.

교당 주변 환경이 영세한 슬림가라든가, 교도 중에 유력한 재력가가 없다 라든가, 이 지역은 계속해서 인구가 유입되기보다 빠져나가는 지역이라든가 등등 어느 정도는 사실이고 또 어느 면에서는 단편적이고 일방적인 생각을 이유로 내세워 더 이상 움직이지 아니하려는 타성 같은 게 은근히 교당 교화를 짓누르고 있었다. 나는 이런 분위기를 일단 벗어나도록 반전시키는 게 급선무라고 생각했다. 우리 교당이 침체할 수밖에 없었던 이유와 미래의 비젼을 갖지 못하는 까닭을 오히려 희망의 조건으로 해석했다. 예를 들면 지역의 낙후된 연립과 아파트 단지로 오히려 재개발 가능성이 많아졌다든지, 지금은 뒤졌지만 익산지역 최초의 문화주택단지로서의 자긍심, 배산을 가까이한 친환경적 주거단지로서의 장점이라든지, 총부와 대학, 병원이 지근거리에 있는 점이라든지 등등을 교당 발전의 희망요소로 부각시키면서 의욕을 되살리는 일에 초점을 모아갔다.

부임 6개월이 지나면서 나는 우리 교도님들에게 공동의 목표를 설정해 주는 일이 필요하다고 생각할 즈음 교당 신축 문제가 교도들 스스로에 의해 자연스럽게 도출되었다. 교도들의 교당 사랑 열정은 자연스럽게 신축문제로 옮겨진 것이다. 난 이런 사실을 지켜보면서 교화란 교도들의 교당에 대한 사랑과 열정을 쏟아 부을 수 있는 희망의 이벤트가 있어야 한다고 생각했다. 그러나 우리 교도님들에게 도량 신축문제는 지금까지 경험하지 못했던 부담되는 일이었다.

난 그때 한 번 일어난 희망의 불씨를 너무 큰 부담에서 사그라지지 않도록 하는 일이 중요하다고 생각했다. 교도들에게 우선 천일기도를 제안했고, 우리 교당에 알맞은 수준의 신축 제안을 계속해 나갔다. 천일기도에는 완공 시까지 1천명 동참 목표를 설정해서 한 사람의 교도라도 이 희망 만들기에 소외되는 일이 없도록 배려했다. 이런 노력은 천일기도 결제법회 때 백 명도 넘는 많은 이들이 동참하게 되었고 지금도 꾸준하게 동참자들이 이어지고 있다.

해가 바뀌면서 우리 교당은 신축과 함께 또 하나의 교화 목표를 설정했다. 그 중 대표적으로 소개할만한 것은 천일기도 1천 가족 동참운동과 5백 명의 입교연원운동과 12월 연말까지 일반법회 1백명 법회출석 운동을 전개하는 것이다.

이런 목표는 매 법회와 기도 때마다 일깨워짐으로서 상당한 성과를 거둘 것으로 예상하고 있다.

≪김경일, 월간교화 115호, p.56에서 요약 발췌≫

7. 바람직한 교화비전의 예

1) 안암교당 청년회 교화비전

안암교당 청년회 교화비전

◈비전:내 마음에 기쁨과 희망을, 온 세상에 은혜를

◈교화방향:공부하는 청년회, 재미있는 청년회복 짓는 청년회, 교화하는 청년회

◈교화실천목표(원기 90년도)

*토요 정례법회 출석:상반기 55명, 하반기 70명

*화요 정전공부방 출석:상반기 40명, 하반기 50명

*인터넷 카페 회원:상반기 750명, 하반기 900명

*입교연원:9월까지 1인 1도

≪원기90년도 출가교화단 총단회 자료중에서≫

2) 가락교당 비전 2010

가락교당 비전 2010 기술서

원불교 가락교당은 원기95(2010)년까지 바람직한 단위교당의 표준을 창출한다.

이를 위하여 전 교도는 원기94(2009)년까지 9인 연원을 실천하고 60%이상의 출석율을 유지하며 청소년 교화를 적극 지원하여 청소년이 교도 20%를 차지하도록 할 것이며 더불어 법위를 한 단계씩 향상시킨다.

시대에 부응하는 다양한 교화 프로그램을 연구 개발하여 교당 운영을 차별화, 전문화, 시스템화하여 명실상부한 교당의 표준을 이룩한다.

우리는 원기95(2010)년 송파구 관내에서 교구장님과 교정원장님을 모시고 비전 달성 법회를 통하여 우리의 목표 달성을 검증할 것이다.

미니인터뷰

–. 가락 비전을 수립하게 된 동기는?

가락교당이 내년이면 설립 20주년이다. 성년인 셈이다. 성년이라면 사람도 어느 정도 체격이 갖추어야 하듯이, 교당도 일단 어느 정도 규모가 갖추어져야 교당으로써 교구, 교단, 지역에 그 역할을 다 하리라 본다. 20주년을 자축하기보다는 어느 정도 규모를 갖추는 일이 급선무라고 생각하였다.

–. 어떤 과정을 통해 수립하였나?

먼저 교도들에게 비전의 필요성을 강조하고, 공감대를 형성하기 위해 공을 들였다. 그리고 이 분야의 전문가인 둔산교당 봉명근 전북대 교수를 초청해 2차에 걸쳐 워크샵을 실시하였다.

1차 워크샵은 오후1시부터 저녁 9시가 넘도록 정말 진진하게 이야기를 나누면서 교도님들이 가지고 있는 지혜와 역량을 총 결집하였다. 먼저 교당이 가지고 있는 강·약점과 교구와 교단의 기대치를 분석하고, 미래를 예측해 보고, 바람직한 모습들을 그리면서 각 단별로 나와진 것을 3차의 소모임을 통하여 정리하여 비전 기술서를 작성했다. 또 법회 때 교도들에게 발표하여 승인을 거친 후 2차 워크샵을 통하여 전략을 수립했다.

–. 현 교단의 교화 상황을 진단한다면?

먼저 교화의 최전선에 교도들이 앞서야 한다고 본다. 교무는 교도들이 교화를 할 수 있도록 진리적인, 교리적인, 방법적인 것을 코치하는 지휘관이 되어야한다. 따라서 시대에 맞는 다양한 프로그램과, 체계적인 목표관리, 합리적인 교당운영의 틀을 갖추어야 한다.

다음은 교당 연조와 비례해서 고령화 되어가고 있다는 것이다. 자자손손에게 이 교법이 유산으로 물려져야 한다. 자녀교화 내지 청소년 교화는 이제 구호가 아닌 절대 절명의 현실문제이다.

≪한울안신문 444호에서 발췌≫

제 4장 교화전략

본장에서는 교화비전에 따른 교화전략을 다룰 것이다. 먼저 교화전략의 의미, 수립의 필요성, 환경분석, 교화전략의 새로운 모색을 다루고, 실제편에 해당되는 전략개발시 고려사항, 교화전략 수립의 과정을 설명할 것이다. 비전의 구체화 작업은 교화전략 수립으로 이어진다. 교화전략은 단순히 과제의 나열이 아니라 비전을 현실화시키는 중간과정이다.

1. 교화전략의 의미

경영학에서 사용되는 전략은 "조직이 외부환경에 의하여 창출된 기회와 위협에 대하여 조직내부의 자원과 기술(조직내부의 능력)을 적응시키는 활동"이라고 정의된다. 이러한 전략의 정의를 빌려 사용할 때, 교화전략은 "교당이 당면하고 있는 문제에 대한 바람직한 해결이나 기회의 바람직한 활용을 모색하는 일"이다. 따라서 교화전략은 교화비전을 현실화시키는 구체적인 실행계획서라 할 수 있다.

교화전략에서 중요시되는 것은 목적에 대한 확인 작업이다. 모든 교화전략은 교화목적을 달성하기 위하여 계획되어야 하기 때문이다. 교화목표가 세밀한 조사를 바탕으로 명확하게 정의된 뒤에는 이를 바탕으로 실행계획을 세워야 한다. 교당이 교화마케팅 목적을 달성하기 위해서 취해야 할 구체적인 방법을 정리한 것이 교화전략이다.

2. 교화 전략(계획) 수립의 필요성

계획이란 수립된 목표를 성취해 나가고자 하는 기본 구성을 말한다. 계획은 기본 설계도로서 조직의 목표를 성공적으로 달성하기 위한 체계적인 안내서이다. 이러한 점에서 교화계획은 교화가 바람직한 방향으로 나아가는데 필요한 목표수행전략이자 발전전략이라고 할 수 있다. 교화전략(계획)이 필요한 이유는 미리 생각함으로써 예견되는 문제를 피하고 기회를 확인하여 최대한 활용할 수 있기 때문이다.

교화전략을 세움으로써 얻을 수 있는 이점은 아래와 같다.

1) 교화상황을 뚜렷하게 인식할 수 있는 기회이다.

교화성장을 가로막고 있는 문제점과 교화성장을 위해 활용할 수 있는 기회를 분명히게 확인시켜 주기 때문이다.

2) 교화비전을 구체화시켜준다.

미래에 대한 꿈을 현실로 바꾸는 방법에 대한 안내서가 없이는 꿈이 그저 꿈으로 남게 될 공산이 크다.

3) 교당이 당면한 문제와 기회를 확인함으로써 교화의 목표에 우선순위를성할 수 있게 해준다.

활동의 우선순위를 정하는 데 가장 큰 영향을 미치는 것은 교당의 능력, 약점, 자원에 대한 평가다.

4) 교당이 보유하고 있는 자원은 활용전략을 잘 수립하면 극대화 시킬 수 있다.

활용 가능한 자원으로 가장 큰 효과를 낼 수 있다.

5) 계획을 통해서 책임이 분명해진다.

일을 할당받은 사람은 정해져 있는 시간 계획에 따라 맡은 일을 수행할 책임을 지게 된다.

3. 환경분석

환경분석은 크게 대외 환경분석과 대내 환경분석으로 나눌 수 있다. 경영학에서 널리 쓰이는 분석방법중 하나가 SWOT분석이다. 전략을 수립한다는 것은 기회를 활용하고 위협을 회피하거나 새로운 기회로 변화시키는 것이다. 따라서 조직을 둘러싼 대외환경을 분석하고 조직 자체의 역량을 파악함으로써 효과적인 교화전략을 수립할 수 있다.

SWOT분석은 강점(Strengths), 약점(Weaknesses), 기회(Opportunities), 위협(Threats)의 매트릭스를 통해서 바람직한 전략을 수립하는 과정이다. 이를 교당교화분석에 적용시킬 때 교당이 선택할 수 있는 교화전략이 마련될 수 있다. 환경분석에는 크게 외부환경분석과 내부환경분석으로 나누어진다.

SWOT 분석 매트릭스

강점 strengths	약점 weaknesses
기회 opportunities	위협 threats

1) 외부환경 분석(Opportunities, Threats)

외부환경은 사회의 흐름, 지역사회의 환경 등, 교당을 둘러싸고 있는 모든 교화적 요소가 이에 해당한다.

(1) 교당을 제외한 모든 것(정보)을 기술한다. - 좋은 쪽으로 작용하는 것은 기회, 나쁜 쪽으로 작용하는 것은 위협으로 분류한다.

(2) 언론매체, 개인 정보망 등을 통하여 입수한 상식적인 세상의 변화 내용을 시작으로 당사자에게 미치는 영향을 순서대로, 점차 구체화한다.

(3) 인과관계가 있는 경우 화살표로 연결한다.

(4) 동일한 정보라도 교당교화에 긍정적으로 전개되면 기회로, 부정적으로 전개되면 위협으로 나뉘어진다.

(5) 외부환경분석에는 SKEPTIC(S=사회, K=경쟁, E=경제, P=정치, T=기술 I=정보, C=고객) check list를 활용하면 편리하다.

2) 내부환경 분석(Strength, Weakness)

내부환경 분석은 현재 교당의 상황을(경쟁자와 비교하여) 강점과 약점으로 나누어 분석하는 것이다.

(1) 경쟁자와 비교하여 나의 강약점을 분석 한다

(2) 강약점의 내용 : 보유하거나, 동원 가능하거나, 활용 가능한 자원(resources)을 말한다.

(3) 먼저, 교당이 직면한 문제점을 가장 치명적인 것부터 시작하여 덜 문제가 되는 순서로 정리한다. 그 다음 기회에 대해서도 잠재적으로 가장 유익이 있는 것이나 활용 가능한 것부터 시작하여 가장 유익이 적은 것의 순서로 정리한다.

3) SWOT분석을 이용한 전략의 수립

♣전략도출

SWOT분석의 결과 얻어진 것 중 핵심적인 SWOT을 대상으로 하여 전략을 도출한다.

* SO(강점을 가지고 기회를 살리는 전략)
* ST(강점을 가지고 위협을 회피하거나 최소화하는 전략)
* WO(약점을 보완하여 기회를 살리는 전략)
* WT(약점을 보완하면서 동시에 위협을 회피하거나 최소화하는 전략)

기회 혹은 강점을 찾아 믿음을 가지는 것이 매우 중요하다.

SWOT 분석에 따른 전략수립

	구체적인 세부 실천 전략 수립내용
강점을 활용하여 기회를 공략하는 전략	
강점을 활용하여 위협을 우회하는 전략	
약점을 보완하는 전략	

4. 교화전략의 새로운 모색

아래에 소개하는 엑셀런스마킹전략과 블루오션전략은 교화전략을 효과적으로 수립하는데 있어 도움이 될 것이다.

1) 엑셀런스마킹전략(Excellence Marking Strategy)

엑셀런스마킹은 교당이 갖추고 있는 것 중에서 가장 잘 할 수 있는 것을 선택하고, 가장 잘 할 수 있는 수준을 목표로 정한 후, 가장 잘 할 수 있는 노하우를 활용하여 목표를 달성함으로써 교화성장을 성취하는 방법이다. 즉, 가장 탁월한 목표를 설정하여 분명하게 실천함으로써 경쟁력을 강화하는 동시에 구성원의 응집력을 강화하는 일이다.

2) 블루오션전략(Blue Ocean Strategy)

블루오션은 가치혁신을 통해 새로운 교화방법을 모색하는 전략이다. 기존의 교화방법을 답습하거나 추종하지 않고 새로운 교화방법을 개발하거나 교화의 새로운 시장을 창출하는 것으로 교화방법론에 대한 패러다임의 전환이다.

〈새로운 교화가치창조를 위한 4가지 액션 프레임워크〉

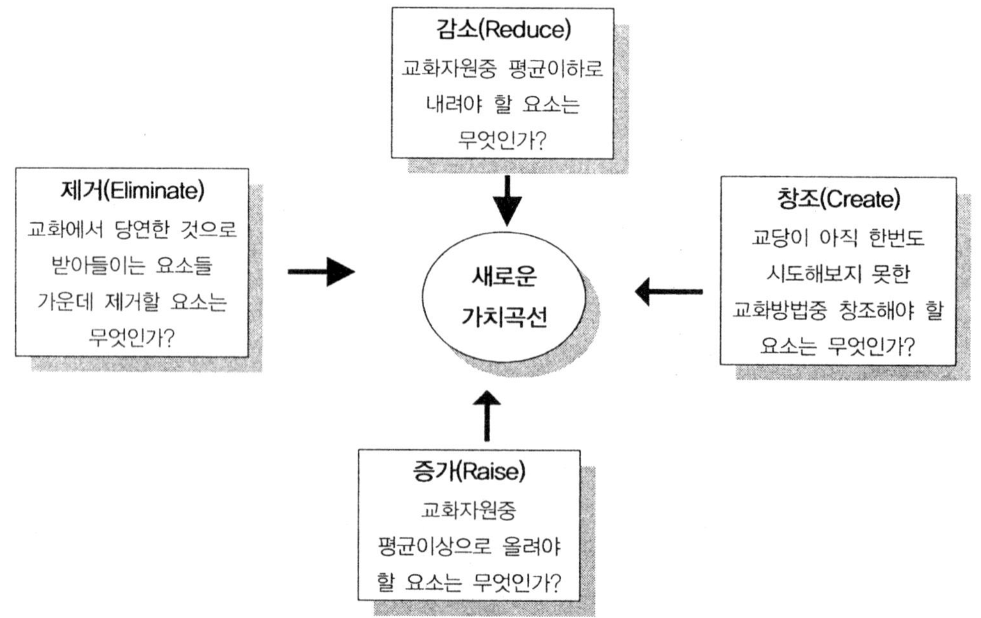

3) 좋은 전략의 특징

블루오션전략에 바탕하여 좋은 전략의 특징을 소개하면 다음과 같다.

(1) 포커스 : 모든 훌륭한 전략은 뚜렷한 포커스가 있다.

교당의 전략적 프로파일이나 가치곡선은 이를 명확하게 보여줘야 한다. 너무 많은 교화서비스를 제공하려는 노력을 버리고 교도가 원하는 핵심적인 내용에 전력해야 한다.

(2) 차별화 : 다른 교당(종교)과는 다른 교화서비스가 필요하다.

그 교당만의 독특한 교화전략이 필요하다. ERRC(제거, 감소, 증가, 창조) 액션 적용을 통해 내 교당만의 교화프로파일을 다른 교당(종교)와 차별화해야 한다.

(3) 멋진 슬로건 : 훌륭한 전략은 전달 메시지가 뚜렷하고 강렬한 멋진 슬로건을 갖고 있다.

멋진 슬로건은 명확한 메시지를 전달해야 할 뿐만 아니라 교화서비스를 진실되게 광고해야 한다. 만약 그렇지 못하면 교당의 고객들인 교도와 비교도들의 신뢰와 흥미를 잃게 될 것이다.

효과적인 블루오션 전략이 가치곡선을 통해 표현되면 세 가지 상호 보완적 우수성(포커스, 차별화, 멋진 슬로건)을 갖게 된다.

5. 전략개발 시 고려사항

성공한 전략들 가운데서 공통적으로 발견할 수 있는 것은 사람들의 욕구에 초점을 맞추고 있다는 점이다. 아이들이 없는 성인들로 이루어진 지역에서 유아 프로그램을 시작하는 것은 효과가 없을 것이다. 전통의 영향력이 강하고 최근의 유행과 추세를 따르지 않는 생활을 하고 있는 시골에서 현대적인 법회 의식을 도입하는 것은 큰 실패를 부를 수 있다. 교화전략을 개발할 때는 다음의 네 가지가 기본적으로 고려되어야 한다.

1) 목표시장을 구체화하는 하는 것이다.

이 전략을 통해서 영향을 미치려고 하는 대상은 누구인가를 분명히 하는 것이다. 이를 위해서는 먼저 대상 교도들의 인구통계학적 특성을 나열하여 목표 교도를 찾을 수 있는 방안을 연구해야 한다. 이어 전략을 행동으로 옮겼을 때, 전략을 집중시킬 수 있는 목표 교도들의 특성을 명확히 찾아내야 한다.

2) 마케팅 믹스를 정리하는 것이다.

마케팅 믹스란 제품과 가격, 판촉, 장소를 어떻게 혼합하여 마케팅에서 성공할 것인가 하는 전략을 말한다. 교화에서 제품은 교법에 바탕한 교화프로그램, 가격은 교화프로그램 운영비용, 판촉은 프로그램의 홍보, 장소는 효과적인 프로그램 운영을 위한 장소를 말한다.

예를 들어 30에서 40세의 젊은 교도층을 늘리려는 교화목적을 설정했을 경우, 교당의 제품과 가격, 판촉, 장소를 어떻게 변화시킬 경우에 그 목적을 달성할 수 있는지 정하는 것이다. 마케팅 믹스는 목적 달성을 위한 종합적인 틀이다.

3) 만약을 대비하는 것이다.

환경이 급격하게 바뀌거나 선택한 교화전략이 실패로 판명되었을 때 대체할 수 있는 교화전략을 개발해서 실행할 수 있는 준비도 필요하다.

4) 예산배정을 해야 한다.

마케팅적 관점에서 교화전략을 실행하기 전에 교당은 제시된 단계에서 사용될 비용을 결정해야 한다. 마케팅 계획을 수립할 때는 처음에 문제와 기회를 제시한 후에 이에 대응하기 위해서 필요한 활동들을 확인한 다음, 마지막으로는 교화마케팅을 적절하게 수행하는 데 들어가는 비용을 결정해야 한다.

6. 교화전략 수립의 과정

많은 교당이 계획을 세우는 것에 대하여 그 중요성을 인정하고 매년 교화 사업계획을 세우고 이를 교화활동에 실천하고 적용해 가고 있지만, 실제로 의미 있는 계획을 수립하는 교당은 매우 드물다. 피상적인 계획을 세우고 그때마다 임기응변으로 행사나 프로그램을 진행하는 일이 많은 교당에서 일어나고 있다.

훌륭한 계획은 교화전략이 바탕 되어야 한다. 계획이 단순한 반복으로 이어져서는 안 된다. “예전에도 이렇게 했으니까, 다른 곳에서도 성공했으니까” 라는 안이한 사고의 틀에서 벗어나 교화성장의 큰 밑그림 속에서 이루어지는 계획이어야 한다. 따라서 이제 교화전략은 일회성이 아니라 단기, 중기, 장기의 관점에서 종합적으로 구성될 필요가 있다.

아래에 소개하는 것은 교단 제3대 제2회 종합발전계획안에서 사용된 교화전략 수립과정이다.

1) 전략수립의 단계

비전달성을 위한 Master Plan 확정 프로세스

1단계	2단계	3단계	4단계	5단계
주요 전략과제 선정	주요전략과제별 Sub 과제	Sub과제별 실천과제 도출 및 평가	실천과제 속성분류	Master Plan확정

2) 주요 전략과제의 설명의 예

이 단계는 1단계에 해당된다.

전략과제 1 – 젊은 재가교역자 육성

(1) 개념정의

① 능력 있고 활동력 있는 재가교역자

② 젊은 교도를 교당의 주인으로 성장

(2) 선정 근거 및 기대효과

① 교도들의 노령화에 따른 10년 후 교화상황 위기

② 생기 넘치는 교당 만들기

③ 교화성장의 지속화 및 전기마련

④ 젊은 교도 유입

⑤ 어린이 · 청소년 교화의 부가 성장 토대 마련

(3)바람직한 변화방향

현 재		변화방향
◈ 대부분의 재가교역자가 50대 후반에서 60대에 분포 – 노령화 ◈ 젊은 교도들의 유입이 계속 줄어드는 상황 ◈ 나이드신 교도님들 가족교화 상태 미진 ◈ 대사회적 활동력 둔화	▷	◈ 재가교역자를 40~50대로 재구성 ◈ 젊은 재가교역자 중심으로 활기 넘치는 교당 ◈ 가족교화 강화 ◈ 대사회적 활동 강화 ◈ 교당교화에 재가교역자의 적극적 참여

3) 주요전략과제별 Sub 과제의 예

이 단계는 Master Plan 확정 프로세스중 2단계에 해당된다.

전략과제	Sub 전략과제	전략적 의미
젊은 재가교역자 육성	재가교역자 교육과 훈련	재가교역자 능력개발 및 화합
	청운회 여성회 창립	신입 교도 유입. 교단활동과 대사회활동 참여 및 강화
	가족교화 프로젝트 실시	노인교도 자녀들의 가족교화에 따른 젊은 교당 만들기
	주요 재가교역자 젊은 층으로 교체	실질적으로 교화활동에 참여하고, 10년후 교당의 비전을 실천할 수 있는 핵심 교도로 육성

4) 실천과제 속성분류

전략과제 달성을 위한 실천과제 중에서 '효과성'과 '소요재원규모'를 기준으로 다음과 같이 중점추진과제, 실행과제, 검토과제로 분류할 수 있다.

(1) 중점추진과제 : 전략적인 효과가 커서 반드시 실행되어야 하는 과제
(2) 실행과제 : 중점과제보다는 효과성이 상대적으로 낮으나 큰 비용이 필요없이 환경적인 여건이 마련되면 즉시 실행되어야 하는 과제
(3) 검토과제 : 재원현황을 고려하여 점차적으로 실행되어야 할 과제

5) 목표달성을 위한 Master Plan

구 분	1단계 (준비기)–단기	2단계 (확대실천기)–중기	3단계 (도약기)–장기
기 간	1–2년	3–5년	6–12년
주요활동	* 즉시 추진이 가능한 실천과제의 추진을 통한 변화분위기와 공감대 조성 * 사전 준비가 필요한 실행과제의 계획 수립 * 투자소요가 적은 중점추진과제 실행 *투자소요가 많은 중점추진과제의 계획수립 * 실천가능한 검토과제 실행여부 결정 및 실행을 위한 준비	* 1단계의 실행결과에 대한 평가 및 문제점 개선 * 준비가 필요한 실행과제 추진 * 투자소요가 많은 중점추진과제 추진 * 전반기 계획 보완 · 수정	* 2단계의 실행결과에 대한 평가 및 문제점 개선

제 5장 교화 프로그램

본장에서는 교화전략의 다음단계인 교화프로그램을 다루게 된다. 프로그램은 전술에 해당되는 개념으로 교화성장에 이르는 구체적인 방법론을 말한다. 기초편에서는 프로그램의 의미와 계획을 다루고, 실제편에서는 프로그램의 실행, 평가, 그리고 예를 들어 설명하고자 한다.

1. 교화 프로그램의 의미

교화프로그램은 교당의 교화 비전에서 목표 달성을 위해 나아가려고 취하는 구체적인 행동을 말한다. 다시 말해 전략을 실행하기 위해 취하는 행동이다. 이 세상에 가장 좋은 목표와 가장 혁신적이고 효과적인 마케팅 전략을 가지고 있다고 해도 적절한 전술인 프로그램이 없다면 그것은 악몽에 불과하다. 교화프로그램은 바로 현장과 맞부딪치는 것이다.

일반적으로 프로그램(program)이란 "하나의 집단이 공동의 과제를 수행하기 위하여 협동적으로 사고하고, 토의하고, 계획하고 이를 실천하고 평가해 가는 과정"으로 정의된다. 교화프로그램이란 교화활동을 위한 프로그램으로 "원하는 교화목적을 실현하기 위하여 목적과 방향성이 제시되고 이에 따른 시간, 공간, 인원, 준비물, 재원이 명시되고 구체적인 실천방법을 포함한 모든 활동계획서"를 말한다.

프로그램 개발 절차는 크게 계획단계, 시행단계, 평가단계로 나눌 수 있다. 특히 프로그램은 계획단계인 프로그램 설계가 매우 중요하다. 그 필요성을 살펴보면 우선 치밀한 설계는 프로그램의 목적을 최대로 충족시킬 수 있다. 둘째, 프로그램 실시에 영향을 주는 여러 요인들을 차근 차근 고려할 수 있다. 또, 다음의 몇 가지 점에서 프로그램의 질을 높인다. 단위 프로그램간의 내용 및 실시방법을 관련시켜 효율성과 능률성을 추구한다. 변화와 역동적인 조건하에서 프로그램의 조정 기능이 양호해진다. 단위 프로그램간의 중복을 제거하여 생산성을 높인다.

2. 교화프로그램의 계획

계획은 머릿속에 머물러서는 안 되고 구체적으로 기술되어야 한다. 또한 계획은 분명한 목적을 제시하여야 하고, 서술된 계획은 목적과 부합되어야 하며, 실현가능성 있는 계획이어야 한다. 따라서 프로그램 계획에는 여러 가지 요인이 고려되어야 한다.

※ 프로그램 계획 시 고려해야할 요인

① 목적: 교당의 교화 목적에 부합되어야 한다. 또한 교당의 구성원들이 인정하는 목적이어야 한다.
② 지역사회의 여건: 지역사회의 인적, 물적, 사회적 환경을 고려해야 한다.
③ 대상자의 특성: 대상자의 연령, 성별, 능력, 교육수준, 계층, 흥미와 욕구, 주변 환경 등에 따라서 활동의 종류는 물론 프로그램의 진행시간, 교육방법도 다양화 될 수 있다.
④ 집단의 크기: 참가 인원수가 몇 명이며, 프로그램 진행 장소의 수용인원의 적정성을 살펴봐야 한다.
⑤ 장소: 프로그램의 내용, 참가자들의 요구도, 시설사용의 적정성, 이동 거리 및 경비 등이 고려되어야 한다.
⑥ 지도자: 프로그램을 진행하는 지도자들의 능력에 프로그램의 효과는 크게 달라진다. 자원봉사자의 활용, 외부강사 초청, 프로그램 진행자의 능력 등이 고려되어야 한다.
⑦ 재정: 최소 비용으로 최대의 효과를 내는 것이 바람직할 것이다. 그러나 프로그램의 최대효과를 내기 위해서는 필요한 재정적 지원을 아끼지 말아야 한다.
⑧ 시설 및 설비: 활용가능한 시설 및 설비를 파악하여 프로그램 계획에 참고한다.
⑨ 외부의 지원: 교당 독자적으로 프로그램 진행이 어려울 경우, 타교당과 연합하거나 외부의 인적 · 물적 자원을 끌어들이는 것을 고려해야 한다.

이상의 여러 요인들을 기초로 하여 프로그램 계획단계에서는 프로그램 목표를 설정하고, 프로그램의 교화적 효과와 진행의 효율성을 고려하여 프로그램을 최적화한다. 이에 바탕하여 시간, 장소, 진행내용, 준비물, 담당, 평가 등의 항목으로 교화 프로그램 계획서를 작성한다.

3. 교화프로그램의 실행

교화프로그램이 계획되었으면, 이를 더욱 구체화하여 실행하는 일이 뒤따라야 한다. 교화프로그램의 실행에 있어 가장 중요한 것은 구성원들의 적극적인 참여를 이끌어 낼 수 있는 동기유발이다. 아무리 훌륭한 계획도 구성원들의 자발적 참여가 없이는 실현 불가능하다. 동기유발을 이끌어 내는 것도 계획에 포함될 수 있으나 실행과정에 있어 여러 가지 변수가 작용하게 된다. 실행과정에서 점검해야 할 요소들은 다음과 같다.

* 계획에 맞게 실행되고 있는가.
* 일의 우선순위를 정하여 실행하는가.
* 계획보다 더 발전적으로 실행하는가.
* 구성원들의 자발적 참여를 이끌어내고 있는가.
* 직접적으로 교화성장의 효과를 낼 수 있는가.
* 프로그램은 효율적으로 운영되고 있는가.

실제 교당에서 실행되고 있는 교화 프로그램의 내용을 살펴보면 다음과 같다.

1) 교화프로그램

정례법회, 교화단 활동, 개별활동, 순교활동, 각종 의식행사 등 교화를 위한 프로그램이다.

2) 훈련프로그램

정기훈련, 상시훈련, 수련회, 강습회, 임원훈련, 지도자훈련, 회원훈련 등으로 모든 훈련활동을 위한 프로그램이다.

3) 문화프로그램

전공분야별 활동, 예술활동(음악, 미술, 문학, 연극 등) 체육활동, 취미활동, 여가활동, 홍보활동, 출판활동 등 문화활동을 위한 프로그램이다.

4) 봉사프로그램

교당내봉사, 교단내봉사, 대사회봉사, 노력봉사, 의료봉사 등 모든 봉사활동을 위한 프로그램이다.

4. 교화프로그램의 평가

진행된 교화프로그램은 진행과정에서의 중간평가와 프로그램 종료 후 평가로 나눌 수 있다. 중간평가가 중요한 이유는 처음 계획이 올바르게 실행되고 있는지의 여부를 점검하는 데 의미가 있고, 또 다른 하나는 상황에 따른 프로그램 변경을 모색하는 데 있다. 따라서 프로그램 계획에는 프로그램의 평가계획이 함께 세워져 있어야 한다.

평가는 시기와 방법이 제시되어야 한다. 평가 시기는 프로그램의 성격과 크기에 따라 달라진다. 평가방법은 주관평가와 객관평가로 나눌 수 있는데, 주관평가는 프로그램 주관자의 임의 평가방법이고, 객관평가는 프로그램 참여자의 의견을 청취하여 반영하는 평가방법이다. 평가방법은 인터뷰, 설문지법 등이 이용될 수 있다.

교화프로그램의 기본적인 평가 기준을 살펴보면 다음과 같다.

* 목표달성은 되었는가.
* 신앙심이 충만했는가.
* 참가자들의 관심과 만족을 이끌어 냈는가.
* 본인의 인격성장에 도움이 되었는가.
* 교화성장에 도움이 되었는가.
* 교도들간 화합의 장이 되었는가.

5. 교화 프로그램의 예

교화프로그램은 내용에 따라 수많은 프로그램이 나올 수 있다. 본 장에서는 행사용 프로그램인 법인절 프로그램과 신입교도 교화 프로그램을 소개하고자 한다.

1) 법인절 기념 촛불축제 프로그램

(1) 목적

법인절의 상징이기도 한 촛불을 주제로 하여 지역 주민 모두의 마음을 연하여 지역사회의 발전과 각자의 소원을 기원할 수 있는 행사로 진행한다.

(2) 내용 및 방법

- 일시: 8월 20일 저녁 8시
- 장소:시민공원
- 대상:ㅇㅇ시민 누구나
- 지역의 NGO 단체와 연합하여 주최한다.
- 가족, 친지, 사랑하는 사람 등 자신이 기원을 해 주고 싶은 사람을 대상으로 미리 접수를 받는다.
- 다양한 초를 준비한다.
- 공동의 기원문과 개인의 기원문을 준비한다.
- 상황성을 감안하여 구체적인 진행프로그램을 마련한다.

(3) 기대효과

- 원불교 법인절을 지역사회에 자연스럽게 알릴 수 있다.
- 지역주민들에게 원불교에 대한 좋은 이미지를 형성하게 할 수 있다.
- 지역의 NGO 단체와의 교류를 지속하여 건전한 지역문화와 운동을 전개할 수 있다.

- 교도들에게는 긍지와 자부심을 심어줄 수 있다.

2) 안암교당 청년회 신입교도 교화프로세스

신입교도 교화프로세스

1단계	*신입교도가 작성한 신입교도 카드 수령
2단계	*카드에서 이름, 전화번호를 따로 적어 교무님께 전달(일찍온 신입교도는 기도인 명단에 들도록 법회시작 전에 드림)하고, 본인이 인터넷에 작성할 내용을 또 한부 따로 적어놓고 본 카드는 교무님방에 있는 신입교도 카드 상자(오른쪽)에 다시 넣어 둠
3단계	*방문 당일 신입교우에게 환영의 문자메세지 전송
4단계	*임원카페 "법회&공부방" 자료실에 올라온 사진과 함께, 신입교도의 기본적인 신상내역(이름, 전화번호, 이메일, 연원자에게 전화로 불공내용 상담, 새로 오신 분의 소감 등)을 교화부 게시판에 올리고 임원과 공유
5단계	*청년회 카페 "새로오신 교우에게" 게시판에 사진과 함께 환영인사를 올린다. *임원카페와 달리 전화번호 이메일등 너무 자세한 신상은 피할 것
6단계	*각 임원들에게 사랑의 꼬리말 달기 권유 *교화부는 필수, 교화부만 달아도 6개(임원 카페 자유게시판 활용, 카페에서 대화로 부탁 등등)
7단계	*꼬리말이 어느 정도 올라갔을 즈음해서(게시 후 하루정도, 늦어도 교당 방문 3일 안으로) 사진을 첨부한 메일을 보내고, 메일을 스크랩하여 임원카페 "교화부" 게시판의 해당글 아래에 답글로 게재 *유념할 메일 내용: 먼저 자기소개, 공부방이나 법회 소개, 교무님 소개(복사해서 붙임)
8단계	*신입교우가 참석했던 정례법회나 화요공부방이 시작하기 하루 전날이나 당일날 오전에 법회나 공부방 소개 및 안내 메시지 보내기
9단계	*서정혜 수석 차장은 카페에 올랐건 안올랐건, 신입교도는 모두 리스트(엑셀파일)에 올려 관리
10단계	*가능한 경우 교무님이나 연원자와 상의하여 집이나 직장을 방문하거나, 인연있는 임원들의 방문을 요청(교화부장이 주체)

〈자료 출처: 원기 90년 안암교당 임원훈련 자료집〉

제 6장 교화평가

본장은 교화마케팅의 마지막에 해당되는 교화평가이다. 교화평가는 교화마케팅을 포함한 교화활동 전반에 해당된다. 교화성장을 가져오는 모든 요소가 평가 대상인 것이다. 기초편에서는 평가의 필요성과 평가기준, 교화마케팅 성공에 대한 점검요소가 무엇인지 알아보고, 실제편에서는 「청소년교화 자체평가보고서」를 근간으로 하여 교당의 전체 교화평가로 새롭게 구성하였으며, 한해의 교화보고서인 「교화백서」를 다루고자 한다.

1. 교화평가의 필요성

평가란 현재의 프로그램의 진행 및 그 결과로서 발생하는 사건들의 체계적 검토이다. 평가는 프로그램의 성공과 실패를 단정하기 위함이 아니라 더 나은 프로그램으로의 개선을 돕는 작업이다. 평가와 같은 의미가 통제인데, 통제는 계획과 성과를 비교하는 작업 및 과정의 의미로 이해할 수 있다. 계획이 있다면 반드시 통제가 있어야 한다.

일반적으로 비영리기관은 마케팅 프로그램의 수행에 대한 평가 및 통제과정이 빈약하다. 그 이유는 비영리기관의 목적상 운영 주체자에게 많은 자율권이 부여되기 때문이다. 자율권은 그에 상응하는 책임과 의무가 따른다. 이는 종교단체인 원불교 교당도 마찬가지이다. 교화현장에서 평가통제 시스템의 합리화는 계획의 체계적인 실행을 가져오고, 또한 더 나은 교화프로그램의 향상을 가져올 수 있다.

교화현장에서 교화평가제를 도입할 경우 기대되는 효과는 다음과 같이 예상할 수 있다.

① 교도 개개인의 법위 상태와 교당 전체의 교화 현황을 객관적으로 파악할 수 있다. 또한 교무가 막연히 알고 있던 교도들의 교화 상태를 좀 더 정확히 분석, 파악하고 적절한 대안을 강구할 수 있다. 연령별, 학력별 등 다양한 대상층에 대해 정확한 교화 상태를 파악할 수 있게 된다. 이에 따라 대상에 맞는 교화가 가능하다.

② 교화자의 자세를 새롭게 할 수 있다. 평가는 옳고 그름의 판단이 아니라 새로운 발전의 기점이다. 평가를 통해 새로운 교화방향을 모색함은 물론 교화자가 새로운 마음가짐으로 교화의 열의를 되살릴 수 있다.

③ 책임교화에 대해 좀 더 적극적인 자세를 갖게 해 준다. 평가를 받지 않으면 교무의 실수나 부실은 간과되어 다시 반복되는 악순환이 될 수 있다. 자칫 교무의 무사안일로 이어져 교화성장을 포기하거나 저해요소로 작용할 수 있다. 평가는 교무를 인격적으로, 능력적으로 성장시킬 수 있으며, 이에 따라 교화성

장을 이끌어 낼 수 있다.

④ 평가제는 교도들의 교무에 대한 개인적인 이해와 판단으로부터 오는 오해와 갈등을 막아준다. 교도들의 이해와 판단을 객관화함으로써 문제와 해결의 실마리를 찾을 수 있다. 이는 교도들의 화합을 지켜주며 분열을 막아준다.

2. 교화성공의 평가기준

교화목표를 실현하기 위해서는 교화목표의 설정 → 실행계획 수립 → 실행단계 → 평가작업 → 피드백 활동 → 지속적인 개선 → 대상의 질적인 변화 추구의 순이다. 위의 과정을 살펴볼 때 객관적인 평가방법의 개발은 교화목표 실현을 위해 필수적이다. 우리는 교화평가의 관점을 상벌의 기준이 아닌 개인과 집단의 질적 향상에 두어야 한다.

교화평가는 다음의 기준이 적용된다.

① 평가의 목적은 증명(prove)이 아니라 개선(improvement)에 있다.

② 평가에 있어서는 항상 '효과적-비효과적', '적절-부적절', '좋고-나쁜', '가치 있는-가치 없는 등과 같은 의미들이 따라다닌다.

자칫 교화마케팅의 최종목적을 수적인 성장에 둘 수 있다. '가장 큰 교당', '교도가 가장 많이 나오는 교당'이 최고의 교당이라는 생각에 너무 쉽게 사로 잡힐 수가 있다. 이렇게 숫자에 사로잡힐 경우 판단은 흐려질 수 있으며, 그 결과 가장 큰 것이 가장 좋은 것과 똑같다는 생각을 할 수 있다. 이럴 경우 교화의 가장 기본이 되는 "파란고해의 생활에서 광대 무량한 낙원으로 인도"라는 교화의 목적과는 멀어질 수 있다. 교도들의 질적성장이 간과될 수 있다는 것이다. 따라서 교화마케팅 성공의 평가 기준은 교회의 양적 · 질적 성장을 모두 포함해야 한다. 옳고 효과적인 교화마케팅성공의 기준을 제시해 보면 다음과 같다.

1) 수적성장

먼저 교화는 수적성장이 있어야 한다. 새롭게 교당을 찾아와 소태산 대종사를 새 주세불로 받아들이는 사람이 늘어나야 한다. 만약 교화마케팅을 실행했는데도 교화가 성장하지 않는다면 두 가지 면을 살펴봐야 한다. 첫째는 교화마케팅 활동이 사람들의 욕구를 충족시키려고 노력했는가? 둘째는 사람들의 욕구를 잘못 파악했거나 그 기회를 교화성장의 목적에 맞추어 효과적으로 활용했는가?

2) 교도들의 보다 많은 참여

교화마케팅 활동의 결과로 더 많은 교도들이 교당의 교화활동에 적극적으로 참여하게 되어야 한다. 의미 있고 도전적인 비전을 갖게 되면 교도들은 틀림없이 그것의 일부에 참여하고자 할 것이다. 만약 바람직한 교화마케팅 활동계획을 개발하였다면 모든 교도가 그 안에서 자신에게 맞는 역할을 발견할 수 있을 것이다. 또한 교화성장에 참여하고 있다는 데서 뿌듯함을 느끼게 될 것이다.

3) 흥분

교당에서 지금 이루어지고 있는 일과 앞으로 일어날 일에 대해서 흥분과 설레임이 있어야 한다. 교화마케팅이 제대로 이루어지는 것은 흥분되는 경험이다. 교도들이 비전을 갖고 적절한 방향제시를 받으며 어디서나 실제로 이루어지는 교화성장의 모습에 대하여 주인의식을 갖게 된다.

4) 교화성장에 대한 적극적 관심과 참여

교화성장을 바라보는 교도들의 적극적인 관심과 참여가 있게 된다. 교화마케팅 수립의 과정을 통해서 교도들은 교당이 무엇을 하고 있으며, 얼마나 잘 하고 있는지, 앞으로 무엇을 달성하고자 하는지 이해하게 된다. 이에 따라 교도들은 이러한 교화마케팅 활동이 자신을 만족시킬 수 있는 교화활동임을 알게 되어 더욱 많은 관심과 적극적으로 동참하게 된다.

5) 책임의 공유

교화성장에 대한 모든 책임을 교무 혼자서 지도록 하지 않는다. 교화마케팅은 원맨쇼가 아니다. 초기 단계에서는 교무의 주도가 불가피하지만 교화가 성장하고 교도들이 자극을 받게 되면 더 많은 교도들이 활동에 동참하게 될 것이고, 이에 따라 주인된 핵심적인 교도들이 교화성장을 이끌어 갈 수 있다.

6) 교당분위기의 변화

교당 분위기의 변화가 성공적인 교화마케팅의 결과로 일어날 수 있다. 교화마케팅이 순조롭게 진행되고 교화성장의 징후들이 나타나기 시작하면 교당의 전체적인 분위기는 크게 고양된다. 더 큰 목표, 열정, 즐거움이 함께 한다.

3. 교화마케팅 성공에 대한 피드백

교화마케팅이 성공하고 있는지, 그렇지 않은지 점검하는 피드백 시스템을 갖추는 것이 매우 중요하다. 교화자의 직감이나 소수의 의견과 정보에 의존할 경우 교화성장을 객관적으로 평가할 수 있는 눈이 왜곡될 수 있다.

종합적이고 신뢰할 수 있는 관점을 얻기 위해서는 복수의 시스템을 갖추는 것이 좋다. 단순한 자료는 정기적으로 수집되어 추세 분석에 사용되어야 한다.

① 정기 법회에는 몇 명이 출석하고 있는지?

② 신입교도는 몇 명이나 늘어났는지?

③ 입교인 숫자는 몇 명이나 늘어나는지?

이처럼 수집하기 쉬운 자료를 통해서 교화마케팅 활동의 효과를 관찰할 수 있다. 또 하나의 중요한 점은 교도들에게 어떤 일이 일어나고 있는지 자세히 살펴보는 것이다.

① 처음에 온 사람들은 다음에 또 오는가?

② 두 번째로 교당에 출석한 이후에는 어떠한가?

③ 교화단회나 각종 모임의 참석은 어떠한가?

④ 신입교도로서 적응은 잘해나가고 있는가?

⑤ 왜 교당에 왔으며, 어떠한 인연으로 오게 되었는가?

교도들로부터 정기적으로 피드백을 받는 것도 중요하다. 비공식적인 자리에서 이야기 하는 것이 도움이 될 수 있다. 가능하면 여러 사람에게 정보를 얻는 것이 현명하다. 1년에 1회 정도는 설문조사를 통해 교화활동 전반에 대한 만족도를 측정하는 것이 매우 바람직하다.

4. 교당교화 자체평가

1) 목적

교당교화 자체평가는 《교당교화 발전계획》을 체계적으로 실현하고, 궁극적으로는 교당교화의 지속적인 발전과 성장을 목적한다. 자체평가를 통하여 성취하고자 하는 목적을 구체적으로 제시하면 다음과 같다.

① 교당교화를 위한 교화자의 역량 강화 실현

② 교당교화를 위한 출가 · 재가 교화자의 양성 및 활용

③ 교당교화를 위한 교화체제에 대한 자료 정비 및 체제 점검

④ 교당교화를 위한 교화환경의 개선 발전

⑤ 교당교화를 위한 창의적이고 활동적인 역량 구축

2) 교당교화 자체평가 결과의 활용

교당에서는 교화자체평가 결과를 활용하여 교당교화의 지속적이고 균형적인 성장을 위해 노력한다. 평가결과의 활용을 구체적으로 제시하면 다음과 같다.

① 교무들의 교당교화에 대한 인식 제고

② 재가 교도들의 청소년교화에 대한 인식 제고

③ 교당교화정책 개발의 기초자료
④ 교당교화자의 교화역량 강화
⑤ 교당의 교화 기반에 대한 기초 자료 및 발전 방향 자료

3) 교당교화 평가 부분 및 항목 비중

(1) 교화자 육성(20)

평가항목	평가 지표 부분	평가 세부 기준
1-1교화자역량 강화(10)	1-1-1.교단 내·외 각종 훈련과 연수 참여정도(6)	1.참여 회수, 기간과 훈련과 연수의 수준 정도(6)
	1-1-2.연간 독서량(4)	2.분야별(종교.사회.문화 등) 독서 권수, 자료정리 및 응용정도
1-2.교화자육성(10)	1-2-1.재가교역자 육성(5)	3.재가교역자 양성 교육과정 여부와 참여자 수(5)
	1-2-2.재가교역자 활동(4)	4.재가교역자 교화활동 내용과 성과 정도(4)
	1-2-3.교역자 권장정도(1)	5.전무출신 지원수(1)

(2) 교화 체제(40)

평가항목	평가 지표 부분	평가 세부 기준
2-1. 교화계획 및 전략(12)	2-1-1.월별 교화계획 실행 및 평가	7.월별 교화계획 수립 및 점검 여부(6)
	2-1-2.연간 교당교화 계획 실행 유무(4)	8.연간 교화계획 실행 정도(2)
		9.연간 교화계획 홍보 정도(2)
	2-2-3.재가 교화자 육성(2)	10.교화 중장기 계획 수립 유무(2)
2-2. 교화환경(13)	2-2-1.교화 예산(7)	11.교당 결산 중 교화비의 비율(7)
	2-2-2.교화협의회(청소년 분과) 운영(4)	12.교화협의회 구성(2)
		13.교화협의회 운영(2)

	2-2-3.청소년 전용공간 유무(2)	14.전용공간 유무(1)
		15.교화 교재 · 교구 비치 정도91)
2-3. 교도관리(7)	2-3-1.청소년교도 개인정보 관리(5)	16.교도 개인카드 작성률(5)
	2-3-2.교화단 운영(2)	17.교화단 운영의 적절성(2)
2-4. 법회 운영(8)	2-4-1.교도 요구를 반영한 다양한 법회 운영(4)	18.연간 교도 요구조사 실시 정도(2)
		19.4축 2재 참여 회수91)
	2-4-2.교도 관련 법회 개설 정도(2)	20.법회 소식지 및 정기간행물 발행유무(1)
		21.대상별 법회 개설 정도(2)
	2-4-3.법회출석률(2)	22.법회출석률(2)

(3) 교화 활동(30)

평가항목	평가 지표 부뷰	평가 세부 기준
	3-1-1.교화활동시간(7)	23.주별 평균 교도와 만나는 시간

5. 교화백서(敎化白書)

'교화백서'는 교당의 교화실태를 기술한 자체평가 보고서이다. 교화백서를 작성하는 목적은 더 발전적인 교화를 위한 교화평가의 기초자료가 되며, 교당 교화역사의 기록물이며, 교화정보 교환의 자료를 마련하기 위해서이다.

1) 교화백서의 작성 방향

① 교화백서가 가능한 교당의 적정규모는 중 · 소도시, 교도수 200명, 출석교도 100명 내외로 일반, 청년, 학생, 어린이 법회가 개설된 교당을 그 대상으로 한다.

② 기간은 보통 1년으로 한다. 1년 단위가 적합한 이유는 교화평가와 교화계획을 세우는 데 용이하기 때문이다. 교당의 장 · 단기 계획에 따라 3년 혹은 6년으로 할 수도 있다.

③ 내용구성은; 지역사회 현황, 교당운영 내규, 당년 교화사업보고 및 교화현황, 결산보고, 차기년 교화계획 및 예산서 순으로 정리할 수 있다.

④ 교화활동 자료는 가능한 상세하게 기록한다. 4축 2재 등 교당의 주요행사와 각종 훈련 등 행사계획서, 실행서, 평가서가 통일된 양식에 의해 일목요연하게 정리한다.

⑤ 교당현황 및 통계는 가능한 세분화하고 변화의 추세를 확인하기 위해 3년 단위로 비교할 수 있게 한다. 도표나 그래프를 이용하면 이해 효과가 뛰어나다.

2) 교화백서 목차

1.지역사회 현황	6.당년 결산보고
2.교당운영 예규	7.차기년 교화 · 사업계획
3.당년 교화 · 사업 보고	1)교화목표
4.당년 교화통계	2)세부실천계획
1)교도 현황	3)월별 교화계획
2)월별 입교현황	4)월별 설교, 교리공부 계획
3)월별 출석현황	5)훈련계획
4)의식교화 현황	6)4축 2재 계획
5)순교현황	7)교도강연계획
6)교도훈련 현황	8.차기년 교화단 편성표
7)유지비 및 헌공금 현황	9.차기년 교화사업 예산서
8)전년도 설교제목	10.교화단별 교도명부(주소록)

〈참고문헌〉

[단행본]
김위찬 · 르네 마보안, 『블루오션전략』, 교보문고, 2005.
마이클 J.마퀴트, 『액션러닝』, 21세기북스, 2001.
스티븐 코비, 『원칙중심의 리더쉽』, 김영사, 2000.
이동성, 『현장포교의 방법과 실제』, 정우서적, 1999.
장연광, 『청소년교화의 이론과 실제』, 원불교출판사, 1990.
조지바나, 『마케팅이 뛰어난 교회가 더 성장한다』, 베다니, 1997.
조지 헌터, 『교회성장과 목회전략』, 광림, 1991.
채서일, 『마케팅』, 학현사, 1999.
채수명, 『교회마케팅 성장론』, 도서출판 국제, 1999.
톰 피터스, 『경영혁명』, 한국경제신문사, 1991.
팀 호에르, 『성공을 준비하는 비전의 기술』, 큰나무, 2005.
피터 와그너, 『교화성장원리』, 생명의 말씀사, 1998.
한국청소년개발원, 『청소년지도론』, 도서출판 서원, 1997.
한미준/한국갤럽, 『한국 개신교인의 교회활동과 신앙의식』, 두란노, 1999.

[논문류]
김동원, 「교화성장을 위한 마케팅이론의 적용에 관한 연구」, 원불교대학원대학교 석사논문, 2003.
김성진, 「시장지향경영을 통한 교화활성화 방안 연구」, 원불교대학원대학교 석사논문, 2006.
박희종, 「교화성장을 위한 교무의 리더쉽 연구」, 『원불교사상』 제26집, 2002.
　　　, 「21세기 원불교 교단경영이념 연구」, 『원불교와 21세기』, 2002.
최뮤채, 「마케팅원리를 통한 교화전략 모색」, 원불교사상연구원, 1997.

[기 타]
수위단회사무처, 「원기90년도 출가교화단 총단회」, 2005.
원불교교정원, 『교단 제3대 제2회 종합발전계획』, 원기 85년.
일원문화연구재단, 『원불교문화논총』 제4집, 2000.
청소년교화위원회, 『청소년교화 자체평가보고서 Jump! 청소년교화』, 2005.
한국미래학연구원, 『원불교 엑셀런스 마킹 전략』, 2002.
〈월간교화〉
〈한울안신문〉

제8부 미디어 교화

제 1장 미디어의 이해

1. 미디어란 무엇인가

미디어란 무엇인가? 사전상의 의미를 찾아보면 "매체 또는 매개체"라고 되어있으며 "수단, 특히 전달의 수단이 되는 문자나 영상 따위를 미디어라 한다."고 정의되어 있다. 우리가 흔히 접하는 신문, TV, 영화, 라디오, 메일, 전화, 광고전단, 인터넷, 컴퓨터 등은 우리가 필요한 자료를 전달해 주는 매체 역할을 하고 있다. 이러한 매체를 미디어라 할 수 있을 것이다. 특히 신문, 잡지, TV, 라디오 같은 대량의 수신자를 대상으로 하는 미디어를 매스미디어라 부르고, 새로 출현한 미디어를 뉴미디어라 한다. 예를 들면 인쇄매체인 신문과 책을 미디어로 활용하던 시대에 전파를 이용한 라디오 미디어가 등장했다면 인쇄매체는 올드미디어가 되고 라디오는 뉴미디어가 되는 것이다. 또한 각 분야의 다양한 미디어가 디지털화가 되면서 컴퓨터와 통신기술, 영상기술, 음향기술등의 미디어가 통합되면서 멀티미디어가 출현하였다. 멀티란 둘 이상의 말로 두 가지 이상의 미디어가 혼합된 것을 멀티미디어라 부르기 시작했다. 이처럼 미디어는 과학기술 발전의 영향으로 다양한 모습으로 변화 발전하면서 끊임없이 무엇인가를 전달하고 전해주는 역할을 하고 있다. 이것을 우리는 미디어라 말한다.

미디어는 커뮤니케이션 이론의 대두와 함께 송신자와 수신자 사이에서 정보를 전달하는 수단으로 그 의미를 사용하기도 한다. 예를 들면 교무와 교도사이에 진리를 전달하는 모든 수단이 미디어가 되는 것이다. 즉, 교무와 학습과정에 있는 교도 사이에 학습내용을 전달하는 매개체를 미디어라 할 수 있다.

그러나 미디어란 말은 단순히 전달 수단이 되는 것에 그치지 않고 그 의미가 더욱 확장되고 넓은그 개념으로도 사용되고 있다. 미디어의 뜻을 "무엇을 전달하는 매체"라 했을 때는 송신자, 수신자가 발생하고, 책, 신문, TV, 라디오, 컴퓨터, 인터넷 등을 매체라 할 수 있을 것이다. 이는 정보와 메시지를 전달하는 기능을 한다. 그러나 미디어를 '무엇인가 전달하는 매체'의 의미에서 '메시지'로 의미 변화를 주면 그 뜻은 실로 크게 확장되고 넓어진다.

마샬 맥루한은 “미디어는 메시지이다”는 표현을 사용하여 미디어 개념을 ‘전달수단’인 매체에 국한시키지 않고, 미디어 그 자체를 메시지로 보았다. 여기에 성냥 한 갑이 있다고 하자. 성냥에는 광고가 실려 있다. 여기서 광고는 메시지가 될 것이고, 성냥은 매체가 될 것이다. 그러나 맥루한이 본 메시지는 매체가 담고 있는 메시지를 뛰어 넘어 그 매체 자체가 근원적인 메시지를 담고 있다고 생각했다.

이러한 의미는 성냥자체가 인간과의 만남을 통해 세상에 드러나면 필연적인 변화가 생긴다는 것이다. 즉, 성냥 한 갑이 인간능력의 확장을 가져오면서 인간 생활은 불을 쉽게 다룰 수 있게 되어 화식 생활을 쉽게 하고, 불을 간편하게 다루게 되어 시간 절약과 함께 더욱 따뜻한 생활을 하게 되었을 것이며, 저녁이면 보다 손쉽게 불을 밝힐 수 있어 좀 더 긴 저녁을 보낼 수 있게 되었을 것이다. 또한 더 편리하고 편한 방법을 궁구하게 될 것이고 성냥 한 갑은 결국 전기와 전구의 발전을 가져오게 될 것이다. 성냥 한 갑이 결국 새로운 인간의 사고와 행동유형을 발생시켜 세상을 변화하게 만든다는 것이다. 즉, 미디어가 인간 사고와 행동유형, 세계를 인식하는 방법을 변화시켜 세상을 변화하게 만든다는 것이다. 이러한 의미로 생각해 본다면 미디어는 단순히 매체의 개념을 벗어나서 그 자체가 사회와 세계를 변화시키는 메시지를 담고 있음을 인식할 수 있다.

이처럼 미디어는 좁은 의미의 매체에서 넓은 의미의 메시지까지 다양한 모습으로 우리의 삶 속에서 끊임없이 함께하고 있는 것이다.

2. 미디어의 역사

미디어는 사람들에게 정보를 주고, 받게 한다. 또한 그 정보를 가공하여 쉽게 이해할 수 있도록 하며, 새로운 정보를 정확하고 빠르게 전달할 수 있게 한다. 미디어는 사람의 감정을 전달하는 것에서부터 시작하여 문자, 음성, 영상, 무수한 정보를 전달한다. 미디어의 역사는 이러한 인간의 커뮤니케이션 과정 속에 잘 드러나 있다. 그렇다면 간략한 미디어의 역사에 대해 알아보기로 하자.

1) 바디랭귀지

인간이 의사소통을 하기 시작한 순간부터 사용한 눈짓, 손짓, 발짓은 서로의 의사를 전달하는 매체 역할을 했다. 서로의 마음을 담아 그들의 의지를 전달하는 행동은 분명 미디어라 볼 수 있을 것이다. 이 시기가 B.C. 35,000년에서 100,000까지로 인간이 음성과 바디랭귀지란 매체를 통해 서로의 감정과 의사소통을 한 때이다.

2) 이미지

인류의 문명이 발전하면서 사람은 자신의 생각을 구체화하고 기록하고 싶은 욕망을 가지게 되었을 것이다. 어느 날은 상상하지도 못했던 거대한 동물을 사냥하고 온 부족이 배불리 먹고 잔치를 벌였다. 행복했고 즐거웠을 것이다. 이런 즐거운 날을 기념하고 표현하기 위해 상징적인 심벌이나 간단한 그림을 이용하기 시작했다. 이 시기가 B.C. 28,000년에서 45,000년 사이로 상징적 심벌이나 그림을 통해 그 시대의 삶을 표현하고 희, 노, 애, 락의 감정을 담아 기록했던 때이다.

3) 문자

인류는 문자를 발명하면서 문명을 체계화하고 조직시켜 사회 문화를 급속도로 발전시켜 나갔다. 선대의 지식과 경험을 문자로 기록하고 그것을 교육받아 더 질 높은 공동체 삶을 구현하게 되었다. 삶속의 나타나는 고급지식과 지혜 그리고 삶의 시행착오는 끊임없이 문자로 기록되어 축적되고 축적된 지식은 문명을 더욱 발전시키고 새로운 세상으로 인도하였다.

이처럼 문자의 발달은 기록 문명을 탄생시켰고 인류의 역사와 문명을 계승할 수 있는 계기를 마련하게 되었다. 이 시기가 바로 B.C 5000년에서 AD 105년에 해당하는 시기로 인류의 문자가 탄생되고 한 차원 높아진 전달매체를 사용하게 된 때이다.

4) 인쇄매체

기록문명은 종이와 인쇄술의 발명을 통해 폭발적 발전을 보이게 된다. 문자 발명은 인류 경험과 지혜를 축적시켜 찬란한 문명을 계승 발전시켜 왔다. 하지만 그 실상을 들여다보면 모든 사람이 문자를 알고 익히며 활용하진 못했다. 문자는 극소수의 상류계층을 중심으로 퍼진 귀족문화였다. 그러나 인쇄술은 상류계층만이 접할 수 있다는 문자를 대중의 문화로 이끌었다. 현대문화의 꽃이라 불리는 신문, 인류지식의 보고인 책도 문자와 종이 그리고 인쇄술이 만나 나타난 결과였다. 이러한 결과는 교육을 통한 대중들의 사고변화를 가져와 민중을 사회현상의 중심에 서게 만들었다. 봉건정치를 끝내고 시민들의 힘으로 민주주의를 달성하게 한 근본 원동력도 모든 사람들이 사회현상과 불합리와 차별에 눈을 뜨게 된 것도 인쇄술의 영향력이라 할 것이다. 이 시기가 1600년대 이후의 일이다.

5) 전파매체

20세기에 들어와 가장 혁명적인 변화는 전파를 이용하여 문명을 발전시킬 수 있었다는 사실이다. 그 첫 번째가 라디오란 음성매체였다. 전파를 타고 사람의 목소리가 나온다는 사실은 가히 충격적이었다. 조그마한 상자 속에서 소리가 나오고, 음악이 나오고, 삶의 사연이 나오고, 스포츠가 중계되고, 세상의 소식이 뉴스라는 코너를 통해 시간마다 전해진다. 또한 교육정보, 생활정보, 상식정보가 쉴새 없이 전달되고, 접하기 힘들었던 고급문화가 대중의 문화로 쉽게 접근할 수 있게 되므로 지역과 장소와 시간과 계급의 한계를 벗어나 명실상부한 소수의 문화에서 대중의 문화로 전환되는 기점이 되었다.

두 번째는 텔레비전이란 영상 매체의 출현이었다. 귀로만 듣고 정보를 공유했던 사람들은 영상을 통해 눈으로도 봄으로써 더욱 많은 정보를 얻을 수 있게 되었고 사회현상을 직접 체험하듯 접하게 되었다. 이때부터 경제, 문화, 교육 등의 문명 공유가 급속하게 이루어지게 되었다. 전파혁명은 시대를 변화시켰고, 생각을 변화시켰고, 사람을 변화시켰다. 이것이 바로 전파매체를 통한 세상의 변화이고 현대의 일이었다.

6) 디지털 매체

20세기의 또 한 차례 무서운 혁명은 컴퓨터의 발전이요 인터넷의 사용이었다. 라디오와 텔레비전은 지역의 국한을 무너뜨렸다면 컴퓨터와 인터넷은 세상의 벽을 무너뜨렸다. 지구촌이라는 새로운 개념을 만들어 냈고 '정보의 세계화', '정보의 지식화'라는 새로운 세상을 만들어 냈다. 시골 한구석에서도 컴퓨터와 인터넷을 통해 전 세계를 접할 수 있게 된 사실은 과거를 돌이켜 생각해 보면 감히 상상도 할 수 없는 개벽과도 같은 일이었다. 컴퓨터와 인터넷은 여기에 더해 가상의 공간을 창출해 내었고 모든 세계인들이 만나서 문명을 교류할 수 있는 장을 만들어 내었다. TV와 라디오는 공중파를 통한 한방향의 문화였다면 컴퓨터와 인터넷은 가상공간을 통한 서로의 정보를 공유하는 양방향의 문화로 탈바꿈 시켰다. 사람들은 정보를 그저 듣기만 했던 과거와 달리 이제는 정보를 전달하기도 하고 받기도 하면서 새로운 사회 문화를 창출해 가고 있다. 이 모든 것이 바로 새로운 매체인 컴퓨터와 인터넷이 가능하게 했다.

21세기를 지배할 문명은 컴퓨터와 인터넷을 뛰어 넘어 유비쿼터스의 디지털 혁명이 될 수도 있고, 바이오 공학의 생명혁명이 될 수도 있으며, 나노기술의 발전으로 인한 세상의 변화도 될 수 있을 것이다. 세상이 어떠한 방식으로 변하게 될지 아무도 모르나 그 중심에는 매체 즉 미디어가 자리 잡고 있다.

3. 미디어의 특징

미디어는 인간 능력의 확장이다. 눈으로 보고, 귀로 듣고, 손으로 만지고, 말을 전하고, 서로의 의사소통을 가능하게 하며, 시간과 공간의 개념을 축소하여 동시성을 가지게 하고, 더 빠르고, 더 멀리, 더 넓게 세상과 하나 되게 하며, 같은 생각의 공간을 만들어 내기도 한다.

미디어가 탄생하는 순간 인간의 삶과 사고는 바뀌었다. 바디랭귀지에서 이미지로 미디어의 전환이 이루어질 때, 이미지에서 문자가 만들어 질 때, 문자이미지가 인쇄화 되었을 때, 신문, 책등이 출간되었을 때, 라디오, 텔레비전의 전파매체가 나왔을 때, 기존 아나로그 미디어에서 디지털 통합 미디어가 탄생하였을 때 인간 사고의 능력은 영향을 받게 되고, 확장되었으며, 사회도 함께 발전하게 되었다.

문자 미디어가 나왔을 때 사람들은 시각적인 기능이 발달하고 깊은 사색을 통한 안정된 자아를 형성할 수 있었다. 이는 근대사회를 이성적이고, 자율적이며, 안정된 개인 성향을 만들어 주었다. 매스미디어가 나왔을 때 사회문화는 대중화 되었고, 일반화 되었다. 그러나 디지털미디어가 출현하면서 대중화에서 분중화로 변화되고 나아가 점층화가 진행되어 지금은 '1인미디어시대'라는 말이 나오고 있다.

이러한 인식의 변화는 텔레비전 광고 등이 일방적 전달에서 인터넷 광고 등과 연계되어 웹을 통한 쌍방향 광고가 가능해 졌고, 맞춤형 광고가 개발되고 선택적 광고가 시행되고 있으며 UCC(User Created Contents)를 통해 개인 광고가 등장하기도 했다. 이는 단순히 전달만 해서는 사람들의 사고에 영향을 줄 수 없다는 판단과 이미 쌍방향 통신에 익숙한 사람들의 사고로 인해 사회가 변화하고 있음을 말해 준다.

미디어는 인간의 사고와 생각을 서로 전하는 소통의 과정을 통해 사회를 보다 빠르게 변화시키고, 하나로 만들어 가고 개개인의 능력을 신장시키고 있다. 오늘날의 미디어는 그 자체가 인간의 의식, 사고를 형성하는 의미생성의 한 부분으로 작용하고 있다. 이는 미디어가 인간 정신의 구체적 표현이며 인간 기능의 확장임을 의미한다.

미디어의 발전은 앞으로 우주를 바라보게 되고, 나노의 세계를 개척하게 될 것이다. 유비쿼터스가 도래하면 어떻게 발전할지 상상도 하지 못할 세상이 기다릴 것이다. 그러나 미디어가 인간영역의 확장이란 특징은 변하지 않을 것이며, 인간 사고와 사회변화와 함께 발전할 것임을 예측할 수 있다.

4. 미디어의 종류

미디어는 과학의 발전에 따라 다양한 모습으로 변화해 왔다. 활자미디어, 전파미디어, 비디오미디어, 뉴미디어, 멀티미디어가 그것이다.

1) 활자미디어

활자미디어에서 가장 중요한 것은 핵심은 문자의 인쇄화다. 인쇄를 통한 각종 결과물은 사회를 대변혁기로 이끌었고 지식과 문화의 대중화와 공유를 선언한 일대 혁명적 사건이었다. 특히 신문과 책은 대중문화의 꽃으로 불리며 오랫동안 근대사회를 지배해 왔다. 활자미디어는 전문가를 통해 생산되고 지식의 통제와 제제가 가능하였다. 이는 대중의 문화에 적합한 매스미디어의 발달로 이어졌다.

2) 전파미디어

전파미디어는 거리와 시간의 개념을 초월한 정보 전달을 가능하게 한 미디어다. 라디오와 텔레비전 등이 그 대표라 할 수 있다. 특히 텔레비전은 인간 오감의 극대화를 통한 정보전달이 가능하게 되었다. 라디오와 텔레비전은 방송미디어로 발전하게 되었으며 오늘날 거대 산업으로 등장하여 사람들의 눈와 귀를 담당하고 있다.

3) 비디오미디어

비디오미디어란 영화 필름과 같이 조금씩 다른 장면들을 빠르게 겹쳐 연속된 화면을 생성한 것을 말한다. 흔히 영상, 동영상, 동화상이라 불린다. 비디오미디어는 텔레비전 방송과 거의 흡사한 시기에 등장하여 또 다른 영상의 세계를 보급하였다. 이는 영화산업으로 발전하기도 하였으며, 디지털 매체로 전환되어 멀티미디어 시대의 가장 강력한 동영상 기능을 담당하고 있기도 하다.

4) 뉴미디어

뉴미디어는 멀티미디어의 개념을 잠시 수용하기도 했지만 멀티미디어란 단어가 자리 잡으면서 뉴미디어의 개념은 신문, 라디오, 텔레비전의 기존 방송미디어에 대하여 정보·통신 기술이 더해진 미디어를 말한다. 이는 단방향 전송시스템을 쌍방향 중심으로 전환한 것이며, 이용자 간의 개별적인 메시지 교환이나, 시간에 제한을 받지 않는 정보를 제공하며, 사용자의 능동적인 미디어 사용을 이끌었다는 평을 받고 있다. 주로 케이블 텔레비전(CATV), 비디오 텍스, 화상회의 시스템, 전자우편시스템, 팩시밀리, 문자 다중 방송, 고품위 텔레비전(HDTV)등이 있다.

5) 멀티미디어

멀티미디어는 영상·음성·문자 등 여러 종류의 매체를 한데 어우른 혼합 매체를 이르는 말로 그 중심에는 컴퓨터, 네트워크, 디지털화가 핵심으로 자리하고 있다. 미디어의 발전이 바디랭귀지에서 멀티미디어로 발달된 것을 생각하면 미디어의 결정판이라 할 수 있다. 멀티미디어는 아나로그 시대의 종식을 선언하며 디지털 시대를 열었다. 영상, 문자, 음성 등의 기존 미디어를 디지털화 하면서 한 곳에서 복합적으로 다중적으로 사용할 수 있도록 한 매체라 할 수 있다. 컴퓨터, 광매체, 주문형 비디오(Video On Demand), 화상회의시스템(Video Conferencing System), 원격 진료 시스템, 전자출판, 대화형 방송, 가상현실(Virtual Reality), 컴퓨터 응용 자동교육 시스템 CAI(Computer Aided Instruction) 등이 있다.

제 2장 미디어의 수용과 교화

1. 미디어에 수용에 대한 교학적인 태도

미디어는 시대의 발전에 따라 다양한 형태로 진화하고 있으며, 새로운 문화를 창조해 가고 있다. 특히 멀티미디어라는 형태로 발전한 미디어는 지식정보화 사회를 거쳐 유비쿼터스 사회를 선도할 것으로 보인다. 특히 나노, 생명, 환경, 우주 분야는 앞으로 미디어의 형태가 어떻게, 얼마나 큰 영향력으로 변화할지 기대를 모으게 한다.

미디어의 발전은 과학의 발전과 그 맥을 같이 하고 있다. 획기적인 발명이 있은 후 미디어도 크게 발전하였다. 그러므로 과학 발전에 따른 원불교의 교학적 태도를 보면 미디어에 대한 교학적 태도를 알 수 있다. 과학 발전에 대한 원불교의 교학적 태도는 정전과 대종경 곳곳에서 잘 드러나 있다. 그 몇 가지를 소개해 보면 다음과 같다.

첫째, 원불교 개교의 동기에서 나타난 과학문명의 수용에 대한 입장이다. 원불교 정전 개교의 동기에서 보면 "물질개벽"이란 의미를 사용하고 있다. 앞으로의 시대는 과거에 상싱 힐 수 없었던 일들이 현실화 되면서 과하 발전이 가속화 되어 물질문명을 이룬다고 되어 있다. 물질문명은 순숙되지 못한 정신문명을 노예삼아 물질의 지배를 받게 하므로 사람들은 물질세계에 파란고해를 맞이하게 된다. 그러므로 원불교는 이러한 물질개벽의 고해세상에서 탄생하여 정신개벽을 통한 물질선용을 이룩하여 마음의 심낙원과 육신의 신낙원을 완성하여 광대 무량한 낙원 세계를 건설하는 것이 개교의 동기이다. 정산종사 법어 제6경의편 2장 말씀에도 그 내용이 잘 나타나 있다. 「본교의 설립 동기는 과학의 문명에 반대하는 것이 아니라, 모든 물질문명을 선용하기 위하여 그 구하는 정신과 사용하는 정신을 바로 세우자는 것이니라.」 그러므로 원불교 개교사상에 이미 과학의 수용과 그 산물인 물질문명을 정신문명의 세력아래 선용의 대상을 삼을 것이며, 낙원을 열어가는 도구의 역할로서 사용할 것임을 확실하게 밝히고 있다.

둘째 참문명 세계 건설에 나타난 과학문명의 수용에 대한 입장이다. 대종경 서품 8장에서 소태산 대종사는 「우리가 건설할 회상은 과거에도 보지 못하였고 미래에도 보기 어려운 큰 회상이라, 그러한 회상을 건설하자면 그 법을 제정할 때에 도학과 과학이 병진하여 참 문명 세계가 열리게 하며, 동(動)과 정(靜)이 골라 맞아서 공부와 사업이 병진되게 하고......,」 라는 말씀을 하셨다. 참문명 세계란 도학과 과학이 병진된 세상임을 밝히신 부분이다. 이는 과거 종교가 물질문명을 배척한 것에 반해 앞으로의 세계는 물질문명과 도덕문명이 고루 발전하는 세계라야 참 문명세계가 될 수 있음을 밝힌 내용이다. 그러므로 원불교가 건설할 참 문명세계에서 이미 과학에 대한 입장은 없어서는 안 될 필수조건임을 밝힌 것이다.

셋째 과학문명을 발전시키기 위한 과학교육 수용에 대한 입장이다. 정산종사 법어 세전중 제1장 총서에서 밝히신 내용을 보면「자라면서는 과학과 도학을 통한 통교의 도가 있어야 하며」제4장 통교의 도에서는「일생을 통한 교육은, 첫째는 학술 교육이니, 이는 주로 과학 교육을 통하여 지식과 기술을 배우게 하는 것이요...」라고 되어 있다. 이는 원만한 인격을 갖추기 위해서 원만한 교육이 이루어져야 하는데 그 근본 되는 교육중 하나가 바로 과학문명을 배우는 일임을 나타낸 것이다. 그러므로 과학교육은 어려서부터 반드시 배워야 하는 일이며 사람이라면, 원불교 종교인이라면 필수적으로 배워야 할 일임을 밝힌 것이다.

이러한 교학적인 입장에서 알 수 있듯 과학문명의 수용은 원불교 교법과 함께하는 중요한 사항임을 알 수 있다. 개교의 동기에 나타난 과학문명의 수용, 참 문명세계 건설을 위한 과학의 필수조건, 참 인격 완성을 위한 과학교육의 필수사항 등은 이미 과학을 통해 발전한 미디어의 수용도 함께 필요로 하고 있음을 나타낸 것이라 할 수 있겠다.

2. 미디어 교화의 필요성

물질이 개벽되니 정신을 개벽하자는 정전의 개교의 표어는 현재부터 미래 세상이 과학발전을 통해 급속도로 발전할 것임을 잘 암시하고 있다. 이러한 내용을 반영하듯 21세기에 접어든 인류는 혁신적이고 놀라운 과학 발전을 거듭하면서 사람들의 생활을 크게 바꾸어 놓았다. 라디오와 TV의 등장으로 전파를 이용한 문명이 사람의 눈과 귀를 바꾸어 놓았고, 자동차와 비행기는 사람의 다리를 확장하여 더 빨리, 더 멀리 세상을 향해 나아갈 수 있도록 하였다. 또한 상상만 했던 우주여행 시대를 개척하여 사람의 생각이 지구에 한정된 것이 아니라 전 우주로 향할 수 있도록 하여 생각의 큰 변혁을 가져다주었다. 컴퓨터와 인터넷의 발달은 세상의 곳곳에 퍼져있는 각 개개인들을 네트워크화 시키면서 세상을 거대한 망으로 탈바꿈시켜 현실과 또 다른 가상의 지구촌을 만들어 놓았고, 가상공간의 사람들은 네티즌이라는 새로운 사회참여 세력을 형성하여 현실 지구촌의 문제를 담당할 또 하나의 거대세력으로 등장하게 되었다.

우리가 살고 있는 현대는 이미 과학의 발전을 떠나서 살수 없는 거대 문명을 이루었다. 이것을 우리는 물질문명이라 한다. 문명이란 그 시대가 추구하는 거대한 방향을 말하는 것이다. 우리는 자동차나 철도, 선박, 비행기 등의 교통수단을 이용하지 않고 더 빨리, 더 멀리, 더 넓게 세상과 만날 수 없으며, 컴퓨터와 통신을 이용하지 않고 전 세계를 하나로 통합시킬 수 없으며, 생명공학을 통하지 않고 사람의 생명과 건강을 더 연장, 유지하기 어렵다는 것을 알고 있다. 이러한 과학문명, 물질문명의 세상에서 사람의 정신이 함몰되지 않고 온전한 자주력을 어떻게 함양시킬 것인가? 이것은 과거 종교의 무소유를 주장한 패러다임으로는 물질문명의 세력을 극복하고 사람들을 고해의 바다에서 교화해 내기는 어려울 것이다.

그렇다면 원불교가 급변하는 사회의 물질적 삶에 빠르게 적응하고 새로운 시대에 맞게 진리를 교화하고 모든 사람이 함께할 수 있는 종교가 되려면 어떻게 해야 할까? 아마도 새로운 시대의 새로운 패러다임인 과학문명을 수용하고 활용하는 방향으로 나가야 할 것이다. 미디어 교화는 이러한 새로운 시대의 새로운 패러다임으로 사용될 수 있는 교화의 훌륭한 도구가 될 수 있다. 시대와 과학문명을 따라 변화하면서 대중의 삶속에 깊숙이 뿌리박은 미디어는 이미 대중의 삶과 함께하고 있기 때문이다.

3. 미디어 교화의 방향

1) 기존 법회의 보완과 내실화

미디어는 변화에 변화를 거듭하여 현재는 멀티미디어란 이름으로 진화하여 인간 생활영역에 함께하고 있다. 멀티미디어의 특징은 소통과 통합에 있다 해도 과언이 아니다. 지금까지의 법회는 일방적인 전달에 의존해 왔다. 교당교무가 설교를 하면 교도들은 청중이 되어 듣기만 한다. 만약 설교를 따라가지 못하는 교도가 있다면 교전을 읽는다든지, 주보를 읽던지, 신문을 보든지 한다. 교무가 이러한 사실을 안다고 해도, 계속해서 설교를 진행할 수밖에 없다. 다수를 위해 소수가 희생되는 현실이 있다.

청각에 의지한다는 것은 시각적 작용이 멈춰도 가능한 일이다. 소리는 듣고, 눈으로는 다른 일을 할 수 있다는 얘기다. 교법은 들을 수도 있지만 볼 수 도 있어야 한다. 미디어란 시각적인 보조물을 사용하는 법회는 교법전달 중에 생기는 장애를 극복할 수 있다. 청각뿐 아니라 시각에도 영향을 주면 인간의 오감이 반응하게 되어 전달력이 극대화되고, 오랜 기억이 오래 남게 된다. 언어는 빨리 잊어버려도 시각적인 부분은 기억에 오래 남는 이치다.

시각적 데이터를 사용하려면 즉흥적인 사용이 어렵다. 사전에 치밀하게 준비를 해야 한다. 데이터의 가공이 이루어지려면 설교나 법회 중 내용이 사전이 준비되어야 한다. 미디어를 활용한 법회는 준비 없이는 사용될 수 없다. 이는 법회내용의 내실화를 가져와 대중이 더 집중하고 공감할 수 있는 내용들을 만들어 낼 수 있다.

2) 신세대 출현에 따른 준비

요즘 등장하는 신세대들을 의미하는 말 중 N-세대와 P-세대가 있다. N-세대란 인터넷으로 대표되는 네트워크 세대라는 의미다. 이 세대는 오락과 학습은 물론 쇼핑과 의사소통까지 거의 모든 활동을 컴퓨터, 비디오 게임, 인터넷 서핑과 같은 디지털 매체를 통해 해결한다. 이들은 태어남과 동시에 디지털 기술을 자연스럽게 문화로 받아들였으며, 인터넷의 영향권에 흡수된 계층이다.

이와 더불어 사용되는 P-세대가 있다. P-세대는 적극적인 '참여(Participation)'와 '열정(Passion)'을 바탕으로 '패러다임의 변화를 주도(Paradigm-shifter)'하는 세대라는 의미로 공통 접두어인 P를 따서 명명한 세대다. P세대의 중요한 특징은 '사회를 변화시킬 수 있다', '내가 사회 변화의 주역이다'라고 생각 한다는 것이다. 이들은 인터넷을 통해 네트워크 결성하고 자신의 개성과 생각을 맘껏 표출하는 동시에 현실 생활에서 행동하는 자유로 사회변화를 이끌고 있다. 특히 2002년 월드컵의 붉은 물결을 만들어 낸 장본인이기도 하다.

이들 세대는 디지털 미디어가 문화로 형성된 세대이다. 이들은 인터넷이라는 가상공간을 현실 공간만큼이나 자주 넘나들며 자신들이 필요한 정보를 수집하고, 재가공하며, 다시 제공하는 역할을 함으로 끊임없는 지식을 만들어 낸다. 이 세대는 아나로그 방식에 익숙하지 않다. 이들은 쌍방향 통신을 즐기므로 단순한 제공된 데이터에는 관심이 없다. 스스로 자신에 맞는 데이터를 주도적으로 창출하고 싶어 하는 세대이다.

법회를 통해서도 자신의 이미지를 창출하고 표현하고 싶어 한다. 이러한 세대를 기존의 아나로그 방식으로 교화하기는 쉽지 않을 것이다. 디지털 미디어를 통해 지속적인 관계를 형성하고 직접적인 만남도 가져야 마음을 여는 세대다. 그러므로 이들이 원하는 장소에 원하는 데이터를 공급해야 하고, 이들이 원하는 방향에 맞는 교화를 맞춰가려면 반드시 미디어 도구를 활용해야 할 것이다.

3) 신입교도를 위한 필요

미디어를 활용한 법회는 신입교도들에게 쉽게 지식을 습득할 수 있도록 한다. 처음 교당에 오면 법신불 일원상이 무엇인지, 사은이 무슨 의미인지, 왜 사배를 하는지에 대해 알지 못한다. 이럴 때 영상으로 보이는 텍스트와 음악소리 또는 영상은 이들이 이해하기 충분한 자료를 제공해 줄 수 있다. 법회의 시작부터 끝까지 하나하나 그 내용을 간결하게 표현해 낸다면 굳이 여러 말 하지 않고도 충분한 이해를 전달할 수 있는 것이다.

4) 소리, 문자, 이미지의 통합 시대

맥루한의 분석에 의하면 의사전달 수단은 음성, 문자, 시청각으로 나눠지는데 음성은 청각으로 정보를 전달되어 인간의 정서적 반응을 불러일으키며, 문자는 시각에 의해 정보가 전달되고 분산적 반응이 일어난다면, 시청각은 촉각에 의해 정보가 전달되며 전체적으로 반응을 하게 된다 한다. 즉 이것은 시청각적인 전달이 될 때, 인간은 감각을 전체적으로 동원하여 반응을 보인다고 해석할 수 있다.

이것은 설교 전달에 있어 시청각 자료가 청중으로 하여금 그들의 감각을 폭넓게 이용하여 교법 전달에 매우 효율적이라는 사실을 보여준다.

미디어 시대에는 음성과 문자와 이미지가 통합되어 보급된다. 이미 텔레비전을 통해서 우리는 익숙한 경험을 하고 있으며, 인터넷 동영상을 통해 꾸준한 자료 습득의 과정을 경험했다. 미디어의 방향은 모든 매체의 디지털화를 통해 통합화 되고 있다. 그러므로 미디어 교화의 방향 또한 교법의 소리, 문자, 이미지의 믹서를 통해 통합적으로 전달되어야 한다.

5) 데이터의 활용

미디어 교화가 중요한 이유는 데이터의 가공과 저장 그리고 재창출이 쉽다는 것이다. 처음 데이터를 만들기는 어려워도 일단 디지털화가 진행되면 다음 데이터의 창출은 매우 쉽고 편리하다. 디지털 매체는 이식과 증식이 매우 간단하다. 그러므로 데이터가 창출되는 즉시 여러 사람에게 동시 다발적으로 전달할 수도 있고, 여러 사람이 다시 데이터를 받아 가공, 저장, 재창출할 수도 있다.

이는 미디어 매체를 활용하게 되면 각 교당의 자료가 디지털화되어 데이터의 축적이 용이해지고, 데이터 축적으로 인해 양질의 자료가 창출될 수 있음을 의미한다. 그러므로 미디어의 활용은 데이터의 활용으로 이어져 보다 다각적인 자료의 보급과 탄생을 예고하는 것이다. 이는 교단의 지식평등을 구현하는 빠른 길이 될 것으로 예상된다.

4. 미디어 활용에서의 유의점

교당에서 미디어를 활용한 교화가 주는 영향은 그 범위와 방법에 있어 다양하다. 법회 시 영향을 줄 수도 있고, 법회 후 놀이와 재미로 영향을 줄 수도 있다. 특히 멀티미디어는 다양한 프로그램과 컴퓨터 기능으로 더 많은 영향을 미치고 있다.

현재 주 미디어인 멀티미디어의 활용은 재미와 흥미가 높아 누구나 즐겁게 반응할 수 있는 매체다. 하지만 그 범위는 언제나 법회를 도우는 보조수단으로 한정되어야 한다. 너무 도구에 집착하다 보면 근원적인 진리를 놓아두고, 지엽적인 진행과 흥미에만 급급할 수 있기 때문이다. 근원되는 마음공부의 원리 원칙을 굳게 세우고 보조수단의 역할을 지킴으로 멀티미디어의 효과가 강하게 나타날 것이다.

둘째, 멀티미디어를 사용하기 위해서는 무의식의 영향을 고려해야 한다. 인간의 기억은 의식보다 무의식에 오래 남게 된다. 종교가에서 영상물 선택은 신중하게 고려되어야 하며 심성에 영향을 줄 수 있는 폭력적이고 잔인한 영상을 금지해야 한다. 또한 재미와 지식전달에만 의지하면 무의식적으로 요구나 거부를 하게 되어 있다. 그러므로 아무리 교육적인 영상이라도 많은 고민이 수반되어 선택적으로 사용해야 할 것이다.

셋째, 원불교 문화, 각 개교당의 문화를 만들어 내는 방향으로 활용해야 한다. 방송산업과 영화 그리고 문화산업, 만들어진 수많은 컨텐츠는 상업적 방향으로 흘러가 물질 만능의 의미를 지속적으로 전달하고 있다. 그러나 종교의 가치는 그러한 문화를 정당한 정신으로 잘 수용하여 주인 된 입장에서 적절히 활용하는 것이 그 목적이다. 그러므로 대중의 문화를 사용하더라도 원불교 문화에 입각한, 원불교 정신에 입각한 사용이 되어야 한다.

넷째, 대화형 사용이 주로 되어야 한다. 미디어는 활용에 있어 전달에만 주력할 수 있다. 이것은 개인과 개인의 만남보다 미디어란 매체를 통해 개인과 미디어의 일방적 만남을 만들 수 있다. 그러나 현 시대의 미디어는 그 주된 방향이 대화형이다. 서로 대화하지 않고서 그저 전달만 하다보면 맹목적인 전달과 상상력을 제한하는 전달의 방향으로 다가서게 된다. 상상력이란 풍부한 감성에서 비롯된다. 대화형으로 미디어를 활용할 때 각자의 상상력을 동원하게 되며 인간의 감성을 최대한 이끌어 내어 종교적 심성을 길러낼 수 있기 때문이다.

제 4장 멀티미디어의 이해

20세기의 미디어는 대중 매체가 그 주를 이루었다. 방송, 신문, 라디오, 영상부분 등을 미디어라 하였고, 종합적으로 표현할 때는 매스미디어라 하였다. 20세기말 매스미디어와 컴퓨터 그리고 인터넷이 만나면서 거의 모든 분야에 디지털화가 시작되었다. 이는 문자, 영상, 소리등 주변의 모든 아나로그 데이타를 디지털 데이타로 전환시키면서 컴퓨터를 통해 보다 손쉽게 가공, 전달, 제작, 보급, 저장할 수 있게 되었다. 서로 다른 두 가지 이상의 미디어가 한자리에서 융합되어 사용자에게 다중적으로 전달이 가능해 진 것이다. 이는 인간의 오감을 더욱 폭넓게 자극시켜 기존의 미디어보다 더욱 강력한 미디어로 재탄생하게 되었다. 이러한 통합시스템을 우리는 멀티미디어라 한다. 21세기에 접어든 인류는 멀티미디어와 뉴미디어 사이의 혼돈을 일으키게 되었지만 곧 뉴미디어에서'new'를 새롭다는 관점에서 보다 통합적이고, 보다 다중적 관점으로 돌림으로써 뉴미디어도 멀티미디어의 한분야로 보게 되었다.(김정탁, 미디어와 인간) 즉 멀티미디어란 단어 속에는 복합적이고 통합적인 개념이 포함되어 있다는 것이다. 멀티미디어는 거대한 공룡처럼 모든 분야의 미디어를 통합하고 하나로 만들어 가고 있다. 향후 새로운 개념의 미디어가 출현하기 전까지는 멀티미디어가 미디어의 선봉에 서게 될 것으로 전망 된다.

21세기 초는 멀티미디어가 미디어의 중심이다. 이 시스템을 통하여 세상은 수많은 정보를 창출하고, 교환하며, 제공하면서 발전해 갈 것이다. 미디어의 핵심이라 할 수 있는 멀티미디어를 통해 우리는 어떻게 교법을 전달하고, 교화 활동을 할 것인가? 그에 대한 답을 발견하기 위해 멀티미디어에 대해 알아보기로 하자.

1. 멀티미디어란 무엇인가

멀티미디어는 다수를 의미하는 '멀티(multi)'와 매체를 의미하는 '미디어(media)'의 합성어로 다중매체 혹은 복합매체란 의미를 가지고 있다. 멀티미디어는 처음에는 컴퓨터공학 분야에서 쓰여 진 것이 신문방송학이나 사회과학분야로 널리 퍼지면서 알려지기 시작한 개념이다. 멀티미디어는 말 그대로 두 개 이상의 매체가 하나의 시스템 하에서 동시에 사용되는 것을 의미하는데 문자나 음성, 그림이나 영상 등이 통합적으로 어우러져 있는 것이다.

멀티미디어가 세상에 알려질 수 있었던 것은 컴퓨터의 정보 처리 기술의 급격한 발전과 광통신 커뮤니케이션 전송기술, 통신위성의 출현으로 인해 가능해진 것이다. 컴퓨터의 성능 향상은 모든 데이터를 디지털화 시켰고, 빠른 전송기술은 네트워크의 발전을 가져와 새로운 통신 규약을 만들어 다양한 데이터를 처리할 수 있도록 한 것이 발전의 원동력이라 하겠다.

모든 자료가 디지털화 되면서 멀티미디어는 기존 매체를 빠른 속도로 통합하였다. 특히 동영상 자료는 '사회적 실제감'의 표현력을 높임으로 음성, 활자, 영상의 데이터를 하나로 통합하여 보다 다감각적이고 사실적인 자료를 제공하여 수용자가 쉽게 정보를 얻을 수 있도록 하였다. 폴 매크린은 뇌의 3층 모델을 제시하였는데 생명 기본 기능을 제어하는 심층뇌, 감정과 감각을 제어하는 중간층뇌, 논리를 제어하는 표층뇌가 그것이다. 폴 매크린은 인간이 가장 편안하고 효과적으로 정보를 전달받는 뇌의 부분은 중간층뇌를 통해 전달받는 방식이라 하였다. 이 중간층뇌는 멀티미디어와 관련된 소리, 영상, 그래픽 등 시청각으로 흡수하고 제어한다. 따라서 멀티미디어의 동영상 자료나 통합된 데이터의 자료 등은 여러 정보를 종합된 형태로 전달하기에 인간은 같은 시간 내에 더 많은 정보를 편안하게 흡수할 수 있다. 이러한 이유로 정보전달의 수단으로 멀티미디어는 매우 효과적인 것이다.

2. 멀티미디어의 특징

멀티미디어는 영상과 컴퓨터, 인터넷 등을 하나로 통합하여 보다 쉽고, 빠르고, 정확하게 정보를 얻을 수 있도록 하였다. 이는 시간과 공간을 압축시켜 줌으로서 사람들의 의사소통구조에서 거리를 극복하고 공간을 제거해 준 것이다. 이러한 멀티미디어의 특징은 많은 부분이 있을 것이다. 이중 가장 중요시되는 몇 가지를 알아보기로 하자.

1) 디지털화

디지털 기술은 아나로그 사회를 하나의 매체로 통합하는 핵심적인 기술이다. 소리, 그림, 문자, 영상 등이 디지털로 표현되어 디지털 장비만 있다면 통합적으로 사용할 수 있게 되었다. 예를 들어보자 10만권의 도서를 한국에서 미국으로 옮긴다고 할 때 그 내용을 디지털화하여 옮긴다면 1초면 해결될 수 있다. 이는 10만권의 공간과 옮기는 시간과 그 데이터의 처리와 가공 그리고 축적과 저장을 거의 실시간으로 할 수 있다는 의미가 된다. 이러한 개념은 시간과 공간의 압축으로 표현되며, 다양한 자료 역시 디지털화 되어 통합적으로 활용할 수 있어 쉽게 정보를 가공 처리, 축적, 전달을 할 수 있게 된 것이다.

2) 네트워크화

정보의 디지털화와 떨어질 수 없는 기술은 정보를 어떻게 전달하느냐와 깊은 관련이 있다. 네트워크화는 국가기간망, 정보고속도로, 광통신 기술의 등장으로 디지털화 된 자료를 순식간에 전달하고 받을 수 있는 체계를 완성했다.

과거 병원에서 X선 사진을 찍으면 인화하는 시간이 소요되었고 의사에게 전달되기까지 몇 사람을 거쳐야 했다. 하지만 네트워크 전송기술은 디지털로 인화된 사진을 단 몇 초안에 의사가 있는 컴퓨터로 전송하게 된다. 의사는 클릭 몇 번을 통해 사진의 결과를 보게 될 것이다. 이는 정보 전달과 공유의 혁명을 가져온 것이라 할 수 있다.

3) 동영상화

새롭게 등장하는 멀티미디어는 소리, 문자, 영상의 조합으로 동영상으로 제작되고 있다. 이러한 현상은 '영상혁명'이라 말한다. 정보를 신문으로 전달 받을 때와 TV로 전달 받을 때는 그 이해의 정도가 아주 다르다. 영상이란 더욱 사실적이고 실제감 있는 메시지 전달을 가능하게 한다. 동영상은 과거 전문가만이 다룰 수 있는 분야였다. 하지만 디지털 작업으로 전환되고 다양한 프로그램 툴이 개발되면서 누구나 손쉽게 제작할 수 있게 되었다. 영상 압축기술 또한 영상혁명을 주도한 기술이라 할 수 있다. 디지털로 변환된 영상은 그 용량이 너무 커 통신을 통해 공유하기가 무척 어려웠다. 그러나 압축기술은 몇 십배, 몇 백배 용량을 줄여주어 인터넷에서도 능히 손쉽게 영상을 볼 수 있게 하였다. 이런 기술은 UCC(user creative contents)를 탄생시키며 1인 미디어의 발전을 가져와 개인이 하나의 방송국 역할을 할 수 있게 하였다.

4) 쌍방향화

멀티미디어의 통신 체계는 세상에 많은 것을 던져 주었다. 그동안 방송은 일방적인 전파를 받아 시청하는 것이 전부였다. 대중문화에 대한 비판을 직접적으로 할 수 없었고 단지 고정된 시간에 제공되는 방송만을 볼 수 있었다. 하지만 멀티미디어의 통신체계는 이런 일방적인 제공의 문화를 선택의 문화로 바꾸었고 시청자가 비판할 것은 비판하고 칭찬할 것을 칭찬할 수 있는 참여의 문화로 바꾸었다. 이는 제작자와 시청자 사이에 통신을 가능하게 하여 서로의 의견을 교환할 수 있게 하였다.

멀티미디어의 쌍방향 통신은 정보화 사회를 지식정보화 사회로 한층 더 발전시켰으며 멀티미디어를 지식기반사회의 중심에 설 수 있도록 하였다. 대부분의 인터넷 포털 사이트에서는 지식 데이터베이스를 구축하여 지식정보를 서로 공유하게 하였다. 필요한 사람이 있다면 언제든 질문을 할 수 있고 그 질문에 대한 대답을 누구나 할 수 있도록 하였다. 이러한 과정에서 창출된 지식정보들은 사람들의 바른 판단과 선택으로 가공되어 사람들이 원하는 지식을 빠르고 정확하게 찾아내고 습득할 수 있도록 하였다. 이러한 소통은 우리 사회의 지식수준을 급격하게 높여 놓았다.

지식의 공유가 이루어지기 시작하면서 예전의 전문가 영역마저도 아마추어가 해낼 수 있는 세상으로 변해가고, 보다 정확하고 왜곡 없는 정보의 공유가 이루어지고, 소수의 의견도 정당하면 누구나 옳다고 표현할 수 있는 세상으로 사회는 변해가고 있다. 이런 현상으로 인해 사람들은 어떤 문제든 그 문제를 해결하기 위해 쌍방향 통신을 즐기게 되었고 컴퓨터와 인터넷에 열광하게 되었다. 쌍방향화라는 멀티미디어의 등장은 막혔던 세상을 소통시키고 지식의 평등을 구현하면서 서로 제공하고 서로 수용하는 평등의 관계를 형성하여 사회 환경을 변화를 주도하고 있다.

5) 가상현실화

가상현실(virtual reality)은 멀티미디어가 담당하는 최신의 기술이다. 사람들이 일상생활에서 정보를 얻는 방법은 시청각이나 촉각 또는 후각 등의 오감을 통해 얻게 된다. 멀티미디어는 이러한 감각을 가상현실로 체험할 수 있도록 기술화 하였다. 이것을 가상현실 기술이라 한다. 가상현실은 컴퓨터에 의해 제공되는 정보와 감각적인 입출력 기계에 의해 자동 제어되는 물리적 기능을 통하여 실제 현실이 아닌 세계를 심리적인 현실로 체험하는 것이다. 흔히 접할 수 있는 운전면허 시험장의 가상운전이나 비행기 면허증을 얻기 위한 가상 조상사 훈련 등이 바로 그것이다.

또한 기업이나 학계에서는 실험을 목적으로 가상 시뮬레이션 기능을 이용한 연구를 많이 하고 있는데, 이 또한 가상현실과 만나 더욱 구체적이고 현실화된 방법으로 이용되고 있다. 이 외에도 다양한 분야에서 가상현실화가 진행되어 멀티미디어가 현실과 큰 경계 없이 발전하고 있음을 보여 준다.

6) 인간화

멀티미디어의 큰 장점은 HCI(Human-Computer Interface)기술을 사용한다는 것이다. 멀티미디어의 기술은 사람과 컴퓨터간의 소통을 인간능력의 확장으로 보고 있다. 그러므로 사용자가 어떻게 하면 편리하게 사용하고 인간생활을 어떻게 하면 편리하게 할 것인가에 모든 기술의 초점이 맞추어져 있다. 만일 추운겨울에 집에 들어가기 전 보일러를 켜야 한다면 전화기를 통해 집 컴퓨터에 접속하여 홈네트워킹을 동작시켜 보일러를 적정온도로 맞추게 할 수 있다. 주인이 꼭 집에 있지 않아도 시간과 공간을 초월하여 사람이 할 수 있는 역할을 보다 손쉽게 할 수 있도록 한 것이다. 더 나아가 집안의 온도를 태양열과 지열을 이용하여 저렴한 에너지로 늘 적정한 온도로 유지시키는 멀티미디어 홈케어시스템도 이미 개발되어 있다.

7) 통합화

멀티미디어는 서로 다른 종류의 정보를 합성하는 통합성을 갖는다. 종래에는 문자, 음성, 영상이 각기 다른 전용 장치로만 이용할 수 있었으나, 이제는 멀티미디어 기술의 도입으로 하나의 소프트웨어, 하나의 프로그램, 하나의 기기로 서너 가지 종류의 정보를 동시에 기억하고 조작할 수 있게 되었다. 가장 눈여겨 볼 것은 매스미디어와 방송의 통합이다. 신문과 방송 미디어는 각기 다른 미디어였다. 그러나 멀티미디어에서는 통합된 하나의 미디어로 사람들에게 다가서고 있다. 결국 두 미디어간의 구분이 허물어져 새로운 형태의 미디어가 출현한 것이다. 이처럼 멀티미디어의 통합화는 서로 다른 것을 하나로 융합하여 새로운 형태를 창출하는 큰 역할을 하고 있다.

3. 멀티미디어의 영향력

멀티미디어는 강력한 정보전달 매체로 우리 생활의 전 구역을 담당하고 있다. TV와 라디오, 인터넷, 핸드폰, DMB, PDA, 각종 가전제품 그리고 컴퓨터 등은 멀티미디어란 개념으로 통합되기 시작하면서 사람들의 생활 속에서 언제 어디서든 원하는 정보를 얻을 수 있도록 하는 생활필수품이 되었다.

멀티미디어의 대표주자인 컴퓨터는 인터넷과 만남으로써 가상공간을 만들었다. 사람들은 가상공간을 통해 수 천만리 떨어진 곳의 정보를 보고, 듣고, 말하고, 느끼며 전달한다. 이러한 현상은 시간과 공간의 개념을 극도로 압축하여 하나의 지구촌을 형성하기에 이르렀다.

가상공간은 사람들이 함께 느끼고 공감하는 모임을 만들어 네티즌이라는 신세력을 형성하며 사회를 변혁시킬 거대 세력으로 등장시켰다. 그 한 예로 대한민국의 제16대 대통령 선거를 들 수 있다. 16대 선거를 마치고 박동진 고려대학교 아세아문제연구소 교수는 그의 논문 "인터넷과 16대 대선 – 전자적 공론장의 가능성을 중심으로"에서 인터넷 혁명이란 단어를 사용했다. 16대 대통령 선거를 이끈 것은 기존의 신문과 TV매체를 넘어선 인터넷이라는 새로운 매체였고, 우리가 알고 있는 인터넷 매체의 힘은 상상을 초월한 힘으로 그 누구도 예측하지 못한 힘이었다고 전한다.

이처럼 새로운 멀티미디어의 영향력은 그 동안 분출되지 못했던 민중들의 생각을 결집시켜 거대 여론을 형성하며 정치, 경제, 사회의 전 분야에 걸쳐 영향력을 행사하면서 선거의 결과를 바꾸어버리는 역사를 세우게 되었다.

그러나 이러한 현상은 놀라운 것이 아니다. 멀티미디어는 인간 생활과 밀접한 관계를 맺으며 처음에는 컴퓨터와 인터넷을 통해 발전했지만 홈네트워킹 시스템이 계발되면서 가전제품까지도 멀티미디어에 포함되어 '멀티미디어 시대'라는 표현까지도 나오게 되었다. 멀티미디어의 빠른 발전은 새로운 산업을 성장시키며 신문명, 신문화를 개척하게 되고, 기존의 관습과 생활과 교육, 행정, 의료, 봉사 등의 국가 근간이 되는 모든 분야에 도입되어 법률 개정에서부터 사회 규범의 변화로 이어져 그 영향력이 어디까지 미칠지 아직도 미지수임을 생각한다면 앞으로 변화될 세상은 더욱 놀라운 일들이 가득할 것으로 예상 된다.

멀티미디어 시대는 인간의 정보 취득과 수용 방법 그리고 그 정보 자체 까지도 새롭게 변모시켰다. 가장 비근한 예로 관공서의 각종 등기대장이 수기로 되어있던 것에서 디지털화 되어 가정에서도 열람가능하게 되었다. 과거의 정보취득 방법으로서는 상상할 수 없는 혁신의 방법이다. 이것은 멀티미디어 산업이 이미 저 말단의 행정까지도 영향을 미치고 있음을 의미한다.

이런 이유로 국가는 국민을 대상으로 멀티미디어를 제대로 잘 사용하기 위해서 교육에 아낌없는 투자를 하게 되었고, 행정시스템, 국가기간망, 국가대 국가 간의 경쟁력 강화를 위해 엄청난 예산을 확보하여 투자하고 있는 실정이다.

결국 멀티미디어의 영향력은 시대 전반에 걸쳐 반영되어 디지털 혁명이란 단어를 파생시키면서 우리의 사고와 행위를 변화시켜 인류사회를 더욱 발전된 물질문명으로 이끌고 있다.

4. 멀티미디어 장비의 이해

교당에서 활용될 수 있는 멀티미디어는 음향시설, 영상시설, 조명시설, 컴퓨터시설 등의 조합으로 이용되고 있다. 그리 많은 장비는 아니지만 각 장비의 이점을 알아 적절히 조합하면 더욱 효과적인 멀티미디어를 창출해 낼 수 있다.

1) 음향장비

음향장비는 간단하게 마이크 · 스피커 · 케이블 · 앰프로 구성되어 있고, 외부기기와 함께 연동해서 음향을 증폭시켜 사용할 수 있는 시스템이다. 이는 법회의 설교와 강연, 각종 교육 행사시 사용되는 중요시설중의 하나이다.

음향장비는 과학적이고, 구조적인 부분을 수반하고 교도들의 청각을 자극하는 중요한 멀티미디어 도구다. 법당이라는 실내에서 듣는 음원은 직접음과 실내의 벽체에 의해 반사되는 간접음의 조합으로 구성된다. 이 두 음원을 적절하게 조합시키기 위해서는 건물의 구조와 스피커의 종류, 방향 위치 등에 신경을 써야 한다. 음향을 발생하는 기자재를 차에 비유하면 건물은 도로에 해당한다. 즉 도로가 좋아야 차가 잘 달릴 수 있고 반대로 도로가 좋지 않을 시에는 도로에 맞는 차를 선택해야 제 성능을 볼 수 있을 것이다. 음향시설도 이와 같아서 교당 건축을 할 때부터 고속도로를 닦듯 음향건축설계를 해야지만 좋은 음향의 기본을 만들 수 있으며, 그렇지 못할 때에는 건축물에 맞는 음향 설계로 스피커와 앰프의 기본구성이 이루어져야 한다.

법회 시 음향장비는 교역자의 목소리 전달과 음악이나 효과음의 전달로 양분화 된다. 목소리는 마이크에 의해 전달됨으로 목소리를 적절하게 보완해 주는 마이크의 선택이 이루어져야 한다. 또한 스피커도 목소리의 중저음과 음악 등의 저음, 중음, 고음이 동시에 전달 될 수 있도록 스피커 사용과 배치해야만 음향시설의 효과를 볼 수 있을 것이다.

2) 영상시설

영상시설은 작게는 TV와 비디오의 연동으로 쉽게 생각할 수 있으며, 크게는 프로젝트와 스크린 그리고 디지털 캠코드와 편집기, 자막기 등을 구비한 방송시설로 생각할 수 있다. 그러나 출석 인원이 100명 미만인 교당에서 방송시설을 도입해 영상교화를 실시한다고 할지라도 전문적 인력이 없는 한 모든 시설을 제대로 활용할 수 없을 것이다. 그러므로 영상시설을 생각할 때는 반드시 시스템과 인력에 염두에 두어야 한다. 영상 기자재는 100만원 정도의 하급 기자재나 500만원 정도의 중급 기자재를 비교했을 시에 가격비례에 따른 5배 이상의 성능을 기대하기 어렵다. 큰 차이가 발생해도 2배 정도로 차이 남을 생각할 때 저가의 시스템으로도 능히 구현하여 사용할 수는 장점이 있다. 현재 교당에서는 영상시설을 생각할 때 대부분 프로젝트와 스크린을 마련하여 다양한 멀티미디어와 연동한 시스템을 생각하고 있다. 프로젝트는 비디오, 디지털 캠코더, TV, 컴퓨터, DVD, 노래방기계 등의 다양한 기자재와 연동이 가능한 관계로 더 선호하고 있는 실정이다.

그러나 영상시설에서 가장 먼저 생각해야 할 부분은 기존에 있는 기자재의 활용이다. TV와 비디오 그리고 컴퓨터, 가정용 캠코더만으로도 얼마든지 영상 교화를 할 수 있다. 이러한 소규모에서부터 관심을 가지고 시작해야 나중에 대규모의 시스템이 들어와도 능히 모든 방면에 대한 활용력이 생기게 된다.

3) 조명시설

교당에서 음향시설과 영상시설을 하고 그 다음 단계로 고려하는 것이 조명시설이다. 그러나 인간의 오감 중에서 가장 일차적인 것이 시각적인 효과임을 고려한다면 가장 먼저 조명시설을 생각해야 한다. 교당의 입장에서는 재정적인 문제로 조명은 단순히 빛을 내는 장치로 생각할 수 있다. 그러나 법회의 엄숙한 분위기와 따뜻함을 느끼게 하는 것은 다름 아닌 조명시설이 큰 역할은 한다. 불단에 초가 없다면 얼마나 초라한 불단이 되겠는가? 법회의 엄숙한 분위기를 더욱 효과적으로 연출하고 필요에 따라 설교석이나 사회석에 적당한 조명을 설치하는 것이 바람직하다.

4) 컴퓨터 장비

멀티미디어의 핵심은 컴퓨터라고 해도 과언이 아니다. 그만큼 컴퓨터 시설은 전체 멀티미디어를 활용하고 융합하는 중심체 역할을 한다. 컴퓨터 시설은 크게 하드웨어와 소프트웨어 그리고 운영체제에 대한 부분으로 나뉜다.

하드웨어의 구성에는 MOTHER BOARD, CPU, RAM, VGA CARD, SOUND CARD, LAN CARD, HARD DISK, DVD 저장매체, POWER, CASE, 편집보드, 캡쳐보드 등의 다양한 부품들이 있을 것이다. 전문적인 지식은 없을지라도 적어도 각 부품이 어떤 역할을 하고 있고 어떤 관계로 컴퓨터가 구성되고 조립되는지는 알고 있어야 문제 발생 시 대처 능력이 생길 것이다. 예를 들면 소리 문제가 발생하면 SOUND CARD를 의심하고, 네트워크 동작되지 않는다면 LAN CARD의 고장을 의심할 수 있을 것이다.

운영체제는 하드웨어와 소프트웨어를 연결시켜주는 근원되는 소프트웨어다. 운영체제가 없이는 하드웨어를 사용할 수 없고 소프트웨어를 깔아 멀티미디어 시스템을 사용할 수도 없다. 운영체제는 도시로 말하면 인프라에 해당한다. 전기, 도로, 상하수도, 통신, 법률 규약, 표준화 등의 기초적인 부분을 제공해 주듯, 하드웨어와 스프트웨어의 기준들을 제시해 주는 인프라 역할이 바로 운영체제인 것이다. 운영체제는 마이크로소프트사에서 개발한 윈도우가 전 세계적으로 가장 많이 사용되고 있다. 운영체제를 알면 컴퓨터의 다양한 활용과 유지보수를 할 수 있다.

소프트웨어는 이미지를 편집하는 소프트웨어, 영상을 편집하는 소프트웨어, 음성을 편집하는 소프트웨어, 홈페이지는 만드는 소프트웨어 등이 멀티미디어 도구로 많이 사용되고 있다.

5. 멀티미디어 교화 전망

컴퓨터가 일반화되고 인터넷을 통해 검색을 하면서 자신의 지식영역을 넓혀가기 시작한 것은 1990년대 후반부터 현재까지 이르고 있다. 이는 20년도 안 되는 기간에 컴퓨터가 전 세계 사람들에게 막대한 영향을 미치고 있다는 사실을 입증하고 있다. 컴퓨터를 접하지 못한 세대는 급속도로 소외되면서 컴맹이라는 신종단어를 만들기까지 하였다. 우리가 다루고 있는 멀티미디어는 컴퓨터를 포함하는 통합미디어다. 컴퓨터의 사용이 늘어감에 따라 멀티미디어 사용은 더욱 늘어날 전망이다.

컴퓨터 보급이 국민 PC라는 말과 함께 전 국민, 전 연령층으로 보급되면서 사이버스페이스의 영향력은 꾸준히 성장해 왔다. 개인 PC는 점차 소형화 되고 기능이 강화되는 추세다. 특히 PC의 능력이 휴대폰이나 PDA, 네비게이션, 초소형 노트북 등으로 옮겨감으로 시간과 공간적 장애를 뛰어 넘어 언제 어디서나 사용할 수 있다는 사실은 앞으로의 사회가 현실과 가상공간의 접목이 더욱 가속화 되고 멀티미디어의 사용이 극대화 될 것을 알려주고 있다.

특히 초등교육에서부터 대학전문교육까지 멀티미디어를 이용한 수업이 진행되고 전국민 평생교육시스템이 e-러닝 시스템으로 체제변화를 한 것은 정보사회의 경쟁력이 멀티미디어 활용에 있음을 알려주고 있다. 또한 정부와 교육당국은 초고속 통신망의 건설과 정보하이웨이 건설을 통해 언제 어디서나 최상의 상태에서 멀티미디어를 활용할 수 있는 제반 시스템을 완비하고 있다.

여기에 더하여 컴퓨터는 또 한 차례 세상의 변화를 예고하고 있다. 바로 유비쿼터스의 컴퓨터 혁명이다. 생활하는 모든 곳에 컴퓨터가 존재하여 정보를 서로 교환하여 인간의 삶을 최상으로 이끌 수 있는 새로운 모델의 컴퓨터 사회이다. 현재 우리사회에서 개인PC의 사용이 많은 것 같지만 실상은 전체 컴퓨터의 20%도 안 되는 수치이다. 이는 이미 우리가 인지하지 못하는 사이에 수많은 분야에서 컴퓨터를 사용하고 활용하고 있음을 판단하게 한다. 유비쿼터스 시대는 이런한 개별 컴퓨터들과 모든 분야에서 사용되는 컴퓨터들이 서로 연계되고 연합하여 네트웍을 형성하면서 끊임없이 정보를 축적하고 새로운 데이터를 창출하여 인간 삶의 방식과 문화를 디지털화 하면서 편리와 삶의 질을 극도로 높이는 최상의 서비스가 이루어지는 사회이다.

한 예를 들면 전화를 받다가 콜라를 마시고 싶었는데 자판기 옆을 지나가면 자판기에서 콜라가 나온다. 콜라의 대금은 전화기와 자판기 안의 컴퓨터들의 네트웍으로 통신이 이루어져 말일에 전화요금으로 청구될 것이다. 이러한 편리성이 유비쿼터스 사회에서는 극히 초보적인 시스템에 불과하다니 앞으로 발전할 사회상은 그 상상을 불허한다.

원불교 전서 대종경 변의품 5장에서 교조 소태산 대종사는 「부처님 말씀은 해석하는 사람의 견지에 따라 다른 것이며 현재의 학설도 비록 분분하나 멀지 않은 장래에 견성한 큰 학자 가 나의 말을 인증할 것이니 나를 믿는 사람이라면 다시 의심하지 말라.」라는 말씀을 전하고 있다. 미래의 과학은 소태산 대종사가 말씀한 내용을 증명할 단계까지 발전할 것이다. 유비쿼터스의 세상과 진리의 입증이라는 거대 사건이 만나게 된다면 세상을 그야말로 폭발적인 마음공부의 영역으로 눈길을 돌리게 될 것이며, 진리와 사실을 보면서 공부하게 될 것이다. 이러한 세상에 교화는 가장 빠르고 가장 합리적은 도구를 사용해야 한다. 바로 멀티미디어 교화가 그 해답이 될 것이다. 시대가 발전하면 할수록 멀티미디어 교화의 전망은 더 밝아질 것으로 예상된다.

제 5장 교당에서의 멀티미디어 활용

교당에서 멀티미디어 활용을 통한 교화를 하려면 멀티미디어 활용이 교화에 도움을 준다는 인식이 정착되어야 한다. 멀티미디어는 고가의 기자재가 많다. 그 기능을 활용하기 위해서 충분한 논의와 인석자원, 물적자원의 확보가 있어야 힌다. 이러한 제반 사항 없이 교화의 큰 효과가 있다는 생각만으로 도입하게 되면 도움을 주기는커녕 애물단지로 전락하기 십상이다. 멀티미디어 활용은 거창하고 완비된 자료와 기자재로부터 출발하지는 않는다. 활용하려는 의지와 그러한 의지를 가진 사람들이 모여서 가장 쉽고 효과적인 활용 안을 하나하나를 실행하고 결과를 낼 때 천천히 성장하게 되는 것이다.

그렇게 하기로 하면 먼저 멀티미디어 시스템 활용 단계를 설정하고 멀티미디어 교화팀을 구성하여 컨텐츠별 계발을 통해 법회교화, 인터넷 커뮤니티 교화, 신입교도훈련, 4축2재 자료 계발, 미디어 교화사례 수집 등 하나하나 그 범위를 넓혀가야 할 것이다.

1. 멀티미디어 교화팀 구성

교당 법회에 멀티미디어를 활용하기 위해서는 인적자원 확보가 시급한 일이다.

멀티미디어 기자재와 활용은 전문인력을 필요로 한다. 그러나 교당에서는 굳이 전문인력이 아니더라도 의지가 강하고 하고자하는 열정이 있는 사람이면 교화팀을 구성하여 그 실효과를 볼 수 있을 것이다.

멀티미디어 교화팀은 새로운 개념의 인적구성이다. 교당교화에서 법회의 위치가 중요하다면 충분히 구성할 가치가 있다. 아무리 현 교당의 상황이 어렵더라도 멀티미디어 교화팀만은 양보하면 안 된다. 반드시 구성해야 한다. 멀티미디어 교화시스템은 기존 교화의 틀을 깨는 문제를 안고 있기 때문에 급변하는 현 사회의 새로운 교화 패러다임을 제공한다.

지금까지의 법회는 스피커 증폭을 통한 청각에 의지하는 방법으로 진행되었다. 그러므로 설교자의 역량에 따라 법회가 많이 좌우 되었을 것이다. 하지만 멀티미디어 의한 시청각적인 법회를 제공하기 위해서는 사전에 법회 전반에 대한 논의가 필요하다. 법회 전에 무엇을 준비하고 법회시에는 멀티미디어 시스템을 어떻게 이용하여 교법을 전달하고, 법회 후에는 어떻게 마무리 짓고 다음을 준비할 것인가에 대해 생각해야 한다. 이것은 한 사람의 힘으로는 도저히 해 낼 수 없는 각 분야의 전문성과 정성이 필요한 부분이다.

멀티미디어 교화팀은 교당교무와 긴밀한 관계를 유지하면서 멀티미디어 교화의 모든 분야에 대해 원칙을 세우고, 세부 진행계획을 세우고, 평가를 하고, 다시 수정 보완해 나가는 일련의 일들을 맡게 된다.

이러한 일들 속에서 과중한 업무가 발생될 수도 있다. 하지만 새로운 교화의 한 형태임을 자각한다면 교무와 교도들이 스스로 교화의 주체가 되어 주도적인 교화를 해 나갈 수 있다는 장점이 있다. 이러한 장점은 교화팀과 교도들 스스로에게 상당한 교법적 자신감과 교화의 열정을 내 뿜을 수 있는 기회가 될 것이다.

이웃종교 기독교에서 멀티미디어 사역팀은 가장 중요한 핵심을 팀원들 스스로 하나님과의 만남을 통한 사명감 획득임을 들고 있다. 이를 위해 팀원들은 평소 평신도보다 더 준비하고 자세를 가다듬기 위해 기도를 통하여 내면의 성장을 먼저 이룬다고 한다.

교당에서도 이와 마찬가지로 교화팀이 구성되면 스스로 사명감을 가지고 교화에 매진할 수 있게 될 것이다. 사업을 하자면 공부를 해야 하고, 공부를 하면 사업을 아닐 할 수 없는 것이 우리 교법의 원리다. 그러므로 멀티미디어 교화팀은 교화의 원천수로서 역할을 하는 동시에 스스로도 높은 자존감을 형성하게 되어 새로운 교화의 큰 역할을 담당할 것이다.

2. 멀티미디어 시스템 활용단계 설정

멀티미디어 교화는 교법을 더 명료하고 이해도 높게 교도들의 뇌리에 새겨 넣는 한 방법이다. 멀티미디어는 다양한 미디어의 복합으로 이루어지기 때문에 시행에 있어 충분한 논의를 거치지 않게 되면 시간이 흐를수록 교화의 부담으로 작용할 소지가 많다. 그러므로 반드시 멀티미디어 교화를 하기 전에는 구체적인 청사진 즉 활용의 단계설정이 필요하다.

1) 기획단계

기획단계는 멀티미디어 활용을 위한 준비 단계이다. 준비과정에서는 교화의지와 장소, 인적구성, 예산, 활용기준 등을 충분히 고려해야 한다.

첫째 교화 의지를 집약해야 한다.

멀티미디어는 교당에서 많이 활용되지 못한 시스템이다. 이러한 시스템을 이용하기 위해서는 교도들의 교화 의지를 집약해야 한다. 멀티미디어가 교법 전달과 교화에 꼭 필요한 시스템임을 알려야 한다. 교도들과 충분한 의견교환이 이루어지면 관심을 갖게 되고, 관심은 교화의지로 연결되어 멀티미디어 활용에 도움을 주게 된다. 그러기 위해서는 기도나 광고를 통해 꾸준히 교화의지를 집약시켜야 한다.

둘째 장소에 대한 논의다.

일반적으로 원불교 법당의 크기는 대형화된 곳 몇 곳을 제외하면 중소형 크기의 법당이 대부분이다. 중소형 법당은 교무가 의식을 진행할 시 법당 곳곳이 한눈에 다 들어오고 말소리도 큰 의미 손실 없이 바로 전달 될 수 있는 크기다. 이러한 곳에 대형프로젝트를 설치하고 스크린을 설치하여 영상설교를 한다면 이는 당연히 낭비일 것이다. 그리므로 그기에 맞는 멀티미디어 시스템을 어떻게 구현할지를 충분히 교려해야 한다.

셋째 구성원들을 파악해야 한다.

큰 교당은 대부분 일반, 청년, 학생, 어린이 법회로 그 분류가 되어 있으나, 작은 중소교당일 경우 합동으로 법회를 진행하는 교당도 많다. 이런 경우 구성원들은 어린아이에서부터 노년층까지 다양할 것이다. 어떤 이는 적절한 정적 분위기를 원하는 사람이 있을 것이며, 어린아이와 학생 청년들은 재미와 열정을 더 원할 수 도 있을 것이다. 멀티미디어의 구성은 구성원들의 수준과 원하는 것을 파악하는데서부터 충분한 논의가 필요하다.

넷째는 예산에 대한 부분을 생각해야 한다.

멀티미디어 기자재는 고가의 장비가 많다. 따라서 기자재 확보에는 예산 확보와 활용이 매우 중요하다. 예산에 따라서 필수 장비의 성능이 결정되고, 선택 필요 장비의 구입 유무가 결정되기 때문이다.

다섯째는 멀티미디어 활용 기준을 세워야 한다.

멀티미디어 기기는 활용도에 따라서 설치기기의 사양을 조정할 수 있다. 법회 시 영상방영만을 목적으로 한다면 고가의 편집 장비를 구입하지 않아도 된다. 녹화만을 위주로 한다면 DVD플레이어를 이용하여 바로 저장 활용할 수 있다. 또한 프리젠테이션을 주로 할 경우 영상장비는 그다지 필요로 하지 않는다. 또한 매 법회 시 촬영할 영상이 많다면 비디오 테잎보다 하드디스크 저장 매체를 사용하는 것이 더 유리하다. 이러한 상황적 이해아래 철저한 기준을 확보한 후 멀티미디어 시스템을 구축해야 한다.

2) 설치단계

기획단계가 준비라면 설치단계는 실지 멀티미디어 기자재를 구입하고 운용하는 단계이다. 기획단계가 끝나면 멀티미디어 기기를 설치한다. 멀티미디어 기기는 설치가 끝나면 기기의 특성상 시범 운용 기간이 필요하다. 이 기간에는 멀티미디어 담당자들이 기기에 익숙하지 않아 잦은 실수와 오류를 범하게 된다. 설치된 멀티미디어 기기 역시 멀티미디어 기기 간의 접속 오류가 수시로 발견되고 발견된 오류를 해결하는 기간이다. 이 시기에는 운영하는 담당자도 그렇고 그것을 보는 교도들도 불안해 할 수 있다. 갑자기 작동이 멈추거나 기기 셋업이 되지 않을 수도 있다. 그러나 오류가 발생할 때마다 해결하는 단계를 가지게 되므로, 오류는 점차 줄어든다. 시스템 또한 점차 안정을 찾아가게 되고 담당자들과 교도들도 점차 안정 되어 기초를 잡아 가는 기간이 된다.

3) 적응단계

적응 단계는 실지 운영단계라 할 수 있다. 설치단계가 시범운영을 통해 안정을 찾아가는 단계라면 적응단계는 실지 운영을 통한 초보적 데이터 전달의 단계라 할 수 있다. 운영능력은 실수가 잦아지고 안정을 얻어 가지만 전달하고자 하는 데이터의 준비와 적중률이 떨어지는 단계이다. 또한 데이터 선별의 구분이 명확하지 않아 자료 정리도 체계화 되지 않고, 데이터 가공에도 시간이 많이 소요되는 단계다.

멀티미디어 기기의 운영은 전달하고자 하는 의미에 관련된 자료를 사전에 준비해야 한다. 적어도 2주에서 3주는 법회의 주제와 설교내용이 잡혀야 하고 그 준비를 미리 해야 한다. 적절한 자료를 선별하고 자료 활용을 통해 전달의미를 극대화하기 위해 갖는 노력을 하게 된다. 그러므로 이 기간에는 데이터의 활용 능력 체계가 생성 된다. 법회 때는 반복해서 사용되는 데이터들이 발생한다. 처음에는 준비 시간이 걸리나 시간이 지나면 여유로워진다. 그 상태에서 전달 의미 적중에 대해 깊이 연마하게 되고 새로운 의미전달 자료들을 창출해 낸다. 시간은 많이 걸리지만 점차적으로 데이터 축적이 되고 노하우가 쌓여가며 자료의 효과적인 활용이 시작된다.

4) 효과단계

효과단계는 중급 단계라 할 수 있다. 이 단계라야 비로소 데이터의 정보화가 이루어지고 생산성이 향상되어 데이터 선택과 전달의 적중률이 높아진다. 그리고 다양한 정보의 비교 분석도 가능해 지는 단계다.

효과단계에서는 전달 대상에 대한 명확한 데이터 분류가 가능해 진다. 어린 학생들부터 노년층에 이르기까지 전달 대상의 특성과 문제점 그리고 장정 등을 파악하게 된다. 멀티미디어 자료는 적절히 못하게 되면 오히려 이해도가 떨어지고 집중력 저하와 거부감을 나타낸다. 하지만 이 단계에서는 축적된 자료의 적절한 사용으로 의미 전달의 극대화를 이루기 때문에 풍성한 결실을 기대할 수 있다. 또한 교법에 대한 분석도 더욱 깊어져 보다 정확하고, 분명한 자료를 축적할 수 있다. 그러나 이 단계에서는 자료수집의 한계를 느끼게 되고 근본적인 자료 창출에 대한 필요성을 느끼는 단계이다.

5) 활용단계

활용단계는 전문 단계라 할 수 있다. 이 단계에서는 보다 나은 모습으로서의 성장에 목적을 둘 수 있다. 그렇기에 창조적인 작업이 가능해 진다. 그리고 데이터와 프로그램의 의존률 보다는 사람의 역할이 더 강화되어 지고, 보다 다양한 실험을 통해 새로운 정보의 유입과 해석, 적용이 가능해 진다.

이전 단계에서는 제작 보다는 자료의 수정이 많이 이루어 졌다. 그러나 강화 단계에서는 수정이 아닌 제작이 이루어지는 단계이다. 제작이 되는 단계이므로 제작자의 능력이 한껏 발휘되는 단계이기도 하다. 기존 자료에 원하는 부분만을 수정하는 경우 의미 전달자의 의도에 부합하는 자료를 찾는 다는 것은 쉽지 않다. 그렇기에 제작에 대한 욕구가 생기게 된다.

효과단계까지는 멀티미디어 기기의 효과적인 운용 기술을 마스터하는 단계라면 활용단계는 그 기술을 바탕으로 교화 상황에 딱 맞는 새로운 자료를 제작하고 축적하는 단계이다. 이 단계에서야 비로소 원하는 멀티미디어 자료를 알맞게 준비하고 활용할 수 있는 것이다.

활용단계는 전문 인력의 필요와 많은 예산도 필요하다. 적어도 교화 면에서도 큰 성공을 이루고 인적, 물적 자원에서도 풍족한 상황이 되어야 가능한 단계다.

이제까지 멀티미디어 시스템 활용 단계에 대해 알아보았다. 이러한 단계를 거치기 위해서는 시간이 필요하다. 그러나 교당에서 멀티미디어 시스템 활용에 어려움을 겪는 경우는 시스템이 설치되면 무엇이든 가능하다고 생각하기 때문이다. 그러나 분명한 것은 시스템을 활용하는 것은 사람이다. 시스템을 운용하고 활용하는 사람에 따라 앞에서 언급한 시스템 활용 단계의 기간이 달라진다. 효과적인 활용을 위해서는 재정의 투자보다 사람에 투자하는 것이 더욱 필요함을 잊지 말자.

3. 멀티미디어 활용 교화

멀티미디어는 과학 발전을 따라 계속적인 발전과 편리성으로 인간생활에 큰 영향력을 미치고 있다. 이미 한국 교육에서는 매년 교육예산의 70%를 정보미디어 관련 예산에 쏟아 붇고 있으며, 일선 유치원, 초등학교에서는 컴퓨터 활용 능력 교육을 시행하고, 방과 후 활동이나 특별활동을 통해 개인의 능력을 한 층더 업그레이드 할 수 있도록 제반 여건을 형성해 놓았다. 또한 전 국민 평생교육 차원의 컴퓨터 활용 교육도 매년 무상으로 실시되어 있음을 감안할 때 앞으로 컴퓨터 소외 계층을 사라질 것으로 예상된다.

사회가 변화면 교당의 구성원들도 변하게 되고, 향후 교당의 모습도 바뀌게 된다. 특히 구성원들이 사용하는 주 매체가 바뀌게 되면 교당의 매체도 바뀌게 된다. 특히 앞으로 뉴미디어가 출현하기 전에는 멀티미디어가 미디어의 대세로 자리 잡았다. 그렇다면 교당의 교화도 멀티미디어 교화를 통해 그 방향을 잡아 나가야 할 것이다.

그렇다면 지금부터는 교당에서 활용할 수 있는 멀티미디어 교화 방안에 대해 알아보기로 하자.

1) 컨텐츠별 활용방안 제시

교당에서 법회나 교화에 사용되는 컨텐츠는 그 한계가 있다. 인적자원과 물적자원의 한계가 있기 때문에 대형화 되고 자원이 많아지지 않는 한 영세성을 벗어나기 어려울 것이다. 그렇다면 이러한 열악한 상황에서 교당에서는 어떤 방향을 잡고 멀티미디어를 활용해 나가야 할 것인가 그 실행 가능한 대안을 제시해 보자.

(1) 프리젠테이션 활용한 교화

사람이 가지고 있는 마음을 말로써 표현한다면 50~70%정도로 표현 가능하다고 한다. 그러나 그 표현을 설명으로 듣는 사람은 10~20% 정도를 이해한다고 한다. 말만으로 정보를 전달하게 되면 불가피한 정보 손실을 가져오게 된다. 사람들은 이 문제를 해결하기 위해 자신의 의사를 더욱 명확하게 전달하기 위해 어려가지 매체를 사용해 왔다. 현대에 들어와서는 의견을 전달하기 위한 전문적인 방식이 도입되었는데 그것이 바로 프리젠테이션이다. 프리젠테이션은 자신의 의견을 간단명료하게 전달할 수 있는 기법으로 기업체나 상품을 선전하는 사람들 그리고 교수법으로 많이 사용되어 왔다. 교당은 교법을 전달하는 학교다. 많은 교당이 설교를 중심으로 법회를 보고 있는데 이 때 말에 의존한 설교는 필연적인 정보 손실이 발생한다. 멀티미디어는 이러한 말로 인한 정보의 손실을 적절하게 보완할 수 있다. 그 대표적인 것이 바로 멀티미디어 제작 도구중 하나인 파워포인트이다. 파워포인트는 프리젠테이션 제작도구로 자신이 전달하고자 하는 의미를 문자로 정리하고, 소리 데이타나 영상 데이터 그리고 이미지 데이타를 첨가하여 시각적, 청각적 효과를 극대화 시켜 단번에 많은 의미를 전달 할 수 있도록 한 도구이다. 만일 교당에서 교무의 설교나 강연 시 말의 전달력이 떨어진다면 이러한 멀티미디어 도구를 활용하면 더욱 수준 높고, 전달력 높은 설교나 강연이 가능해 질 것이다. 또한 교리강습이나 신입교도 훈련시에도 그 효과가 클 것이다.

(2) 영상을 활용한 교화

멀티미디어 제작도구 중 가장 널리 쓰이는 것이 바로 영상물 제작이라 할 수 있을 것이다. 교당에서는 법회를 주말마다 보고, 강연이나 교리강좌를 통해 신심, 공부심을 진작시키고 개인의 법위 향상에 온 힘을 기울인다. 그러나 교당에 가고 싶기는 하나 마음을 내지 못하는 잠자는 교도나, 일이 있어 결석 한 교도는 그 때의 설교, 강연, 교리강좌를 듣고 싶어도 들을 수 없게 된다. 이러한 단점을 보완하고 좀 더 많은 분들에게 법을 전달하기 위해 멀티미디어 시스템을 통한 영상물을 제작하여 제공하면 시간에 관계없이 교화를 할 수 있게 된다.

영상제작은 영상편집용 컴퓨터와 캠코더만 있어도 가능한 것으로 고가의 장비 없이도 실행 가능하다. 영상물이 제작되었다면 카페나 홈페이지를 통해 출판하여 웹상에서 언제든지 볼 수 있도록 한다면 더욱 많은 교도들의 호응을 얻을 수 있을 것이다.

또한 캠코더를 활용하여 교도들의 평소 일상생활이나 공부담 등을 시간 날 때마다 찍어 두고 편집하여 특별 법회시에 사용한다면 법회 분위기를 진작시키고 의미를 부여하여 정의를 건네고 법을 전하는 매개체 역할을 하여 교화 활성화에 도움을 줄 수 있을 것이다. 그리고 원로 스승님의 영상을 제작하여 틈틈이 교사나 초기 교단사에 있었던 일이나 당부 말씀 등을 영상으로 만늘어 보여주년 법맥을 잊는 역할이 확연히 드러나 좋은 효과를 볼 수 있다.

영상물은 꼭 자체 제작이 아니더라도 의미 있는 영화나 다큐멘터리, 지식소개 영상 등을 이용하여 교도들에게 소개하면 세상의 지식을 공유하는 동시에 교법과 자연스럽게 연계한 전달이 가능하여 더 풍성한 교화전달력이 양성될 수 있을 것이다.

(3) 음악과 이미지를 활용한 교화

요즘 많이 사용하는 디지털 카메라는 몇 년 전만해도 고가 상품으로 소수 사용자만이 가지는 멀티미디어 기자재였다. 그러나 요즘은 누구나 가지고 있는 필수품 정도로 보급되어 디지털 카메라는 쉽게 찾아 볼 수 있는 제품이 되었다. 교당에서도 디지털 카메라의 보급은 일반화 되어 행사나 법회 시에 사진 촬영을 하는 것이 일반화 되었다.

교도들의 활동을 찍은 사진은 그 분류별로 적절히 선별하여 교도들에게 보여주면 신심 진작과 동시에 공도사업에도 참여할 수 있는 기회를 제공하게 된다. 예를 들어 교당에서 봉공작업을 하였다면 그 때 사진으로 기록하여 그 사진을 음악과 함께 보여 주면 봉공작업시의 교도들의 얼굴과 충만 된 법열이 그대로 교도들 가슴으로 흘러들어갈 수 있게 된다. 그리된다면 봉공작업의 가치를 재정리할 수 있게 되어 굳이 설명을 하지 않아도 스스로 그 중요성을 인식할 수 있게 될 것이다. 이와 마찬가지로 교당에서 있는 성지순례나 특별한 행사를 기점으로 하여 이러한 멀티미디어 활용을 한다면 법회의 가치가 더욱 드러나고 교화에 큰 도움을 줄 수 있을 것이다. 요즘 일반적인 사진 툴로 알씨를 많이 사용하는데 누구나 손쉽게 이런 용도를 이용할 수 있도록 사진편집이나 사진 영상화 프로그램이 탑재 되어 그 활용은 그리 어려운 일도 아니며 프로젝터의 보급률도 높아서 교당에서 쉽게 활용할 수 있다.

(4) 웹 커뮤니티를 활용한 교화

앞서 멀티미디어가 급속도로 발전하게 된 배경에는 컴퓨터의 발전과 네트웍의 발전이 그 원동력임을 배운바 있다. 네트웍의 발전은 최근에 들어와 멀티미디어형 서비스를 제공하게 되었는데, 그것이 바로 WWW(World Wide Web)이다. 이 서비스는 주로 문자를 기반으로 전송하던 인터넷 서비스와 달리 사진과 그래픽, 음성과 동영상을 하이퍼텍스트(Hyper text)라는 편리한 방법으로 전송하고 검색할 수 있게 해주었다. 이렇게 편리하고 쉬운 월드 와이드 웹의 등장은 무수히 많은 웹페이지를 등장시켰고 정보의 바다를 형성하였다. 웹은 현대인에게 모든 정보를 검색할 수 있는 지식창고라 불리우며, 멀티미디어를 직접적으로 사용하는 주요 통로가 되었다.

교당에서도 웹을 통한 정보 교류는 없어서는 안 될 중요한 일이다. 처음 홈페이지가 등장하였을 때 각 교당에서 홈페이지 붐이 일어나 여기저기서 홈페이지를 통한 교당교화에 힘을 쏟았다. 그러나 시간이 흐를수록 급격하게 개인이 관리하는 홈페이지는 사라지게 되었다. 그 이유는 웹서버의 운영은 전문적인 지식과 재정이 필요하기 때문이다. 홈페이지의 기술적 발달 또한 전문적인 지식 없이는 따라 잡을 수 없는 부분이다. 여기에 꾸준한 홈페이지 관리와 데이터의 업데이트는 하루 종일 홈페이지에 정성을 쏟아야 하는 업무가 되었을 것이다. 이러한 이유로 현재는 개인이 운영하는 홈페이지는 거의 사라지고 기업이나 단체에서 제공하는 포털시스템 안의 개인 홈페이지나 커뮤니티, 카페, 싸이월드, 블로그 등이 그 자리를 대체하고 있다. 이는 손쉽게 홈페이지를 관리할 수 있도록 모든 기술적인 인프라를 기업에서 제공해 주기 때문에 사용자는 단지 정보의 공유에만 신경을 쓰면 된다.

교당에서 웹 커뮤니티를 활용하여 교화하려면 교화에 관련된 주제를 확실하게 선정해야 한다. 법회 내용 중 설교를 중심으로 교화한다면 매주 있는 설교의 내용과 분위기를 적절하게 담아내고 영상과 사진 그리고 음성의 편집 통해 법회 내용을 전달 할 수 있어야 한다. 회보를 주제로 하면 각 주의 회보를 깔끔한 디자인과 내용 그리고 간략한 음향을 첨가하여 보는 사람으로 하여금 편안하고 법회에 대한 향수가 생길 수 있도록 제작하여 매주 함께하지 못한 교도들에게 전달하는 방법이 있으며, 공부를 주제로 선정하면 꾸준한 공부의 내용이 오프라인과 온라인 상에서 충분히 공유될 수 있도록 한다. 또한 순교를 주제로 한다면 교도 소식을 중심으로 사진이나 영상을 담아 교도간 소통을 중심으로 이끌 수 있다.

웹 커뮤니티를 활용한 교화는 교화의 보조 역할이기 때문에 그 주제가 분명하고 영역이 넓지 않으면 보조수단으로서의 멀티미디어 활용도구로 교화에 큰 도움이 될 것이다.

이상에서 멀티미디어 활용교화로 프리젠테이션의 활용한 교화, 영상을 활용한 교화, 음악과 이미지를 활용한 교화, 웹커뮤니티를 활용한 교화에 대해 알아 보았다. 아주 초보적인 수준의 활용방법이지만 꾸준히 지속되면 멀티미디어의 영향력이 발생하여 교당 교화에 큰 도움으로 다가설 것이다. 멀티미디어의 활용은 작은 것에서부터 출발함이 그 시작임을 잊지 말자.

2) 법회 교화

교당에서 법회를 연다는 것은 대종사님 법음을 전하는 동시에 이 세상을 광대무량한 낙원으로 인도하는 성업을 행하는 것이다. 법회를 통해서 교도들은 법신불 신앙과 수행에 대해 배워가며 공부와 사업에 대해 알아간다. 이러한 법회에서 중요한 점은 법회 진행 상황의 다각적 전달, 정보의 원만한 전달, 핵심되는 메시지 전달에 있다 할 것이다.

교당 법회 시 모든 인원이 법당에 들어가 법회를 보기 어려운 경우나 건물의 구조적 현상이 원활한 법회의 전달을 방해할 수 있다. 이럴 때 중계 방송식 법회가 필요하다. 이는 건물의 공간적인 확장과 사각지대 해소에 반드시 필요한 방법이다. 만약 어린이를 동반한 교도가 법회에 참석했다면 어린이 챙기기에 급급한 나머지 법회에 쉽게 열중할 수 없게 될 것이다. 또한 점심식사를 미리 준비하거나 불가피한 교당의 사정으로 인해 미리 무엇을 준비하는 사람들은 법회에 참석은 하였지만 법회진행 상황을 알기가 어렵다. 이럴 때 중계 방송식 법회는 아동방이나 어린이실을 마련하여 교도들에게 법회의 진행을 전달해 줄 수 있으며, 식당이나 야외에서도 내용을 중계한다면 공간의 확장을 가져와 법회의 사각지대를 해소하는 좋은 방법이 된다.

법회 시 법회의 중요 정보를 미리 전달하기 위해서는 프리젠테이션을 이용한 법회진행이 필요하다. 이는 법회의 식순을 교도들에게 효과적인 방법으로 전달하는 중요 수단이다. 예를 들어 법신불 사은전 사배가 있다면 그저 일어나 사배하는 것이 아니라 식순소개에 음악이나 영상을 통해 사배의 의미를 전달한다면 법신불전 사배의 의미가 더욱 드러나게 될 것이다. 이와 마찬가지로 각종 식순을 미리 정해 적절한 전달을 통한다면 식순 진행이 더욱 원만해지고 각종 정보전달의 효율성이 증대될 것이다.

법회에서 가장 중요한 핵심사항은 그날 전달할 핵심메시지에 있다 해도 과언이 아닐 것이다. 설교나 법회 속에서 핵심 되는 메시지를 교도들에게 전달한다는 것은 보통 어려운 일이 아니다. 그러나 법회가 끝나고 일주일 동안 교도들의 뇌리에 남아 '오늘 배운 내용은 이러했지' 하고 생활 속에서 그 내용이 실행에 옮겨질 수 있도록 하려면 최대한 간단하고 자극적으로 전달되어야 한다. 청각적 요소는 반복되는 소리에 의존하지만 시각적 이미지를 첨가하게 되면 강렬한 전달 수단으로 변하여 더욱 오래 그 의미가 남게 된다. 핵심메시지는 보통 설교를 통해 전달된다. 그렇다면 설교의 내용을 미리 점검하고 핵심 메시지를 시청각적 정보로 포장하여 교도들에게 선물할 준비를 미리 해야 한다. 준비된 이미지가 설교 시에 파워포인트나 문자발생기 등으로 핵심메시지를 강조하게 되면 교도들은 더욱 강열하게 그 내용을 받아들이게 되어 더욱 효과적인 전달이 이루어진다.

3) 신입교도 훈련

원기 88, 89, 90년 교당 교화 현황을 교화상황 보고서를 통해 살펴보면 매년 입교인 수는 1만명 이상이 된다. 하지만 법회 출석상황을 보면 매년 2만명 수준에서 머물고 있다. 그렇다면 입교한 신입교도들이 대다수 법회로 흡수되지 못했거나 매년 10,000명 이상이 법회 참석을 하지 못하고 있다는 내용을 추측할 수 있다.

교당에서 신입교도를 법회로 인도하기 위해서 가장 중요한 핵심사항은 신입교도 훈련으로 보고 있다. 신입교도 훈련에서 다루어져야 할 내용은 원불교 이해 측면과 친목의 시간이 필요하다. 친목의 시간은 정의를 건네는 중요한 시간이요 원불교 이해는 교법을 알아가는 중요한 시간이다. 원불교 이해는 매우 중요하여 신입교도가 법회마다 느껴야하는 상황들이 대부분이다. 교당예절, 교도들로서 알아야 할 용어, 원불교 의식, 원불교 교서의 이해와 4종 의무, 원불교 교사의 이해, 원불교 창시자인 소태산 박중빈 대종사의 이해, 4축 2재, 헌공금, 심고, 기도, 좌선, 염불, 상시일기 지도 등 그 내용이 다양하고 방대하다.

신입교도 훈련은 이러한 내용을 미리 접하고 그 의미를 알아 스스로 더욱 발심하게 하는 계기를 만들어 줘야 한다. 그렇다면 기존의 교육교재와 멀티미디어화된 교육교재가 혼합되어 교육이 이루어져야 한다.

최대한 짧은 시간에 최대한 많은 내용을 전달하기로 하면 교당교도들에 의해 만들어진 교육교재가 필요하다. 신입교도 환영사나 교당예절, 교사이해, 교도로서 알아야 할 용어 등 다양한 분야를 영상과 메시지를 통해 미리 제작해 놓는다면 기존 교도들의 열정이나 마음을 쉽게 전달하고 신입교도들도 곧 보게 될 교도들과 친숙함이 형성되어 큰 효과를 볼 수 있게 될 것이다. 그 후 신입교도 환영법회를 통해 교도들이 새회상 만난 기쁨을 다양한 음악적 효과나 영상을 통해 충분히 느낀다면 법회 출석률을 더욱 높일 수 있을 것이라 기대한다.

4) 4축 2재 교화

원불교 경절인 신정절, 대각개교절, 석존성탄절, 법인절과 추원보본의 마음을 바치는 육일대재, 명절대재는 원불교 행사 중 가장 중요한 행사에 해당한다. 각 행사마다 의미가 다르지만 한 가지 주제를 가지고 멀티미디어 교육교재를 만들어 교도들에게 전달하면 좋은 교화의 장이 될 것이다. 멀티미디어 교육교재를 만드는 일은 처음에는 힘들지만 한 해, 두 해가 지나면 앞의 내용이 바탕 되어 쉽게 구현할 수 있다는 장점이 생긴다.

신정절은 1월 1일에 법신불과 사장(師長)에게 세배를 올리고, 동지간에 서로 인사를 교환하며, 과거 일년을 결산하고 새 해의 계획을 세우는 동시에 양양한 전도를 헌축하는 경절이다. 이날 가장 중요한 핵심은 신정법문을 받들고 일년을 법맥으로 살아가는 일이다. 그러므로 인터넷 실시간 방송을 연결하여 교도들에게 종법사의 신정법문은 받들게 하는 일이 중요하다. 또한 교도들의 일년 반성과 계획 등을 미리 준비하여 보여줌으로써 서로서로 한해를 마무리하고 새해를 맞이하도록 이끌어 준다면 신정절의 의미가 더욱 부각될 것이다.

대각개교절은 4월 28일에 대종사의 대각 성도와 탄생일을 기념하며, 본교의 개교와 교도의 공동 생일을 겸하여 우리 회상의 근원이 되는 날로 이를 헌축하는 경절이다. 이 날은 대종사 탄생으로부터 대각에 이르기까지 그리고 현재 원불교의 위상과 할 일에 대해 교도들이 충분히 공감할 수 있는 주제를 설정하여 활용한다면 대각개교절의 의미 전달과 더불어 교도들의 신심진작에 큰 효과가 있을 것이다.

석존성탄절은 음력 4월 8일에 본교의 연원불이신 서가모니불의 탄생을 헌축 하례하는 경절이다. 이 날은 석가모니 부처님의 일생과 불법에 대해 주제를 잡아 새 시대를 열어갈 연원불로서의 의미를 전달하면 경절의 의미를 한 층 더 깊게 이해될 것이다.

법인절은 8월 21일에, 우리 회상의 구인 선진(先進)이 백지 혈인(白指血印)의 법인 성사(法認聖事)로써 본교 창립 정신의 표준을 보여 주신 것을 기념 경축하는 경절이다. 이 날은 백지혈인의 의미, 9인 선진, 창립정신 등을 주제로 선정하여 교도들에게 전달한다면 회상 창립의 근원의미와 법계에 인정을 받은 원불교 성공의 길을 인식하게 할 것이다.

대재는, 대종사 이하 본교의 모든 조상을 길이 추모하여 정례로 합동 향례를 올리는 것이다. 이는 곧 추원 보본(追遠報本)의 예를 실행하는 바로서 해마다 두 번 향례하되, 6월 1일「육일 대재」와 12월 1일「명절 대제」에 대종사를 위시한 역대 선령 열위를 영모전에 공동 향례하여, 모든 교도로 하여금 마음을 이에 합하며, 정성을 이에 바치며, 위의를 이에 갖추어서 법계 향화(法系香火)가 한없는 세월에 길이 유전 하게 하자는 것이다. 특히 6월 1일은 대종사께서 열반하신 날이다. 열반의 과정을 주제 삼아 전달하면 대종사 추모의 깊은 뜻이 드러나 대중으로 하여금 성자와 인연을 더욱 깊게 만들 수 있다. 또한 명절대재에는 교당 주요인사의 추모담을 마련하여 공유하게 한다면 뜻 깊은 행사로서 자리할 수 있을 것이다.

5) 인터넷 교화

인터넷 교화의 방법은 간략하게 홈페이지나 포털의 카페, 싸이, 커뮤니티, 원마을 등을 이용한 교화라 말할 수 있다. 인터넷 교화에서 가장 중요한 점은 이미 한차례 밝힌 바 있는 '주제 선정'을 확실히 정해야 하는 점이다. 인터넷을 통해 마음공부를 한다면 마음공부를 중점적으로 전달할 수 있는 싸이트가 되어야 하고, 설교나 강연이 그 전달 주제라면 그 주제를 벗어나서는 안 된다. 교리공부방을 준비한다면 철저하게 교리공부방 위주로 운영을 해야 한다. 만약 법회에 관련된 사항부터 법문공부, 마음공부, 교리공부방 등의 총체적인 운영을 하고싶다면 충분한 노하우나 인력확보 후에 시행해야 한다.

온라인에 컨텐츠를 보급한다는 일은 오프라인 상의 법회 중에 발생한 내용을 전달하는 것이다. 이는 매번 계속적으로 발생한다. 처음에는 쉽게 할 수 있으나 시간이 지나면 대단히 정성을 들여야 하는 일이다. 그러므로 작은 규모에서 먼저 성공을 보고 그 다음 주제를 선정하여 컨텐츠를 늘려가는 방법으로 방향성을 설정하는 것이 중요하다.

인터넷은 온라인상의 교화이다. 그런데 오프라인이 바탕 된 온라인이다. 그러므로 교화대상자들에게 온라인을 통해 매번 법회의 내용이나 소식을 전하는 일이 중요하다. 이러한 일은 E-mail을 이용하여 회보나 법회의 내용을 링크하여 전달하면 좋은 방안이 될 것이다. 반대로 잊혀져가는 교도들의 소식을 전하는 장도 되어야 한다. 법회를 참석하지 못한 사람은 그 이유나 사정이 있을 것이다. 잠자는 교도들도 그들의 생활이나 소식을 전하는 공간이 있다면 잊혀져가는 교도가 아니라 챙겨야 하는 교도로 변하게 될 것이다.

인터넷 교화에서 또 하나 중요한 점은 사용자 위주의 운영을 유도해야 한다. 운영자가 아무리 싸이트를 잘 구성해 놓았다 하더라도 운영자의 참여는 한계가 있다. 하지만 사용하는 사람은 그 숫자의 열배, 백배가 될 수도 있다. 한 손으로는 열손을 감당하기 힘든 것이다. 양질의 자료와 각종 법의문답 등의 자료가 있으려면 사용자들로 하여금 적절하게 참여할 수 있는 방안을 늘 강구하여 운영해야 한다.

인터넷 교화는 작은 것을 찾아 오프라인과 온라인의 상황을 적절하게 연결하여 하나하나 공들여 가면 큰 효과를 볼 수 있을 것이다.

6) 멀티미디어 자료 수집 활용

초등학교 교육현장에는 교화에 유용한 교육 교재가 많이 계발되어 있다. 사용에 대한에 대한 지적소유권은 문제되지 않는 것으로 확인되었다. 이런 미디어 자료를 교화에 어떻게 활용할 수 있는지 살펴보자.

그림 4 나는 누구일까요?

나는 누구일까요? 이 플레쉬는 이슈가 되는 이미지를 알아 맞추기 위한 장면으로 어린이들의 호기심을 자극하기에 충분하다. 집중력을 높일 수도 있다. 화면 속의 동그라미 부분만 보인다. 마우스처럼 움직이니 조그맣게 보이는 화면 속에서 밑그림이 무엇인지 알아 맞추는 것이다.

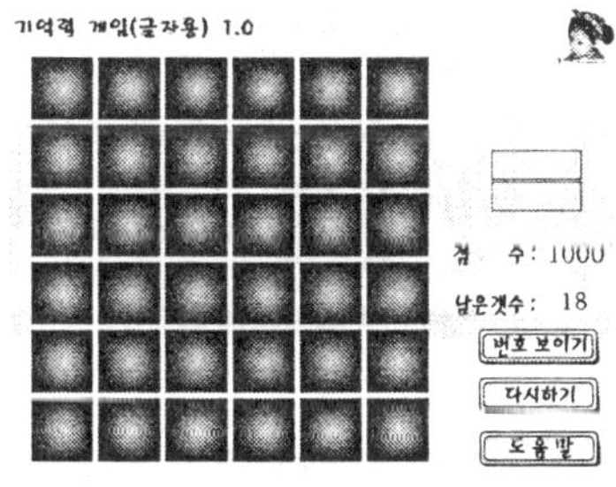

그림 5 기억력 게임

교리 기억법으로 아주 적당한 게임이라 생각한다. 학생들에게 외우게 하고 싶은 단어 18개를 입력하게 하여 외우게 할 수 있다. 같은 단어 2개를 찾아내면 자동적으로 두 단어는 사라진다. 빨리 찾으면 점수도 높아지니 경쟁의 효과도 유발할 수 있다.

그림 6 도전 20곡

어린이 성가 등을 교육할 때 사용할 수 있는 제목보드다. 1번에서 20번까지의 그림이 있고, 그 그림 하나를 선택하면 노래 제목이 나온다. 준비사항은 반주가 필요하지만 연동하여 사용하기는 그렇게 어렵지 않아서 좋은 효과를 볼 수 있을 것이다.

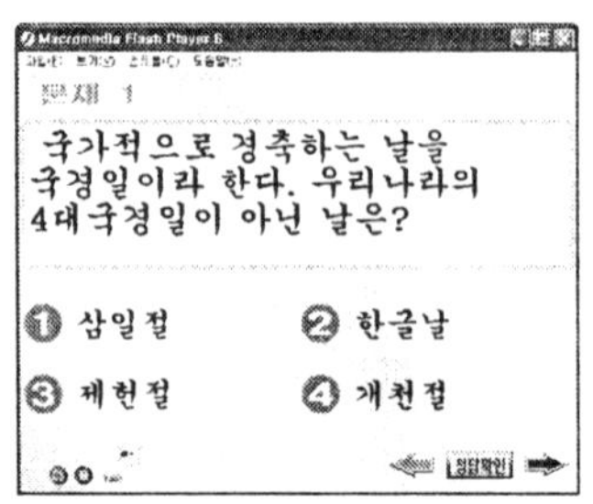

그림 7 도전 퀴즈 왕

교리 퀴즈를 낼 수 있는 좋은 틀이다. 법문의 구절을 알려줄 때 10문제 등을 준비하여 설명하면 설교로 전달하는 것 보다 좀 더 좋은 효과를 볼 수 있을 것이다.

경쟁적으로 퀴즈왕을 뽑을 때 사용해도 좋은 프로그램이다.

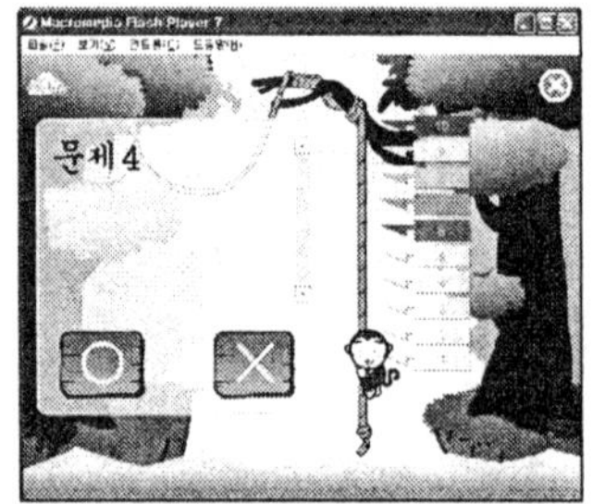

그림 8 칭찬게임

가벼운 문제를 O, X 문제를 통해 분위기를 좋게 만들 수 있는 게임이다. 맞추면 원숭이가 올라가고 틀리면 원숭이가 물속으로 추락한다.

이 외에도 찾아보면 더 많은 플레쉬 활용자료가 계발되어 있다.

자료를 찾아서 활용하는 것도 교법 전달 능력도 향상 시키고 교도들에게 무엇을 전달할 것인가에 대해 미리 구체적으로 목표를 설정할 수 있기 때문에 더 높은 교법 전달을 구현할 수 있을 것이다.

7) 교화 사례 발표

교당 교화에서 신앙과 수행생활에 활력을 불어 넣어주는 중요한 수단 가운데 하나가 바로 교화사례 발표이다. 교화사례 발표에는 교화 성공담도 들어 있을 것이고 실패담도 들어 있을 것이다. 여기에 또 반드시 포함 되어야 할 내용은 신앙체험에 관한 부분이다. 이러한 자료는 원불교신문, 인터넷 교역자광장, 월간 원광, 교화단 마음공부길잡이 등에 잘 나와 있다. 이렇게 발표되는 자료는 교당 교무가 발췌하여 각각 내용별로 분류하고 사례 발표담을 멀티미디어 제작도구를 활용하여 만들어 놓아야 한다.

멀티미디어 자료는 시간과 공간의 개념이 무너진 곳에서 언제 어디서나 활용될 수 있는 자료들이다. 시간이 지났다고 사장시키지 말고 꾸준히 교화사례담, 신앙체험담 등을 자료화 하면 교당 교화에 큰 활력이 생기게 될 것이다.

4. 작은 것부터 꾸준히 실천하자.

멀티미디어 교화를 적극적으로 활용하기 위해서는 어린 나무가 큰 거목으로 성장할 수 있도록 지속적인 관심을 가져야 하듯 정성을 들여야 한다. 그렇게 하기로 하면 아주 작은 실천부터 꾸준히 해야 한다.

"http://www.godowon.com/" 은 고도원의 아침편지 싸이트다. 아침편지의 위력은 다름 아닌 정성에 있다. 아침에 배달되는 따뜻한 한 구절의 독서 감상문은 하루를 기분 좋게 한다. 작은 시작에서 출발하였지만 지금은 큰 성공으로 거듭나 190만명 이상의 회원을 가진 거대 싸이트로 성장하였다.

교무의 큰 무기는 정성에 있다고 생각한다. 멀티미디어 활용을 통해서 교화에 나서려면 법문 한 구절을 전하더라도 꾸준히 계속해서 전해야 한다. 지난 날 우리는 인터넷의 폭발적인 성장으로 인해 인터넷 싸이트의 개설을 많이 보았다. 그러나 개설된 싸이트의 대부분은 지속적인 관심부재와 데이터의 업데이트가 없음으로 인해 짧은 수명으로 마감하게 되었다. 여기에서의 교훈은 현장교화에서 미디어 활용을 통한 교화에도 적용되는 사안이다.

지금까지 멀티미디어를 교화에 활용할 수 있는 방안들을 제시하였다. 편지를 통한 미디어 활용, 파워포인트를 통한 교법의 전달, 플레쉬를 통한 게임프로그램을 이용, 동영상 콘텐츠를 제작하여 설교에 반영하거나 신심을 불러일으키게 하려는 작업, 사진을 동영상처럼 만들어 그간 있었던 내용들을 알기 쉽게 만들어 보여주는 과정, 예쁜 편지지를 제작하여 법문을 적어 E-mail로 보내는 작업, 음성 등을 이용한 감사를 진하는 메시지 등. 그러나 이러한 교화방법들이 일회성에 그칠 것 같으면 미디어 교화의 성장을 기대할 수 없다. 그러므로 교당에서 멀티미디어 활용을 통한 교화는 작은 것부터 꾸준히 활용해야 성공할 수 있음을 명심해야 한다.

〈참고문헌〉

[단행본]

김병욱, 『멀티미디어론』, 킴스정보전략연구소, 2005.

김정탁, 『미디어와 인간』, 커뮤니케이션북스, 2002.

마샬맥루한, 『미디어의 이해』, 커뮤니케이션북스, 2004.

마샬맥루한, 『미디어는 맛사지다』, 커뮤니케이션북스, 2004.

요시미순야, 『미디어 문화론』, 커뮤니케이션북스, 2008.

이재현, 『멀티미디어와 디지털 세계』, 커뮤니케이션북스, 2004.

최대석 목사 외 5인공저, 『교회교육에서의 매체활용』, 한국장로교, 1999.

[논문류]

권남호, 「멀티미디어를 통한 복음 사역에 관한 연구」, 안양대학교신학대학원 학위논문, 2000.

김선미, 1인 미디어가 사회적 관계망 형성에 미치는 영향에 관한 연구」, 연세대학교 언론홍보대학원, 2005.

김양은, 「미디어 교육의 개념 변화에 대한 고찰」, 중앙대학교 신문방송학과 강사 학술논문, 2006.

김연석, 「매체 변화에 따른 교회 교육에서의 미디어 활용」, 한남대학교 대학원, 2006.

김재광, 「멀티미디어를 활용한 예배연구」, 목원대학교 신학대학원, 2006.

김형자, 「교회교육의 멀티미디어 활용 실태 조사」, 관동대학교 교육대학원 석사논문, 2006.

박성용, 「21세기 효과적인 예배: 멀티미디어 예배」, 목원대학교 학위논문, 2002.

배상현, 「21세기 정보통신과 멀티미디어」, 조선대학교 정책대학원 학술논문, 1998.

정승일, 「청소년 교육을 위한 멀티미디어 활용에 관한 연구」, 장로회 신학대학교 교육대학원 석사논문, 2006.

조애리, 「교회에서의 미디어교육 효과연구」, 서강대학교 언론대학원 학위논문, 2003.

홍석영, 「한국교회 예배의 멀티미디어 활용 방안」, 성결대학교 신학전문대학원 석사논문, 2006.

현장교화론

발 행 : 원기94년(2009) 3월 2일 초판 1쇄 발행
지은이 : 고덕선 김도영 박덕희 박법일 이인광 이송화 주혜은 안덕선
펴낸이 : 원불교대학원대학교부설 실천교학연구원
전북 익산시 신용동 320-1
Tel. 063)841-5751 Fax. 063)851-1328
http://www.wonbuddhism.ac.kr
*본 연구는 일원문화 연구재단의 지원으로 수행되었습니다.

펴낸곳 : 원불교출판사
대표 김 영 식
출판등록 1967. 7. 1(제7호)
전화(063)850-3324
값 12,000원